교육학의 원조元祖

구약성경

박아청 저

교육과학사

머/리/말

히브리 민족교육의 교과서 〈구약성경〉

〈구약성경〉이란 말은 히브리어 성경에 대한 이름이다. 〈구약성경〉은 타락한 인간의 구원과 연관된 하나님의 계획과 뜻이 적혀 있다. 1세기 그리스도 교회는 〈구약성경〉을 자신들의 교리와 윤리의 원천으로 인정했고, 〈신약성경〉으로 우리에게 알려진 그들의 문학이 만들어지자 그것을 〈구약성경〉에 덧붙였으며, 그 둘을 합하여 〈성경〉이라 하고 그것은 기록된 하나님의 말씀으로 받아들였다.

히브리인들은 '구약舊約' 즉 '옛 계약'이란 예수 그리스도야말로 세계역사의 중심에 있다고 생각하는 그리스도교의 입장에서 붙여진 이름으로 〈성경〉이란 말조차 2차적인 명칭이다. 예를 들어 말하자면 〈구약성경〉은 히브리인(히브리어로 '이주민'이란 뜻)이라는 복수의 예술가들이 2천여 년의 긴 세월의 여정에서 때로는 한 사람이, 때로는 공동으로 고뇌하고 고통 속에서 산출된 작품이다.

그들 예술가들의 관심은 어디까지나 자기의 내면에서 신음하는 소리를 밖으로 표출한 것으로, 〈구약〉이란 말도, 〈성경〉이란 말도 그들이 세상의 무대에서 사라져 간 후에 그들의 의지와는 상관없이 붙여진 이름이다.

그런데 이 책이 고난과 질고의 역사 속에 살아 온 유대인 민족 생존을 위한 버팀목의 역할을 〈구약성경〉이 감당해 왔다는 데 필자는 깊은 관심을 갖는다. 〈구약성경〉은 바로 유대인의 민족정체성national identity뿐 아니라 유대인 개인의 정체성personal identity을 확립하는 데 가장 기초적인 근거를 제공해 왔다. '교육'이란 수단과 목적을 충분히 활용해 왔다는 점에 주안점을 두려고 한다.

그러므로 필자는 〈구약성경〉을 교육학적 관점에서 보아, 〈구약성경〉은 '히브리 민족교육의 교과서'로 본다. 유대 민족의 보존과 유지를 이어가기 위한 교육의 교육지침서라는 것이다. 〈구약성경〉은 히브리인, 히브리 난민이 하나의 소수이주민으로서 살아남기 위한 민족의 정체성正體性national identity을 확립하기 위한 기본 교육 교과서다.

〈구약성경〉은 인간의 삶을 논하는 교육학의 교과서教科書이며, 〈구약성경〉 자체가 하나의 커리큘럼教育課程curriculum으로서 하나의 교육과정教育過程educational process이다.

이 책에서 필자는 교육학적인 요소를 골고루 지니고 있는 〈구약성경〉이 시사하고 있는 어느 인간에게나 적용가능한 보편성을 추구하려고 한다. 아울러 그것이 갖는 현대적 의미를 탐색하려 한다.

이야기 순서가 기본적으로는 〈구약성경〉의 배열 순서에 따르지만 경우에 따라서는 특정 책에 대한 내용을 설명하면서도 다른 책에서 다루고 있는 내용을 함께 다루는 경우도 있을 수 있을 것이다. 통전적인 시각에서 〈구약성경〉을 시공간을 초월해서 보려 한다.

이 책은 〈구약성경〉이란 작품을 통해 히브리인들이 살아간 세계의 공기를 맛보려고 시도되었다. 히브리민족의 걸음을 시대순으로 추적한 통사通史는 아니다. 오히려 시대를 초월하여 히브리인의 사고나 행동을 결정한 그들의 심장과 두뇌에 보조를 맞추어 그것을 탐색하려는 시도이다.

이 책에서는 〈성경전서 – 표준새번역 개정판〉(대한성서공회)에서 성경을 인용하였으며, 〈히브리어 성경〉과 〈헬라어 성경〉은 〈CD BibleWorks 6〉를 활용하였다.

이 책을 서술하는 데 많은 선학들의 문헌과 논문들로부터 도움을 받았다. 그리고 인터넷 정보의 도움이 컸다. 감사를 드린다. 참고문헌과 논문은 익명의 인터넷 자료를 제외하고는 이 책 말미에 밝혀 두었다. 이 책에 오류나 잘못이 있다면 당연히 필자의 몫이다. 잘못을 지적해주면 고마운 마음으로 고치겠다.

출판해 주신 교육과학사 김동규 사장님과 한정주 대표님께 감사드린다.

이 책을 나와 함께 인생을 걸어가는 동지이자 아내인 順禧에게 바친다.

2017년 1월에

박 아 청

차례

Chapter 1
구약성경은 어떤 책인가?

〈**구약성경**(舊約聖經, 히브리어: הברית הישנה 라틴어: Vetus Testamentum,
영어: Old Testament)〉
또는 〈**구약성서**(舊約聖書)〉는 '**유대교** 성경(Hebrew Bible, תנ"ך **타나크**)'을
그리스도교 경전[經典]의 관점에서 가리키는 말

1

일반 고대문헌과는 다른 점

먼저 〈구약성경〉에 전반적인 이해를 돕기 위해 구약성경이 다른 문헌과는 다른 몇 가지 특징을 알아보고, 이 문헌의 구성과 그 형성과정을 대략적으로 살펴보려고 한다. 구약성경이 다른 일반 고문헌과는 어떤 점에서 구별이 되는가?

하나님이 주인공

〈구약성경〉의 첫 구절은 "태초에 하나님이 천지를 창조하셨다"는 선언으로 시작한다. 이 말은 〈구약성경〉을 구성하고 있는 내용의 기본적 철학이 무엇인지를 알려준다. 이 뜻은 하나님이 삼라만상森羅萬象의 주인이시고, 역사의 주인공이시라는 것이다. 이것은 히브리 민족의 역사에만 아니라 인류사에도 하나님이 직접 개입하고 있음을 말한다.

이와 같이 〈구약성경〉이 다른 일반 고대 문헌과는 다른 가장 중요한 특징은 〈구약성경〉의 '주인공主人公은 하나님'이라는 점이다. 하나님은 〈구약성경〉 전체의 최종 저자이시다. 비록 그 내용이 인간의 삶을 기록한 인간사人間史지만, 인간은 어디까지나 조연助演에 불과하다.

〈구약성경〉에서 하나님은 특정한 목적을 위해 사람들을 선택하시고 부르셨다. 이 세상의 무대에 하나님이 직접 조연인 인간을 창조하시고 무대에 올려놓았지만 조연들이 주인공의 뜻을 무시한 데서부터 인간의 역사가 시작되었다. 구약성경은 그런 면에서 인간들의 하나님에 대한 배반의 역사이기도 하다.

〈구약성경〉을 기록한 히브리인들의 우주관은 오늘날 우리들이 볼 때 극히 좁고, 작은 틀 속에 갇혀 있었다. 그들은 천지의 주인공은 하나님이시만 하나님이 상대한 민족은 자신들뿐이란 선민의식先民意識에 사로잡혀 있었다.

〈구약성경〉에서 언급된 다른 나라들과 민족들이 있지만, 〈구약성경〉은 이들을 이스라엘 민족과 하나님의 행동과 그 한 민족을 통해 주신 메시지에 보조 수단으로 보았다. 이집트, 앗시리아, 바벨론이 하나님의 전반적인 목적들에 벗어나서 행동한다 할지라도, 그분이 온 세상의 주인이시기 때문에, 그 나라들의 주요 역할은 여전히 이스라엘과 연관해서만 이해된다.

〈구약성경〉을 이해한다는 것은 역사적, 지리적 모든 맥락에서 이스라엘을 이해한다는 것이 된다. 이를 바르게 인식하게 되면 이스라엘 신앙 및 하나님의 구속 은혜의 통로로서 이스라엘의 역할을 올바로 해석할 수 있게 될 것으로 본다.

제목이 없던 문헌들이 한 권으로

〈구약성경〉은 처음부터 한 권으로 이루어진 책이 아니었다. 분명히 현재는 한 권의 책으로 〈구 · 신약성경〉을 볼 수 있으나, 한 묶음이기 때문에 한 개의 책이라고 말할 수 없는 것처럼 〈성경〉을 한 권의 책이라고 말할 수 없다는 것이다. 이것은 〈구약성경〉의 형성과정에서도 알 수 있다.

40여 명의 저자들이 일천여 년이 넘는 시기에 걸쳐 쓴 〈구약성경〉을 단순히 하나의 역사서로 다루어서는 안 된다.

오늘의 한국성서공회발행의 〈성경전서聖經全書〉의 목차를 본다면 〈구약성경〉은 창세기를 시작으로 39권의 책, 〈신약성경〉은 〈마태에 의한 복음서〉를 시작으로 27권의 책으로 되어 있다. 그 하나 하나의 것이 책冊Book이지만 장章Chapter이 아닌 것은 영문성경을 보면 알 수 있다. 이들이 제각기 독립된 별도의 책일 따름이다.

그렇다고 해서 그 다른 별도의 책들이 서로 관련이 없이 모인 책인가 하면 그렇지도 않다. 〈성경〉은 일정한 방침에서 편집된 그야말로 전서全書인 것이다. 외국 〈성경〉(예: 중국어역성서, 일본어역성서)이나 우리나라 〈성경〉 가운데는 〈성경전서〉라고 표제가 붙어 있는 〈성경〉이 있는데, 그 내용을 보면 〈구약전서〉와 〈신약전서〉로 나누어져 있다. 전서라는 제목이 보다 〈성경〉의 내용을 정확하게 말하고 할 수 있다.

이처럼 〈구약성경〉은 처음부터 제목이 없던 복수의 문헌들이 한 권의 책으로 구성되었다.

〈구약성경〉에 있는 39권의 책에는 〈창세기〉라든가 〈출애굽기〉라고 하는 책제목이 붙어 있다. 그러나 히브리어 원문에서는 그와 같은 책제목이 없었고 지금도 없다.

사실 이것은 〈구약성경〉에만 한정되어 있지 않다. 고대 문헌에는 책제목이 없는 것이 보통이었다.[1] 그런데 〈구약성경〉만이 유일하게 그 책제목들이 수 백 년의 시차를 두고 붙여진 것은 다른 일반 고대 문헌과는 다른 점이다.

연대순을 무시한 히브리 민족사

〈구약성경〉을 히브리 민족사로 볼 때, 그것은 이른바 히브리민족의 흔적을 시대 순으로 추적한 통사通史는 아니다. 즉 〈구약성경〉은 역사적 순서로 기록되어 있지 않다는 말이다.

〈구약성경〉은 〈창세기〉로 시작하는데, 그 〈창세기〉는 천지창조에 대한 이야기로 출발한다. 거기에서 〈성경〉의 첫 쪽을 읽는 사람은 〈성경〉이 역사적 순서로 따라 기록되어 있는 것처럼 생각하는 경우가 있는데 사실 그렇지 않다.

같은 사건들에 대한 기록이 긴 역사 속에서 다른 관점에서 다른 이야기들이 순서로 편집된 것이 하나 둘이 아니다. 예컨대, 다음에 이야기하는 천지창조에 대한 이야기가 이에 해당된다.

예를 들면, 창세기 안에는 천지창조의 이야기가 2개 들어 있다.

천지창조 이야기가 2개 있는 이유

〈창세기〉의 천지창조 이야기는 1장과 2장으로 나누어 있다. 그

1) 강대홍 옮김(2003). **고고학과 구약성경**. 서울: 도서출판 미스바, 67-68.

것을 읽어보면 2장 4절에서는 별도의 이야기가 기록된 것을 볼 수 있다. 창조의 순서가 거꾸로 되어 있다.

다음에 그 요지를 대비해서 보자.

〈창세기〉의 1장을 많은 학자들은 P문서로 분류하여 바벨론포로 시대인가, 아니면 그 이후에 성립한 것으로 본다. 따라서 바벨론식의 우주관을 염두에 두지 않으면 이해하기가 쉽지 않다.

그 창조의 순서는 첫째 날에 "빛이 있어라"하여, "빛을 낮"으로 "어둠을 밤"이라 이름을 붙이고 있다. 둘째 날에 "물 한가운데 창공이 생겨, 물과 물 사이가 갈라져라"하여 "물을 창공 아래에 있는 물"과 "창공 위에 있는 물"로 나누어져 있다.

그리하여 사흘째에 땅과 바다의 분리와 식물의 창조, 나흘째에는 "하늘 창공에 빛나는 큰 빛"과 "밤을 비추는 작은 빛"과 별의 창조가 나온다. 이렇게 보면 빛의 창조가 2회로 된 것처럼 보이지만, 그 이유는 하늘이 3중구조로 되어 있다고 본 고대인의 우주관에서 비롯된 것이다.

닷샛날에 물속의 생물과 공중의 생물, 즉 새들의 창조, 엿샛날에 땅의 생물, 즉 "집짐승과 기어 다니는 것과 들짐승"의 창조, 마지막으로 인간의 창조가 이루어지고, 이렛날은 "하시던 모든 일에서 손을 떼고 쉬신" 날로 되어 있다.

위의 내용이 2장에서는 다음과 같이 되어 있다.

주 하나님이 땅과 하늘을 만드실 때에, 주 하나님이 땅 위에 비를 내리시지 않으셨고, 땅을 갈 사람도 아직 없었으므로, 땅에는 나무가 없고, 들에는 풀 한 포기도 아직 돋아나지 않았다. 땅에서 물이 솟아서, 온 땅을 적셨다. 주 하나님이 땅의 흙으로 사람(히브리어로 아담)을 지으시고, 그의 코에 생명의 기운을 불어 넣으시니, 사람이 생명체가 되었다.(창세기 2:4-7).

이 진술이 앞의 진술보다도 소박하고 비를 모르는 광야에서의 오아시스 농업의 개시가 반영되어 있는 것으로 보인다. 여기에서 흥미로운 점은 이곳에서는 '신인동형동성론神人同形同性論, anthropomorphism'이[2] 제기되었다는 것이다. 우선 '남자'가 창조된다.

"남자가 "혼자 있는 것이 좋지 않다"고 하나님은 생각하고 "들의 모든 짐승과 공중의 모든 새를 흙으로 빚어서 만드시고", 남자를 보니 "남자에게는 그 남자를 돕는 사람 곧 그의 짝이 없었다".

"그래서 주 하나님이 그 남자를 깊이 잠들게 하셨다. 그가 잠든 사이에, 주 하나님이 그 남자의 갈빗대 하나를 뽑고, 그 자리는 살로 메우셨다." 남자는 이것을 매우 기뻐하여 "남자(히브리어로 이쉬)에게서 나왔으니 여자잇샤라고 부를 것이다."고 하였다.

그 의미는 번역으로는 조금 표현하기가 힘들지만 "이쉬"에게서 나왔으니 "잇샤"라고 부를 것이다."라고 하는 표현한 것은 일종의 언어놀이로 보면 된다.

2) 신이 인간과 똑같은 모양(동형)과 같은 성정(동성)을 가졌다고 생각하는 사상. 이 용어는 헬라어 다신론(多神論 사상에서 유래했지만 이미 그 용어가 있기 전에 고대 문명의 신神 개념에서 나타나는 한 특징이었다.

여기에서 말하고 있는 창조의 순서는 우선 '남'으로 시작하여 '여'로 마치는 것으로 되어 있다. 1장에서 언급한 창조의 순서와는 전혀 다르다. 또 신에 대한 묘사 역시 다른데 이것은 이 자료 쪽이 앞의 자료보다 훨씬 오래된 것이기 때문이다.

따라서 〈구약성경〉에는 두 개의 창조신화가 있다고 하는 사람이 있을 만도 하다. 물론 두 개만이 아니라 다른 것도 있는데, 두 개가 있다고 해도 논리적으로 아무런 문제가 없다.

왜냐하면 〈구약성경〉은 결코 역사를 기술하기 위한 것이 아니라 거기에서 하나의 법적인 율법을 나타내기 위해서 기록된 책이기 때문이다. 두 개의 자료에는 4, 5백년의 시차가 있기 때문에 생긴 일로, 창조의 순서가 역으로 되어있음을 의미하지는 않는다는 것이다.

이와 같은 구약성경 전체를 통하고 있는 것으로, 〈구약성경〉의 처음부터 끝까지를 하나의 역사로 기록된 서물이라고 보는 것은 큰 모순이 있다.

선사시대의 단순한 전승이 아니다.

불과 백 년 전만 해도 많은 학자들은 〈구약성경〉이란 다른 고대문헌과 마찬가지로 구전으로 전승傳承이 되는 도중에 그것이 어딘가, 어떤 이유로 문서화文書化가 이루어지고, 다양한 교정과 편집을 경과하면서 현대의 것처럼 되었을 것이라는 견해가 거의 정설로 취급되어 왔다.

그러나 성서고고학biblical archaeology의 발달로 이러한 〈성경〉에 대한 이해에 수정을 가하게 되었다.[3] 예컨대, **에블라**의 발굴[4]에서 **이스라엘** 조상으로 여기는 **아브라함**의 이름을 새긴 점토판이 출토되었기 때문이다. 이러한 고대의 유물들에 대한 엄밀한 학문적 분석을 통하여 〈구약성경〉시대가 1,000년 이상을 훨씬 넘는 사실이 밝혀졌다.

이미 고대시대부터 문자문화가 형성되어 있었으며, 〈구약성경〉은 문자문화 속에서 성립된 것은 부정할 수 없는 사실로 자리를 잡게 되었다.

또 〈출애굽기〉는 **모세**가 썼다고 하지만 그것은 후대의 사람들이 쓴 것이다. 때문에 저자가 **모세**일 리가 없다고 본 견해가 재검토를 받기에 이르렀다. 아직도 여전히 미해결의 여러 가지 문제가 있고, 비록 〈구약성경〉이 전승傳承이라고 하지만, 적어도 그것은 선사시대先史時代의 산물이라고 보기는 곤란하다는 것이다.

창세기 시대의 지도

3) 정길호(2000). **고고학을 통해 밝혀진 구약성경 이야기**. 서울: 작은행복.

4) 이은주(1984). **앞의 책**. 81-84.

선사와 역사를 문자자료의 유무에 따라 말하는 것으로 볼 때, 〈구약성경〉에는 선사시대가 없다고 말할 수 있다. 이렇게 말하는 것은 **모세**가 문자를 사용할 수 있었던가 아닌가 하는 것이 아니라 그 문서는 문자문화 속에서 태어난 것으로, 문자가 없는 세계에서 태어난 것이 아니라는 것이다.[5)]

중동지대는 이러한 점에서 인류의 일대선진문화권으로 볼 수 있다. 따라서 **아브라함**이든 **모세**든 문자문화 속에서 성장한 인간이라고 보는 견해가 특히 강하게 나타났다.[6)]

고대 문헌

함무라비법전이 형성된 것으로 추정되는 연대에 **아브라함**도 거의 동시대로 산 인간이라 생각되기 때문이다.

그러면 **아브라함**이나 **모세**는 문자를 사용하였는가? 아마도 사용할 수 없을 것이다. 비록 문자는 알고 있었다고 해도 쓸 수는 없었을 것이라고 보는 견해가 지배적이다.

그 시대로부터 계속해서 나중에 이르러서도 지도적 입장에 있는 사람은 문자를 사용하지 않는 것이 보통이었다. 문자는 어디까지나 서기관書記官에게 쓰게 하여 자기는 붓을 들지 않는다.

현대식으로 말하자면, 지도자는 자신이 **워드**를 치지 않고, 비서에게 **워드**를 치게 하는 것과 같다.

---

5) 정득실 옮김(2000). **문화와 성경해석학**. 서울: 생명의 말씀사, 93.

6) 최경은(2002).구약성경에 나타난 언어의 기원에 대한 소고. **기독교언어문화논집**. 제5집, 국제기독교언어문화연구원, 221–222.

고대 이집트의 서기관

이것은 신약시대에 들어와서도 별로 달라진 것이 없다. **바울**은 물론 문자를 썼지만, 구술을 필기하게 하여 서명만을 자신이 하였다. 또는 초고草稿만을 썼다.

그러나 양피지든지 **파피루스**에 보존할 수 있는 것에는 자기가 쓰지 않고 전문적인 서기書記가 쓰게 하였다. 이것은 시대의 특징이었다.

아브라함이나 **모세**도 자기들은 문자를 사용하지는 않았을 것이다. 그러나 그렇다고 해서 그들이 문자문화 속의 인간이었다는 것은 부정할 수는 없다.

따라서 〈구약성경〉의 여러 가지 진술을 문자가 없는 시대에 전승한 전설의 부정확한 집성集成이라고 생각해야 할 것이 아니라, 그 당시의 인간에게는 그 시대의 인간의 사고와 당시의 인간의 표현법이 존재해 있었다고 보는 것이 타당할 것이다.

때문에 〈구약성경〉을 단순히 터무니없고 허황한 전설로 보는 것은 〈성경〉을 제대로 보는 견해라고 말할 수 없다.

2
〈구약성경〉의 형성

그리스도교와 유대교에서 권위가 있는 〈정경正經〉을 수용하고 있는 〈구약성경〉과 관련하여 제기되고 있는 근본적인 논의들 중 중요한 두 가지 이슈는 (1)〈구약성경〉의 형성(the formation of the OT)과 (2)〈구약성경〉의 전승(the transmission of the OT)이다.

이것은 〈구약성경〉의 39권이 어떤 과정을 통하여 또한 언제 현재의 형태로 형성되었는가의 문제이며 이렇게 형성된 〈구약성경〉이 어떤 방법으로 우리에게 전승되었는가의 이슈이며, 나아가 여기서 발전하여 전달된 〈구약성경〉의 신빙성의 문제가 제기된다.[7]

일반적으로 성경학자들은 〈구약성경〉의 삼중구조를 따라 대략 세 단계의 형성과정을 주장한다.

히브리어 성경인 **타나크**(TNK)라는 명칭은 삼중구조의 각 단락 명칭의 첫 글자들을 의미한다.

즉 첫 번째 단락인 '율법(**토라**Torah)'에서 T, 두 번째 단락인 '예언서(네비임Nevi'im)'에서 N, 마지막 세 번째 단락인 '성문서(**케투빔**Khetuvim)'에서 K를 사용하여 **타나크**(TNK)라고 부른다.

여기에서는 순서에 따라 형성과정을 간략하게 살펴보려 한다.

---

7) 조휘(2006). 구약성경의 형성과 전승. **성경과 고고학**. 제49집, 한국성서고고학, 61-66.

구약의 내용

〈구약성경〉은 39권의 책으로 일반적으로 율법서, 역사서, 예언서, 지혜서, 및 성문서 4가지로 분류된다. 본래 39권이란 수, 순서 및 분류방법은 그리스도교의 각 교파, 즉 가톨릭과 프로테스탄트, 동방정교회와는 조금씩 다르다.

히브리 원문으로부터 다양한 자국어로 번역하는 과정에서 그 순서는 다를지라도 유대인들의 구약성경 구분 방식을 기본적으로 따랐지만, 최근에 이르러 영역본 가운데서 3가지(토라, 느비임, 케투빔)로 구분하는 것보다 오히려 5가지(모세오경, 역사서, 시가서, 대선지서, 소선지서)로 말하는 것이 프로테스탄트 가운데 관례로 되어 있다.[8)]

도입부 첫 다섯 권이 '모세오경'이다. 〈창세기〉, 〈출애굽기〉, 〈레위기〉, 〈민수기〉, 〈신명기〉를 말한다. 초창기 6백 년 동안의 유대인 역사를 기술한 부분이다.

모세가 기술했다는 전승에 따라 〈모세오경〉이라 한다. 유대인들은 이 모세오경을 〈토라〉라 부른다. 〈토라〉는 '가르침'이란 뜻의 히브리어다. 〈토라〉는 유대인들의 경전으로 유대인들은 같은 〈성경〉이라 할지라도 〈토라〉 이외의 예언서豫言書나 성문서聖門書는 〈토라〉를 보조하는 경전으로 본다.

〈구약성경〉의 율법들은 계명, 명령, 법도, 교훈 등으로 번역되는데 그것들을 의미하는 히브리어 단어들도 뉘앙스를 약간 달리하

---

8) 김진영 옮김(1995). **역사적 구약개요**. 서울: 크리스챤 다이제스트, 13-14.

는 어휘들이다. 대체로 〈구약성경〉에서 율법이라고 번역되는 히브리어들은 일곱 단어인데 그것들은 모두 다섯 개의 어휘계보에서 파생된 단어들이다. 이 중에서 압도적으로 많이 사용되는 단어가 토라torah다. 토라의 의미는 다양하고 광범위하다. 가르침, 바른 행동 지침 올바른 삶의 도道 등을 의미한다.

토라란 말은 히브리어 '야라 ירה'에서 파생된 명사다. 이 단어의 원래 동사는 "가르치다", "화살을 쏘다 혹은 제비를 던지다"를 의미하였다. 화살을 쏘아 길의 방향을 알려준 전통에서 이런 어떤 길을 선택할지를 알려 주는 지침을 의미하는 단어로 진화되었을 가능성이 있다. 그래서 토라는 지침, 방향, 관습, 가르침을 의미하는 가장 포괄적인 의미의 율법 지칭어다.

구약 율법의 90% 정도가 토라라는 말에 의해 표현된다.[9)]

〈토라〉의 원리를 배운 것이 예언서이고 배운 말씀을 어떻게 삶 속에 적용시켜야 할지를 보여주는 것이 성문서다.

따라서 〈토라〉는 〈성경〉 가운데서도 계시의 핵심이다. 유대인은 합리성을 중시하지만 계시가 합리성보다 우선하다고 믿는다. 유대인은 〈토라〉에 대한 연구는 그들이 하나님의 계시에 참여하는 가장 본질적이고도 핵심적인 수단이다. 유대인에게 〈토라〉는 영원히 현존하는 신비스러운 차원의 이야기다.

토라

〈토라〉에는 창조 이야기를 시작으로 이집트를 탈출해 가나안

9) 김회권(2008). 구약성경의 율법들. **법학논총**. 제19집. 숭실대학교 법학연구소, 32.

땅에 이르기까지의 유대인 역사와 하나님으로부터 받은 십계명을 비롯해 유대민족이 살아가면서 지켜야 할 계율이 상세히 적혀 있다.

〈토라〉에 실린 계율의 수는 613개다. 이 가운데 "하지 마라."가 365개로 1년의 날 수와 같고 "하라."가 248개로 인간의 뼈와 모든 장기의 수와 같다. 유대인은 이를 두고 우리가 1년 내내 하지 말아야 할 것들이 있는가 하면, 우리의 지체肢體를 가지고 열심히 해야 할 것들이 있다고 여긴다.

〈토라〉는 특별하게 규제하는 것이 없으면 무슨 일이라도 할 수 있도록 허락한다. '이러저런 일은 하라'고 적혀 있기도 하지만 그보다는 '이런저런 일을 하지 마라'고 밝히고 있다. 규제를 최소화하는 시스템이다. 이렇듯 〈토라〉는 유대 민족이 어떻게 태동해 왔는지를 알려 주는 역사서이자 어떻게 살아가야 할지를 가르쳐 주는 율법서다.

〈구약성경〉은 유대교 · 그리스도교 · 이슬람교의 뿌리

〈유대교 성경〉 〈타나크TANAKH〉는 총 24권으로 율법서, 예언서, 성문서로 구성되어 있다. '타나크'는 이 세 분류명의 첫 글자를 떼어 합성한 이름이다. 유대교는 히브리어 원문이 남아 있지 않으면 경전으로 인정하지 않는다. 때문에 그리스도교의 〈성경〉보다 권수가 적다.

그리스도교에서는 그들의 새로운 경전을 〈신약성경〉이라고 부르고 유대교의 타나크를 〈구약성경〉이라고 부른다.

구약舊約의 약約은 '계약'을 뜻하는데, 히브리어로는 혈약血約을 의미한다. "피로 약속한 영원불변의 언약"이란 뜻이다. 오늘날 〈구약성경〉을 경전으로 삼고 있는 종교는 유대교, 그리스도교, 이슬람교다. 앞서 밝혔듯이 유대교는 히브리어 원문이 남아 있는 〈구약성경〉만이 〈성경〉으로 인정한다. 반면 그리스도교는 〈구약성경〉과 예수 이후의 복음서인 〈신약성경〉을 함께 〈성경〉으로 삼는다.

이슬람은 여기에 마지막 예언자 무함마드Muhammad가 쓴 〈꾸란〉이 보태진다.

어쨌든 세 종교 모두 그 뿌리는 〈구약성경〉이다.

두 번째 부분은 역사서로 일반적으로 저작자가 누구인지 밝혀지지 않은 12권인데 히브리 식으로 선지서로 분류되는 것들이다. 좀 더 구체적으로 말해, 선지자였거나 적어도 예언의 은사를 받은 초기의 사람들(9세기 이전)이 기록한 것이라고 생각하기 때문에 전선지서前先知書라고 부른다.

좀 더 구체적으로 말해, 선지자였거나 적어도 예언의 은사를 받은 초기의 사람들(9세기 이전)이 기록한 것이라고 생각하기 때문에 전선지서前先知書라고 부른다.

세 번째 부분은 시가서詩歌書로서 시적, 또는 철학적 특성을 띤 문학 형식의 5권으로 이루어진다. 시가서는 〈욥기〉, 〈시편〉, 〈잠언〉, 〈아가雅歌〉, 〈전도서〉로 구성된다. 다윗과 솔로몬이 대부분 그 저자이며, 그 중 일부는 유명하지 않거나 전혀 알 수 없는 사람들에 의해 진술되었다.

네 번째 부분은 대선지서大先知書로서 이른바 이 책들은 분량이 많고 그리고 유명한 선지자나 또는 예언 은사를 받은 자들의 산물이기 때문에 그렇게 일컫는다. 이 책들은 다섯권(이사야서, 예레미야서, 예레미야 애가, 에스겔서, 다니엘서)로 되어 있는데, 두 권은 동일인이 썼다(예레미야서, 예레미야 애가).

마지막으로 열두 권으로 모아진 것이 있는데 이는 소선지서小先知書 또는 히브리 성경 식으로 '십이서'로 알려진 것이다. '십이서'에 '小minor'라는 말을 붙이지 않은 이유는 그것들이 비교적 대선지서에 비해 덜 중요해서가 아니라 그 분량이 훨씬 매우 적기 때문이다. 예컨대, 〈이사야서〉는 66장으로 이루어진 반면 〈오바댜서〉는 겨우 한 장에 불과하다.

이 각 부분의 모든 책에서 수많은 유형이 드러나 있는 것을 살필 수 있다. 다섯 권의 율법서, 열두 권의 역사서, 다섯 권의 시가서, 다섯 권의 대선지서, 열두 권의 소선지서, 또는 서른아홉 권 전체에서 많은 유형을 살필 수 있다.

히브리어 〈구약성경〉에는 다만 스물두 권(또는 스물네 권, 룻기와 예레미야 애가가 따로 계산된다면)이 들어 있지만, 많은 경우에 이 책들이 영역본에서 둘 또는 그 이상으로 나누어진 상태로 되어 있다.

예를 들면, 영역된 열두 권의 소선지서가 히브리어 성경에서는 단지 한 권에 들어 있는데, 히브리어 성경 전체가 적어도 열한 권 줄어드는 셈이 된다. 〈사무엘서〉, 〈열왕기〉, 〈역대기〉는 상하로 분리되어 있지 않는데, 히브리어 성경 전체가 세 권 이상 줄어들게 되는 요인이 된다.

히브리식 분류법과 흠정역식 분류법

다음에 히브리식 분류와 흠정역식欽定譯式 분류를 제시한다. [ ] 안은 가톨릭의 분류표에는 프로테스탄트에서는 〈정경正經〉에서 제외된 〈외경外經〉이 포함되어 있다.

히브리식 분류법	흠정역식 분류법
토라(율법): 창세기, 출애굽기, 레위기, 민수기, 신명기	모세오경: 창세기, 출애굽기, 레위기, 민수기, 신명기
느비임(예언서): 여호수아, 사사기(와 룻기), 사무엘, 열왕기, 이사야, 예레미야(와 애가), 에스겔, 12서	역사서: 여호수아, 사사기, 룻기, 사무엘상, 사무엘하, 열왕기상, 열왕기하, 역대상, 역대하, 에스라, 느헤미야, 에스더, 〔토비트〕, 〔유딧〕, 〔마카비상 · 하〕
케투빔(시가서): 시편, 잠언, 아가, 룻기(사사기에 포함되지 않을 경우), 애가(예레미야에 포함되지 않을 경우), 전도자(코헬렛), 에스더, 다니엘, 에스라, 느헤미야, 역대기	시가서: 욥기, 시편, 잠언, 아가, 전도서, 〔솔로몬 지혜서〕, 〔집회서〕
	대선지서: 이사야, 예레미야, 예레미야 애가, 에스겔, 다니엘
	소선지서: 호세아, 요엘, 아모스, 오바댜, 요나, 미가, 나훔, 하박국, 스바냐, 학개, 스가랴, 말라기, 〔바룩서〕, 〔유딧〕

이것은 프로테스탄트에서는 〔 〕안의 7권이 없고, 유대교의 히브리어성경과 같이 39권, 그래서 분류는 7권을 제외하여 최초의 '오권'을 '오경'으로 별도로 하는 것 이외에는 가톨릭과 차이가 없다. 그러나 유대교에서는 39권이라는 점에서는 프로테스탄트와 동일하지만, 순서와 분류는 조금씩 다르다.

그런데, 어느 교파종교의 분류를 따르더라도 〈오경〉을 기본으로 하고 있는 점은 변화가 없다. 그러므로 〈구약성경〉을 모체로 하는 어느 종교이든 이 모세의 〈오경〉이 〈구약성경〉의 기본으로 하고 있는 점에서는 공통된다.

그런데 〈오경〉을 '율법'이라고 하지만 현대인에게는 분명히 그것을 받아들이기가 쉽지 않다. 그 내용뿐만 아니라 그 체재도 현대의 법률이나 계율과 같은 개념과는 매우 다르기 때문이다. 다만 그렇게 생각하는 사람은 〈신명기〉를 읽어보면 알 수 있을 것이다. 〈신명기〉는 현재의 율법에 가장 가까운 체제로 되어 있다.

앞서 잠시 언급한 〈신명기〉의 명칭에 대한 이야기에서도 보았지만, 이 책의 제목을 히브리어를 잘못 번역하여 헬라어로 듀테로노미온[δευτερονομιον]으로 했지만 결과적으로는 그 성경의 내용을 가장 적절하게 표현한 것으로 인정된 것은, 〈신명기〉가 〈토라〉 가운데 다른 4개의 책에서 법령을 모아 그것을 주체로 해서 새로운 법전을 작성하여 가장 질서정연한 '법령'으로서 체제를 갖추고 있기 때문이다.

간략히 이상에서 언급한 각 부분의 명칭들은 그 명칭으로 제시된 자료들만 해당 부분에 들어 있다는 생각을 하지 못하게 한다. 첫째 부분을 '율법서'로 일컫기 때문에 거기에 율법이나 규칙 또는 의식 이외에는 아무것도 전혀 들어있지 않다는 것을 뜻하지는 않는다. 율법 그 자체만으로는 단지 〈모세오경〉의 일부만 될 뿐이다.

거기에는 역사, 시, 예언도 들어 있다. 마찬가지로 역사서에도 율법, 시, 예언이 들어 있다. 각 부분의 해당 명칭들은 그 부분의 '주요' 주제들이나 강조점들이 하나 내지 또 다른 것이 들어 있다는 것을 뜻한다.

〈모세오경〉에 나타나는 역사 시기는 창조(연대 불명)로부터 BC 15세기말 이스라엘 사람들의 가나안 정복 초기까지 해당된다. 역사서는 그 역사가 BC 1,400년 무렵부터 BC 430년 무렵 곧 느헤미야 개혁 때까지 계속한다.

시가서는 특별히 역사적 순서를 전혀 따르지 않지만 실제로는 이스라엘 역사 모든 시기 곧 처음부터 끝까지 반영한다. 그러나 히브리 시 및 지혜 문학이 다윗과 솔로몬 때인 통일 왕국 시기에 활짝 피어났다고 말하는 것은 틀리지 않다. 왜냐하면 겨우 이 두 사람에 의해 전체의 절반도 훨씬 넘는 시가 창작되었기 때문이다.

대선지서는 BC 740년 무렵부터 BC 540년 무렵 사이에 존속하고 임무를 다했으며, 소선지서는 BC 800년 무렵부터 BC 400년까지라는 장기간 동안에 걸쳐서 나타났다.

구약의 형성

그냥 지나갈 수 없는 한 가지 문제는 〈구약성경〉을 형성하는 많은 책들의 선정과정에 관한 것이다. 이는 특히 〈구약성경〉 역사 시기에 기록된 다른 문서들이 있었다는 사실에 비추어서도 틀림없지만, 몇 가지 경우에는 일부 성경 기자들(예컨대, 여호수아 10:13; 사무엘하 1:18; 열왕상 11:41, 22:45 등)을 통해서도 생각해 볼 수 있는 점이다.

처음에 히브리인들은 자신들의 〈성경〉에 어떤 것을 포함시키고 어떤 것은 배제해야 할지를 어떻게 알았는가? 현재 우리가 갖고 있는 〈구약성경〉에 들어 있는 책들이 당연히 거기에 들어 있어야 한다는 것을 우리가 어떻게 확신할 수 있는가?

예컨대, 나중엔 분실되었지만 **예레미야**를 통해 기록된 다른 책이 고고학자들에 의해 갑자기 발견된다면 어떤 일이 일어날 것인가? **예레미야**의 저작 중 다른 것들을 받아들였다 할지라도 우리는 그것을 현재의 〈성경〉에 편입시켜야 하는가 아니면 거절해야 하는가?

이러한 질문들 내지 그 비슷한 질문들은 〈성경〉의 '정경성'으로 알려진 성경 연구 분야에 속하는 몇 가지 문제점을 보여 준다. 고대 문서의 전체 집성 가운데 어떤 것이 진실로 하나님의 말씀이며 또 그 분의 말씀이어야만 하는가?

정경正經canon

〈정경〉[10]이란 말은 **히브리어** '**카네**qaneh'에서 유래하는데 '갈대' 또는 '막대기'라는 뜻하며, 이것이 발전하여 '규범'이라는 의미를 갖게 된다. **그리스도교**에서는 "신앙의 규범이 되는 신적 권위가 있는 책"을 의미한다. '**카네**'는 늪지 강가에서 자라는 갈대 식물로서 그 대는 길고 반듯해서 고대인들이 측량 도구로 쓰는 예가 많았다. 짧은 것과 긴 것을 재어 보거나 또는 구부러진 것과 반듯한 것을 식별할 수 있는 척도로 쓰였다.

장차 그것은 무엇인가 잴 수 있는 어떤 표준이 되었다. 특히 저

---

10) 특별한 하나님의 영감을 받아 기록되어, 완전무결하게 하나님의 말씀을 전하고 있다고 판단되는 성서, 또는 성서 가운데 특정 부분을 말한다. 개신교의 특성 중 하나는 '정경론'이다.

작 문서의 진위를 가려낼 수 있는 표준을 뜻하게 되었다. 성경에서 적용해 보자면, 어떤 책은 잘 규정된 확실한 원칙들에 충실하여 표준이 되거나 아니면 충실치 못하여 표준이 되지 못했다. 대부분 이 원칙들은 다소 임의적이었지만 잘 생각해 보면 타당한 것이다.

〈정경〉의 기준

유대인 학자들, **그리스도** 이전 시대에서조차 어떤 학자들은 표준적이라고 하는 어떤 문서가 BC 400년 이전이나 그 어간에 기록된 것이 틀림없다는 데 일치했다. 물론 이것은 AD 1세기 **유대**인들이 〈신약성경〉을 〈성경[Scripture]〉으로 받아들이지 않은 이유 가운데 하나이다.

또 그들은 〈구약성경〉 문서가 선지자나 또는 적어도 예언의 은사를 받은 개인에 의해 기록된 것이 분명하다고 주장했다.

모세는 최초의 저자로서 선지자였고, 〈구약성경〉의 맨 마지막 책인 〈**말라기**〉 이후에 아무 선지자도 일어난 적이 없는 것으로 주장되었다. 그러므로 하나님께서 선지자를 새로 세우셔야 할 적절한 때가 이르기 전까지는 〈구약성경〉에 어떤 새로운 것을 덧붙일 수 없었다.

또 〈정경〉이 된 저작은 마땅히 현존해야 했다. 이것은 다음의 사실을 뜻한다. 선지자가 〈구약〉에 들어 있는 문서들 이외에 다른 것을 썼다고 할지라도, 만약 그런 저작들이 분실되어 정경이 마감된 시기(BC 400년 무렵) 이전에 발견되지 않은 경우에는 〈성경〉이 될 수 없었다. 그 추론은 이렇다.

즉 하나님께서 어떤 사람을 감동시켜 거룩한 문서를 쓰게 하셔야 했고, 그리고 그렇게 하실 수 없거나 또는 그 문서를 보전 시키지 않고자 하셨다는 것은 도저히 믿기 어려웠을 것이기 때문이다. 일단 〈성경〉의 한 책이 기록되면 그것은 기록된 시대뿐만 아니라 모든 다음 세대에 유익을 주었다. 그것이 작성되던 당시의 직접적인 필요에만 부응하고 끝난다면, 그것은 결코 〈성경〉이 되지 못한다. 진정한 적시성適時性이 결여된 셈이다.

그러나 아마 〈정경〉이 될 수 있는 가장 중요한 요건은 영감靈感이라는 척도였을 것이다. 비록 다른 필요조건을 모두 구비하고 있을지라도 하나님의 신神에 의한 초자연적 영향을 통해 기록되지 않은 것이라면 어떠한 문학도 자연스럽게 〈정경〉에서 제외되었다.

이것은 다른 표준보다도 훨씬 막연한 것 같았지만, 동시에 가장 중요했다. 이 영감의 문제에 관해 유대 종교 지도자들이 맨 처음부터 그리고 보편적으로 일치를 보였고, 그들이 영감에 대한 존재의 유무를 확인했던 방법이나 수단은 오늘날 우리가 찾아 낼 수 없다고 할지라도 〈구약〉의 초자연적 특성을 받아들이는 자라면 어느 누구도 그 문제에서 그들의 견해와 결론에 심각하게 의문을 제기하지 않을 것이다.

분명히 〈구약〉의 각 책들은 기록되자마자 또는 잠시 후에 〈정경〉이 되었다.[11] 예를 들어, 모세의 직속 후계자 여호수아는 그의

11) 김진영 옮김(2005). **역사적 구약개요**.(Eugene H. Merrill 지음). 서울: 크리스챤 다이제스트, 17.

선조가 〈모세오경〉을 기록했을 뿐만 아니라 그것을 권위있는 하나님의 말씀으로 인정했다. 사실상 여호수아와 그 시대 사람들은 모세의 책들을 〈정경〉으로 삼았다.

마찬가지로 〈구약〉의 다른 책들도 그 다음 세대에서 〈성경〉으로 인정받게 되었다. 비록 그들의 인정 자체가 〈모세오경〉의 경우처럼 즉각적으로 일어나지 않았다고 할지라도 말이다. 그러나 늦어도 BC 3세기까지 현재 우리가 유대인의 〈성경〉으로 인정하고 있는 모든 책들이 〈구약 정경〉에 들어 있었다는 것은 아주 타당한 것으로 보인다. 〈정경〉의 발전이 아주 느리고 불확실하다는 문제, 곧 1세기 말이나 또는 더 늦은 시기까지 그 최종 형태가 나타나지 않았다고 하는 주장에 대한 설득력 있는 근거는 하나도 없다.

예언서

우리말 〈구약성경〉에서 말하는 '예언자'라고 할 때, 이 예언이란 말은 다른 성경번역에서처럼 중국어번역에서 유래한다. 이 '예豫'는 '미리 또는 앞서'를 뜻하는 말로, '예預'와는 의미가 다르다. 가장 보편적인 히브리어의 용어는 '나비'이다. 이때의 예언이란 본래 "액체가 끓어오르는 것"을 뜻한다. 마음속에서부터 끓어오르는 것을 입으로 통해 나오는 것 같은 상태를 나타내는 말로 입신상태에서 하나님의 말씀을 사람에게 전하는 것을 의미한다.

예언자들과 예언은 수없이 상이한 용어들을 통하여 〈구약성경〉에 표시되어 있다. 예를 들면, 〈역대상〉 29장 29절은 예언자의 과제를 수행한 자들을 지적하기 위하여 세 가지의 다른 단어들을 사용하고 있다. 그 히브리어는 **로에**ראה, **나비**נביא, 그리고 **호제**חזה다. 왜냐하면 오늘날 '예언자나비'라고 부리는 자들이 전에는 '선견자로에'라고 불리었기 때문이다.

〈구약성경〉에 나타나 있는 예언자는 미래를 보는 사람으로서는 그들의 사명은 하나님의 뜻과 말씀을 받아 선포하는 동시에 그의 명령에 따라서 그 말씀을 선포함으로써 그는 하나님에게 대하여 전화의 송화구와 같은 역할을 하였다.

예언자의 본질은 하나님의 말씀을 위탁받은 자란 의미가 강하다. 따라서 미래에 대한 하나님의 엄한 심판을 부르짖지만, 그 주체가 철저한 현실사회의 부정에 대한 규탄이었던 것이다.[12]

사회정의를 규탄하는 예언자들

다음에 공의公義를 부르짖으며 타락한 사회를 규탄한 〈**아모스**서〉와 하나님을 떠난 백성에게 다시 돌아오기를 바라는 〈**이사야**서〉의 일부를 인용해본다. 이것을 읽어보면 〈구약성경〉에서 말하고 있는 예언은 이른바 우리나라의 〈정감록〉이나, 서양의 〈**노스트라다무스**의 잃어버린 예언서〉와는 본질적으로 다른 것임을 알 수 있다.

나 주가 선고한다.
이스라엘이 지은 서너가지 죄를,

---

12) 김성규 옮김(1993). **구약예언서연구**. 서울: 기독정문사, 98.

내가 용서하지 않겠다.
그들이 돈을 받고 의로운 사람을 팔고,
신 한 켤레 값에
빈민을 팔았기 때문이다.
그들은 힘없는 사람들의 머리를
흙먼지 속에 처넣어서 짓밟고
힘 약한 사람들의 길을 굽게 하였다.
아버지와 아들이
같은 여자에게 드나들며,
나의 거룩한 이름을 더럽혔다.(아모스서 1:6-7).

슬프다! 죄 지은 민족, 허물이 많은 백성, 흉악한 종자, 타락한 자식들!
너희가 주님을 버렸구나. 이스라엘의 거룩하신 분을 업신여겨서, 등을 돌리고 말았구나.
어찌하여 너희는 더 맞을 일만 하느냐? 어찌하여 여전히 배반을 일삼느냐?
머리는 온통 상처투성이고, 속은 온통 골병이 들었으며,
발바닥에서 정수리까지 성한 데가 없이,
상처난 곳과 매 맞은 곳과 또 새로 맞아 생긴 상처뿐인데도,
그것을 짜내지도 못하고,
싸매지도 못하고, 상처가 가라앉게 기름을 바르지도 못하였구나.
너희의 성읍들이송두리째 불에 탔으며, 너희의 농토에서 난 것을,
너희가 보는 앞에서 이방 사람들이 약탈해 갔다.

이방 사람들이 너희의 땅을 박살냈을 때처럼 황폐해지고 말았구나.
도성 시온이 외롭게 남아 있는 포도원의 초막과 같으며,
참외밭의 원두막과 같고, 포위된 성읍과 같구나.(이사야서 1:2-8).

예언자가 분노하고 규탄한 것은 사회적 불의이고, 그들이 추구한 것은 사회적 정의였다.

그러면서도 한편으로 예언자들은 앞으로 어떻게 해야 할 것을 가르쳐주고 미래의 희망을 보여준다.

> 내가 주님 앞에 나아갈 때에, 높으신 하나님께 예배드릴 때에, 무엇을 가지고 가야 합니까?
> 번제물로 바칠 일 년 된 송아지를 가지고 가면 됩니까?
> 수천 마리의 양이나, 수만의 강줄기를 채울 올리브기름을 드리면,
> 주님께서 기뻐하시겠습니까?(미가서 6:6-7).
> ……
> 너 사람아, 무엇이 착한 일인지를 주님께서 이미 말씀하셨다.
> 주님께서 너에게 요구하시는 것이 무엇인지도 이미 말씀하셨다.
> 오로지 공의를 실천하며 인자를 사랑하며
> 겸손히 네 하나님과 함께 행하는 것이 아니냐!(미가서 6:8).
>
> 그러나 나는 희망을 가지고 주님을 바라본다.
> 나를 구원하실 하나님을 기다린다.
> 내 하나님께서 내 간구를 들으신다.(미가서 7:7).

하나님에게 번제물도 기름도 바칠 필요가 없다. 하나님께서 요구하시고 있는 것은 공의社會正義를 실시하고, 인자를 사랑하고, 겸손히 하나님과 함께 걷는 것임을 깨닫고 이렇게 살아가기를 바라고 있다고 외친다.

이처럼 〈구약성경〉에서 외치는 예언은 우리가 흔히 생각하는 이른바 예언과는 전혀 다른 별개의 예언임을 보여준다.

이상과 같이 〈토라〉를 기본으로 한, 〈구약성경〉이 예언서 그 외의 문헌들이 추가되는 식으로 형성되어갔다. 그럼 여기에서는 왜 46권과 39권이라는 차이가 나타난 이유에 대해서 언급하려고 한다.

앞서 언급한 바와 같이, 〈오경〉은 바벨론 포로시기인가, 아니면 그 후 즉, 기원전 444년 무렵 이전에 성립하여 이것이 '절대자 신과 인간과의 계약'으로 인간이 지켜야 할 절대적 규범으로서 확립되었다. 성경은 그 공포를 〈에스라기〉와 〈느헤미야기〉에 기록하고 있다.

그럼 이 기본을 동일하게 하면서 왜 46권과 39권이란 차이가 발생하였는가? 그것은 16세기 프로테스탄트 내부에서 대두된 의견, 즉 "〈구약성경〉은 히브리어원전에 의해 구성되어야 한다"는 주장을 프로테스탄트가 받아 들였기 때문이다. 그 때까지의 그리스도교의 성경은 현대의 가톨릭의 그것과 같이 46권이었다.

그러나 이 차이는 단순히 언어에 의한 것이라고 생각해서는 곤란하다. AD 70년 무렵까지만 해도 그리스도교에서나 유대교에서도 '정경'이라고 하는 명확한 사고에 근거한 분류는 없었던 것이다. 그러므로 이 양자 모두가 히브리어로 기록된 7권도 정경과 같이 취급했던 것으로 추측된다. 그리하여 '정경'은 히브리어만으로 된 것만을 보려고 한 생각이 유대교도에 의해 나타나기 시작하여 기원 64년 무렵, 그러한 방침이 확립되었다.

초대 예루살렘교회 지역에 있던 유대 그리스도인들은, 유대교의 율법을 준수하고 회당[시나고그]을 출입했으나, 처음에는 특별한 제재를 받지 않았다. 그러나 부활하신 예수님을 메시아로 믿는 그리스도인들이 급속히 늘어나자(특히 안티오키아 같은 이방 지역에서), 이에 유대인들이 위협을 느끼고 그리스도인들을 배척하게 된다.

그 주축이 유대교 최고의 랍비였던 요하난 벤 자카이Yohanan ben Zakai, BC 30–AD 90였다. 유대인의 교육의 전통을 절망적인 상황에서도 랍비 요하난 벤 자카이가 기적처럼 지켜내었다. 그는 바리새파의 대제사장으로서, AD 66–70년 열심당원이 주도한 유대반란이 결국 실패할 것을 예견하고, 유대교의 미래를 준비하기 위해 당시의 로마 진압군 사령관 베스파시안 장군을 만나, 최소한의 유대교 랍비의 존속을 허락 받는다.

그 후 AD 70년, 로마 황제가 된 베스파시안의 아들 티투스에 의해 예루살렘 성전이 완전히 파괴된 후에, 뿔뿔이 흩어진 유다의 율법학자들이 예루살렘에서 비교적 가까운 지중해 연안의 도시인 얌니아Jamnia로 대거 이주를 한다.

그리고 얌니아에 모인 율법학자들은, 로마 당국에 얌니아에 율법학교를 세우고 자기네의 종교생활을 보장해 줄 것을 특별히 탄원을 하여, 허락을 받는다. 결국 예루살렘이 로마에 의해 완전히 멸망 당한 후, 얌니아는 많은 숫자의 유대교 율법학자들과 율법학교가 있는 도시가 된다. 드디어 바리새파의 대제사장 요하난 벤 자카이는, AD 90년경에 랍비들을 불러 모아 유대교 종교회의인 '얌니아 회의'를 열게 된다. 이 회의에서 율법학자들은 유대교 성경(기독교의 〈구약성경〉)의 경전목록, 즉 〈구약성경〉의 〈정경〉을 확정한다.

그러나 실제적으로는, 새로운 확정은 아니고, AD 400년경(일설에 의하면 에스라에 의해) 일차적으로 확정된 목록을 그대로 재확인한 셈이다. 이때 이 종교회의가 경전목록에 해당하는 책들을 확정할 때 적용한 주요 기준은 다음과 같다 :

(1) 히브리어로 저술되었는가?
(2) 모세오경의 정신을 그대로 가지고 있는가?
(3) 저술 장소가 팔레스타인 내에서 이루어졌는가?
(4) BC 400년 에스라 시대 이전에 저술되었는가?
(5) 예언자적 영감이 있는가?

이렇게 하여, 얌니아 회의 이전까지 유대교에서 주로 〈성경〉으로 사용하고 있었던 〈70인역 성경〉에 포함되어 있었던 일부 책들을 유대교 경전목록에서 제외시켰다.

그 후 그리스도교에서 히브리어 경전 24권을, 〈70인역〉을 따라서 39권으로 나누게 된다.

즉, 히브리어 경전의 〈사무엘기〉, 〈열왕기列王記〉, 〈역대기歷代記〉를 〈사무엘기상〉, 〈사무엘기하〉, 〈열왕기상〉, 〈열왕기하〉, 〈역대기상〉, 〈역대지하〉로 나누고, 〈에스라기-느헤미야기〉를 〈에스라기〉와 〈느헤미야기〉로 나누고, 소예언서 열두 책을 열둘로 나누어서, 구약을 모두 39권으로 재편집하였다.

〈정경〉이 정해진 이유는, 〈성경〉의 어떤 부분은 그 기록자나 기록 연대, 상황 등에 비추어 허위일 가능성이 있다는 주장 때문에 생겨났으며, 가톨릭에서는 그리스어 〈70인역 성경(LXX)〉 46권을 382년 로마 주교 회의에서 〈정경〉으로 인정했고, 이것을 트리엔트 공의회(1546년)에서 다시 확인하여 오늘에 이르고 있다.[13]

그리스도교의 형성은 〈성경〉과 신조와 직제의 성립에 의해 확립되었다. 특히 〈정경正經〉 성립은 그리스도교의 정체성 형성과 그 계승에 있어서 결정적인 사건이라 하지 않을 수 없다.

정경화 과정正經化 過程

여러 종류의 주장이 있지만 〈오경〉이 〈구약성경〉의 〈정경canon〉으로서 확립되어 공포된 것은 앞서 언급한 바와 같이 대체로 AD 444년이라 볼 수 있다.

〈정경〉으로 확립되었다는 것은 〈오경〉이 그 때 저술되었다는 것이 아니라, 〈오경〉은 J · E · D · P문서라고 부르는 매우 오래된 4가지 문서에서 서서히 최종적으로 정경화되었다는 것이 오늘날에 와서는 정설로 인정되고 있다. 그 가운데 J와 E, 이 두 개의 문서는 '하나님'의 이름이 다른 것에서 시작되었다. J는 야웨여호와, 한국어성경에서는 여호와, E는 엘로힘이다.

옛날 문어체 히브리 성경을 보면, 하나님에 대해 단지 '하나님'이라는 경우와 '야웨'라는 경우, 두 가지가 있는 것을 볼 수 있다. 현재 구어역에서는 "주 하나님"으로 되어 있는데 이것은 문어역의

---

13) 한성기(2003). 현대신학의 관점에서 본 구약성경 이해. **신학지평**. 제16집 2호, 196.

'여호와 하나님'에 해당한다.

그럼 새로운 구어역은 왜 '여호와'라는 말을 그만 두었을까? 사실을 말하자면 '여호와'는 오역이다. 왜 오역이 생긴 것인지를 말하면 그것은 다음과 같은 사정이 있기 때문이다.

하나님 이름의 유래

히브리어에는 모음표기가 없다. 그러기에 하나님의 이름을 서양표기로 고치면 YHWH가 되기 때문에 어떻게 발음을 하면 좋을지 막막하다. 이에 대해 YHWH라고 쓸 수밖에 없다고 주장하는 사람도 있다. 언어학자들이 추리해서 '야웨'라고 부르더라도 과연 정확한 발음인가 하는 점에서는 아무도 단정할 수 없다는 것이다.

자음만으로 그 문자를 어떻게 발음했는지를 아무도 모르는 것이 되지 않도록 하기 위해 후세 마소라 학자들이 보통 단어에 모음을 붙여 읽도록 하였다.

유대인들은 YHWH가 "하나님의 이름을 함부로 부르지 못한다."고 했으므로 모음부호를 부치지 않고, 그 대신에 '아도나이 יהוה' 즉, '주主'라는 의미를 지닌 말의 모음부호를 붙여, "주 되신 YHWH"라고 불렀다. 그런데 YHWH를 그대로 발음하면, '여호와'가 된다. 이 여호와란 말은 16세기가 되어 그리스도교의 신학자에 의해 부르기 시작하였다.

이처럼 구약성경에서 하나님의 거룩한 이름 히브리어의 네 자음 문자는 '아도나이 "주"' 또는 '엘로힘하나님'으로 읽어 왔다. 신약성경을 쓴 사도들은 하나님의 이름 네 글자를 쓸 때에는 예외 없이 "주"라고 읽어 왔던 것이다. 구약성경 본문을 신약에 인용할 때에도 하나님의 거룩한 이름 네 글자만은 반드시 "주"라 하였다.

그리스도교 2,000년의 성경 번역 전통에서 볼 때에도, 하나님의 거룩한 이름 네 글자는 늘 "주"로 번역되어 왔다.

BC 3세기부터 히브리어에서 헬라어도 번역되기 시작한 〈칠십인역〉 〈구약성경〉이 하나님의 이름을 거룩한 이름을 "주"라고 번역한 뒤로, AD 4세기 라틴어 〈불가타역〉이나 16세기 루터의 〈독일어역〉, 17세기의 영어 흠정역 〈제임스왕 역본〉 등이 하나님의 거룩한 이름을 "주"라고 번역하였다. 원어에서 직접 번역된 세계의 주요 번역판들이 하나님의 거룩한 이름을 번역할 때에 "주"라고 번역하였다. 우리나라의 〈성경전서 표준새번역〉에서는 교회의 이러한 전통과 성경 번역 전통을 따랐음을 알 수 있다.

정경형성사正經形成史

정경형성사를 간단히 요약해 보면 가장 오래된 것이 J문서의 성립으로, 이것은 BC 9-8세기로 성립 장소는 예루살렘 남쪽 지방이었다. 이어 약 1세기 늦게 북쪽에서 E문서가 성립되었다. 이 문서가 D문서로 성경자체에 그 성립 과정이 기록되어 있다.

〈열왕기하〉 22장에 유대왕국의 왕 요시야가 예루살렘 성전을 수리하다가 〈율법책〉을 발견하였다는 기록이 있다. BC 622무렵이었다. 요시아의 종교개혁의 버팀대가 된 이 책은 신명기의 중심자료가 된 것으로, 이것을 〈신명기〉의 헬라어역 〈δευτερονομιον〉의 머리글자를 가져와서 D문서라고 부른다.

쿰란 유적지에서 발견한 구약성경 사본

또 하나의 문서인 P문서는 제사장(그 머리글자가 P)의 문서로 대체로 바벨론 포로시대에 편찬된 것으로 알려져 있다.

그 이름에서도 짐작할 수 있듯이 성전의 제사장 집단의 손에 의한 것으로 그 제사장들이 이 문서를 기록할 뿐만 아니라 J · E · D · P, 이 4가지 문서를 편집하여 모세의 〈오경〉으로 정리한 사람들도 있었다. 이 특징은 하나님을 절대적, 초월적인 존재로 보고, J문서와 같이 신인동형동성설神人同型同性說을 취하고 있지 않다는 것이다.

그러면 이처럼 편찬되었던 〈구약성경〉이 명확하게 정경화되지 않았지만 전체로서 하나의 책으로는 정리되었던가? 흥미로운 사실은 그것이 성경이 기록되었던 양피지의 질에 달려 있었다는 점이다.

양피지는 흔히 원피지 한 장을 두 장으로 엷게 만들어 사용하는 것이 보통이었다. 그런데 거룩한 것으로 본 〈성경〉만은 한 장의 피지에 기록되었다. 현재 〈정경〉에 들어 있는 것은 전부, 정경화되기 전부터 그와 같은 한 장의 피지에 기록되어 그 구분을 분명히 하고 있다.

히브리어 〈이사야서 사해사본은 현재 가장 오래된 히브리어완본으로 BC 1세기로 소급되는 바, 이것도 한 장의 피지에 기록되어 있다. 뿐만 아니라 동시에 발견된 많은 단편도 〈성경〉에 관한 한, 한 장의 피지로 작성되어 〈정경〉이라는 개념이 이미 형성되어 있었음을 알 수 있다.[14]

그 후, AD 64년 무렵 유대전쟁 전에 매우 국수주의적으로 되었을 때, 예루살렘에서 이루어진 '현자회의'에서 헬라어문서가 전부 정경에서 제외되는 일이 벌어져 이것이 앞서 언급한 일곱 책의 차이가 발생하는 직접적인 원인이 되었다.

유대전쟁 후 100년쯤 되었을 때 얌니아에서 정경의 대부분이 편찬되었는데, 그 때에는 아직 〈전도서〉, 〈아가서〉 그리고 〈에스더기〉가 〈정경〉에 포함되어 있지 않았다. 이 세 개의 책이 〈정경〉이 된 것은 AD 140년 무렵, 갈릴리 우시아에서 모인 회의에서였다.

이 회의에서 최종적으로 〈성경전서〉가 확립되었다.

---

14) 박창환(1999). **성경의 형성사**. 대한기독교서회, 99-110.

〈70인역 성경〉의 등장

그리스도교에서는 앞에서 언급한 바와 같이 〈성경〉의 〈정경〉이 성립한 것은 서방에서는 4세기, 동방에서는 7세기 즉, 비잔틴 시대이다. 그 때 채용된 〈구약성경〉은 히브리어 원문뿐만 헬라어역이었는데, 그리스도교의 사본도 보다 오래된 사본, 즉 바티칸사본이나 시내사본, 알렉산드리아사본 등으로 모두가 헬라어역이었다.

70인역 성경

이 〈70인역 성경〉은 〈구약정경〉 이외의 다른 책들외경이 추가되어 있다. 이들 추가된 책들은 그 전집물의 나머지 부분과 마찬가지로 히브리어를 헬라어로 번역한 것도 있으나 한편으로는 원래부터 헬라어로 이루어진 책들도 몇 몇 있었다.

〈70인역 성경〉을 영어로 '셉튜아진트Septuagint'라고 하는 이유는 이 번역본의 번역을 알렉산드리아 학자 70명(혹은 72명)이 BC 284-247년 무렵의 톨레미 Ⅱ세 필라델푸스Ptolemy Ⅱ Philadelphus 왕조 시대 때에 알렉산드리아에서 번역하였다는 이유 때문이다.

영어의 '셉튜아진트'라는 말은 '칠십(70)'을 뜻하는 라틴어 '셉튜아진타septuaginta'에서 유래된 것으로 로마숫자인 LXX라는 약자로 잘 알려지게 되었다. 이에 의해 히브리어라고 하는 지방적 언어에서 당시 전 로마권에서 공용어로서 널리 사용하고 있었던 헬라어로 번역되어 그리스 · 로마 세계에 성경이 등장한 것을 볼 때 문화사적으로는 '역사적 사건'이라고 아니 할 수 없다.

이 때 전 〈구약성경〉이 번역된 것은 아니고 처음에는 모세의 〈오경〉만으로 그 후 BC 200년에서 300년에 걸쳐서 전부가 번역된 것으로 보고 있다. 거기에는 헬라어로 번역된 〈외경外經〉도 다수 포함되어 있었다.

그리스도교가 형성된 것은 이스라엘이 로마의 지배에 들어가 많은 유대인들이 헬레니즘 세계로 흩어진 시대이다. 많은 유대인들은 히브리어를 말할 수 없고, 헬라어를 사용하고 있었기 때문에 그리스도교는 헬레니즘 세계의 종교로 발전되어 갔던 것이다.

이 〈헬라어역 구약성경〉에 헬라어로 기술된 〈신약〉이 붙여진 것이 적어도 종교개혁까지의 그리스도교의 〈구 · 신약성경〉이었고, 이것에 의해 〈구신약성경1권〉이란 모습으로 된 것이었다. 〈히브리어 구약성경〉의 뒤에 〈헬라어역 신약성경〉이 동일문서로서 만들어졌던 것이다.

그러므로 이 〈70인역〉이야말로 그리스도교 발생의 단서라고 말할 수 있다.

〈70인역〉을 바탕으로 히브리어에서 직접 라틴어로 번역한 것이 〈불가타역Vulgata〉이라는 〈성경〉으로 1546년 트리엔트 공의회에서 가톨릭교회의 공인 〈라틴어성경〉의 본문이 되었다.

종교개혁으로 프로테스탄트가 일어나 성경정경에 문제를 제기하여 종교개혁자(특히, 루터)들은 〈구약성경〉은 히브리어 원문에 의하여야 한다고 보았다. 그리하여 프로테스탄트는 가톨릭의 권위를 부정하여 〈불가타역〉이나 〈70인역〉을 버리고 〈히브리어성경〉을 〈구약성경〉으로 삼았다.

그 결과, 오늘날에는 가톨릭 〈성경〉과 프로테스탄트 〈성경〉에는 7권의 차이가 발생하게 된 것이다.

〈구약성경〉의 본질

외적이고 내적인 증거를 가지고 내릴 수 있는 〈구약성경〉에 대한 가장 공정한 평가는 그것이 영감靈感 된 하나님 말씀이라는 사실이다. 최근까지 비평가들이 이 결론에 대해 논쟁을 벌였지만 한 번도 그 진실성에 대해 성공적으로 괴롭게 하지는 못했다.[15]

논쟁 시초부터 〈구약성경〉은 이러한 범주 내에서 온갖 비판을 받아왔고 다수의 변증적 자료들에는 이 모든 비평에 맞서서 〈구약성경〉을 변증辯證하는 글이 실렸다. 비평가들과 우리 자신이 해결하지 않으면 안될 본질적이고 불가피한 질문은 아주 간단하다. 〈구약성경〉은 축자逐字 또는 축어逐語 영감된 하나님의 말씀인가, 아니면 그렇지 아니한가?

세대마다 언제나 아주 정직한 사람들은 〈구약성경〉이 그 스스로 영감을 가르친다는 사실을 입증하기 위해 붓을 들었고, 또 그

---

15) 김진영 옮김(2005). **같은 책**, 18.

들의 노고가 칭찬할 만한 것이지만, 이것은 오늘날의 논쟁에서 위증자를 세우는 것에 지나지 않는 것처럼 보일 수 있다.

오늘날 근본 쟁점은 〈성경〉이 스스로 영감된 것이라고 주장하는지의 여부에 달려 있는 것이 아니다. 왜냐하면 가장 급진적인 일부 성경 비평가들조차 이를 허용하기 때문이다. 문제는 오히려 〈성경〉이 그 스스로 그런 교리를 가르친다면 〈성경〉에 관해 믿을 수 있을지 아닐지에 달려 있다는 것이다. 만일 〈성경〉이 영감되었다면 영감에 대한 것조차 〈성경〉이 제시하는 어떤 진술을 믿을 수밖에 없다. 반면 〈성경〉이 영감되지 않았다면 영감에 관한 것을 비롯하여 〈성경〉이 제시하는 어떤 진술도 의심할 수밖에 없다.

영감되지 아니한 〈성경〉은 확실히 자체의 본질에 관하여 권위 있는 진술을 할 수가 없다. 비록 **예수**님과 사도들의 말씀이 〈구약성경〉에 대해 영감된 것이라고 가르친다고 할지라도 무엇보다도 먼저 우리가 〈구약 · 신약성경〉을 영감된 것이라고 믿지 않는다면 **예수**님과 사도들이 실제로 그렇게 말씀하셨다는 것을 어떻게 확신할 수 있겠는가? 간단히 말해서 우리는 먼저 〈성경〉의 영감에 대한 사실을 믿음의 기저에 선험적으로 받아들이지 않으면 안 된다.

그 때서야 비로소 우리는 〈성경〉이 영감 이외의 다른 문제들과 마찬가지로 영감에 관하여 말하는 것을 확신있게 믿을 수 있다.

영감의 개념이 무슨 의미를 갖는지에 관해서는 논쟁을 아끼지 않아야 한다. 그 해답은 〈신약성경〉의 핵심적인 두 곳에서 발견된다. 〈**디모데후서**〉 3:16과 〈**베드로후서**〉 1:20–21이다. 여기서 〈신약〉의 출처와 〈구약〉이 고대 저자들에게 전달되었던 수단, 이 두 가지를 살펴 볼 수 있다.

전자에서 바울은 "모든 성경(구약)"은 "하나님의 감동으로" 된 것이며, 유익하다고 주장한다. 수동태 분사와 연결된 한정 형용사 "모든"은 구약의 각 부분이 사람의 도움이나 고안과는 상관 없이 하나님에게서 유래했다는 것을 가르친다."[16]

즉 하나님은 〈구약성경〉 전체의 최종 저자著者시라는 것이다. 그러나 이것은 〈구약성경〉의 계시가 어떻게 하나님으로부터 사람을 통해 양피지나 또는 파피루스 기록되었는지에 대해서는 아무것도 설명하는 것이 없다.

베드로는 계시되는 이러한 과정을 설명한다. 그는 "옛적에"(구약시기에) "예언"(또는 성경)은 인간이 고안해 낸 산물이 아니라고 하여 바울과 일치하지만, "하나님의 거룩한 사람들이 성령으로 말미암아 감동된 대로 말하였다"고 기록한다. 이것은 그들이 말한 것임을 뜻하지만 그들이 말한 것은 어쨌든 그들의 메시지가 아니라 하나님 자신의 것이었음을 뜻한다.

〈구약성경〉의 언어

〈구약성경〉의 대부분이 히브리어로 기록되었는데 그것은 셈어로 알려진 큰 어족 중의 하나다. 히브리어는 모음이 없는 알파벳순의 언어인데 적어도 일찍이 모세 시기(BC 15세기)에 이스라엘 사람들의 공식 지방어였던 것이 분명하다. 아주 적은 부분이 아람어라는 언어로 기록되었다.

아람어도 셈어이며 히브리어에 대단히 가깝다. 신약 시대 쯤에

16) 김진영 옮김(2005). 같은 책, 18-19.

는 아람어가 유대인 사이에서 통용된 혼성 국제어로서 완전히 히브리어를 대신하게 되었고, 예수님께서도 친히 히브리어를 쓰실 수 있는 회당 강론을 제외하고는 이 언어로 말씀하셨을 가능성이 가장 높다.

〈구약 정경〉이 완성되자 〈구약성경〉은 헬라어(BC 25년 무렵의 70인역 성경), 수리아어, 라틴어와 같은 여러 언어로 번역되었다.

〈구약성경〉의 본문

선지자들과 〈구약성경〉의 다른 저자들을 통해 원본이 만들어진 후 얼마 지나자 서기관들이 이 원본을 여러 차례 필사하였으나, 그것들은 마침내 사라졌다. 그 사본들은 파피루스와 양피지 같은 쉽게 파손될 수 있는 재료에 기록되었으며, 팔레스타인의 혹독한 기후 때문에 오랫동안 보전될 수 없었던 것 같다.

그러나 이 원본들이 파괴되기 이전에 사본 형태로 정확히 보존할 수 있는 가장 확실한 온갖 대응책이 강구되었다. 성문서를 성공적으로 전수하기 위해 세심한 배려를 한 뛰어난 사례는 예레미야가 쓰고 여호야김 왕이 불태워버렸던 책을 자신의 서기관 바룩을 시켜 둘로 만들었던 예레미야 36장에서 찾아 볼 수 있다.

기록된 하나님의 말씀을 이처럼 존중하는 마음은 해가 갈수록 사라지지 않았다. 어느 편인가 하면 그것은 세대마다 증가되었다. 서기관들은 〈구약성경〉의 책들이 기록된 뒤로 수 백 년이 지나서 그 두루마리 책들을 정확히 필사하는 것을 보증할 수 있는 가장 정교한 수단들을 창안해 냈다.

예를 들면, 그들은 한 장 또는 한 책의 단어 수를 세어 놓고서 사본을 만들 때 그 단어의 수를 가지고 그것을 검토하였다. 차이가 있게 되면 그들은 잘못이 있는 곳을 찾아낼 때까지 필사본 전체을 검토했고, 잘못을 찾아내면 주저하지 않고 바로 잡았다.

심지어 그들이 어떤 책의 중간에 있는 단어 또는 문자를 정해 놓고서 그 단어 또는 문자가 원본의 것과 서로 일치하는지를 알아봄으로써 자신들의 필사본을 검토했다는 증거도 있다.

더욱이 필사본들이 작성되고 역본들이 무수히 나오게 되자 본문에서 약간의 차이점들이 나타나기 시작했다는 것을 알기란 그리 어렵지 않다. 특히 필사와 번역이 필사상의 오류를 세심히 잡아내지 못하는 자들에 의해 이루어졌다면 더욱 그러하다.

그 결과 오늘날까지 보존된 사본들은 수많은 고대 역본 및 판본들뿐만 아니라 많은 히브리 본문 전승을 대표하는 것으로서 세목마다 서로 다 일치하는 것은 아니다. 그러나 가장 많이 변경된 그런 사본들조차 그 변경이 아주 사소한 문제에 그친다는 것을 대표하는 것을 유심히 주목할 필요가 있다.

그 차이점들이 하여간 신학적 또는 교리적 중요성에는 아무 문제도 없다고 하는 것은 결코 틀리지 않는 말이다. 더 나아가 히브리 공인 본문textus receptus과 가장 많이 차이나는 본문들에 대해서도 전체적으로 볼 때 독자적 권위를 더 갖는 것으로 학자들이 여기지 않기 때문에 그 차이점이란 지극히 적은 것에 지나지 않는다.

바로 수년 전까지만 해도 가장 오래된 히브리어 사본은 AD 10세기 것으로 추정되었고 그보다 약간 늦은 다른 사본들도 몇 가지 있었다. 현재의 히브리어 성경은 이 중세 사본들에 대부분 근거를 두로 있으며, 적어도 보수주의자들조차도 그것들을 원본과 동일한 것으로 믿었지만 완전무결한 증거로써 이를 입증할 아무 방도가 없었다.

그런데 1947년 사해 북서 해안에 위치한 **쿰란 · 와디**에서 혁명적인 발견이 일어났다. 그곳 동굴에서 어떤 목동이 수백 개의 두루마리로 보이는 4만 개도 넘는 단편을 최초로 발견했는데 거기에 **에스더**를 제외한 〈구약성경〉의 모든 책의 편린들이 들어 있었다.

쿰란 동굴에서 발견된 사해 사본

큰 기대 속에서 수년에 걸쳐 이 두루마리들을 잘 펴서 번역을 하였다. 발견의 흥분은 그것들이 어떤 경우에는 적어도 **그리스도**께서 오시기 150년 전부터 있었다는 즉각 확고한 사실로 나타나게 되었다.

이런 점에서 현대 **히브리어** 본문은 이전에 가장 고대의 것으로 여겼던 본문들보다 1,000년도 더 이른 시기에 기록된 어떤 것들과 비교해 볼 수 있는 기회를 갖게 되었다. 그리고 현대 **히브리어** 본문의 무결성無缺性을 내내 주장했던 자들로서 기쁘게 **쿰란**의 그것들은 대부분 경우에 본질적으로 동일했다.

주요한 차이점이란 쿰란의 서기관들이 어느 경우에 히브리어 본문보다는 헬라어 역본인 70인역을 선호했다는 것을 인지하는 정도로 설명될 수 있지만, 이것은 결코 70인역이 성경 저자들이 기록한 대로 원문들을 아주 정확하게 반영했다고 입증하지는 못했다.

결론적으로, "역사의 시대를 거쳐 경건하고 정확한 서기관들을 통해 신실히 보전되었다는 차원에서 우리는 원본을 소유하고 있다고 주저없이 말할 수 있다."[17)]

우리가 선지자들의 구약을 가지고 있다고 해도 과언이 아니다. 이것이 분명히 그렇다는 것은 원본을 영감하신 하나님께서 그것을 보존할 수 있게 하여 무오無誤한 계시로서 가치를 상실하도록 내버려두셨다고 믿는 것은 신학적으로도 상상하기 어렵기 때문이다. 〈구약성경〉의 영감이 바로 충실한 본문의 보존을 보장해 준다.

---

17) 김진영 옮김(2005). **같은 책, 24.**

Chapter 2
히브리 민족 이동의 동반자

로마는 유대를 속주로 삼고 시리아 지역에 포함시켜
시리아-유대 속주로 불렀다.
AD 70년 예루살렘 성전이 파괴된 이후에도 이스라엘 땅을 유대로 불렀으나
바르 코코바 반란(AD 132-153)을 진압한 후
유대인들이 유대라는 땅에 대한 소유권을 주장하지 못하도록
팔레스타인이라는 이름으로 불렀다.

1
이집트에서 가나안으로

BC 2,000년 전반부터 히브리 족장들은 북쪽은 유프라테스 유역에서 남쪽은 나일강 연변에까지 넓은 세계를 이동하면서 반유목적 생활을 영위하고 있었다. 그들의 자손들은 팔레스타인에 정착을 시작했지만, 어느 해에 심한 가뭄에 시달려 식량을 구하여 이집트로 내려갔다.

야곱이 요셉을 찾아 이집트에 이주하면서부터 그들은 얼마간은 생존을 이어갔지만 그 때문에 그들이 치른 대가는 실로 컸다.

최초, 난민難民으로서 이집트에 온 히브리인들은 원주민 이집트인들과는 관계는 결코 나쁘지 않았다. 그런데 히브리인들은 그로부터 서서히 인구수가 증가하고, 이주자이면서 이집트 국내에서 하나의 분명한 세력으로까지 발전했다. 그리하여 그들은 더 이상 이집트인들의 동정을 받을 난민이 아니라 이집트인들의 생활을 위협하는 존재가 되었다.

히브리 민족의 고난의 행군 시작

BC 13세기 초, 이집트인과 히브리인 간에도 일시적인 협조공존의 시대가 있었음을 전혀 모르는 새로운 파라오왕이 등장하면서부터 문제가 시작되었다. 파라오는 말했다.

> 이 백성 곧 이스라엘 자손이 우리보다 수도 많고, 힘도 강하다. 그러니 이제 우리는 그들에게 신중히 대처하여야 한다. 그렇게 하지 않으면 그들의 수가 더욱 불어날 것이고, 힘도 강하다.
> 그러니 우리는 그들에게 신중히 대처하여야 한다. 그러게 하지 않으면 그들의 수가 더욱 불어날 것이고, 또 전쟁이라도 일어나는 날에는, 그들이 우리의 원수들과 합세하여 우리를 치고, 이 땅에서 떠나갈 것이다.(출애굽기 9-10).

외국과의 전쟁이 일어나면 히브리인들은 반드시 적측에 설 것이다. 바로는 그렇게 생각했다. 그러면 어떻게 할 것인가? 그들을 외국으로 추방할 것인가? 아니면 중노동을 시켜서 그들의 체력을 철저하게 허약하게 만들 것인가? 바로는 후자의 방법을 택하기로 했다.

히브리인들은 비돔과 라암셋 등 델타지방의 대형 창고 마을의 건설공사의 강제노동으로 내몰아치게 되었다. 이렇게 시작된 히브리인들의 노예 생활은 400여 년 간 지속되었다. 이집트의 신전 대부분은 당시 건설 노예였던 유대인들이 지은 것이다.

그런데, 히브리인들은 "억압을 받으면 받을수록 그 수가 더욱 불어나고, 자손은 번성하였다." 그것을 보고 이스라엘 자손을 몹시 싫어하였고, 그들을 더욱 혹독하게 부렸다. 이집트 사람들이 흙을 이겨 벽돌을 만드는 일이나 밭일과 같은 온갖 고된 일로 이스라엘 자손을 괴롭혔다.

이주외국인에서 노예의 지위로 떨어져 고생을 하고 있던 동포를 구원한 것은 모세라고 하는 인물이었다. 모세는 히브리 사람들을 이끌고 '젖과 꿀이 흐르는 땅' 가나안, 즉 팔레스타인 옥토로 가려고 했다.

그들이 이집트 땅을 탈출할 때까지는 좋았으나 그 앞은 예정이 빗나가 사람들은 '젖과 꿀이 흐르는 땅'은 고사하고 황량한 시내 광야나 네게브 광야 속을 돌고 방황하는 유랑의 생활뿐이었다.

작열하는 태양이 내리 쬐일 뿐, 흰 모래와 바위뿐인 광야가 끝없이 전개되는 두려운 공간이었다. 광야 저편에는 푸른 옥토가 있다고 사람들은 말한다. 약속의 '젖과 꿀이 흐르는 땅' 가나안이 있다고 말한다. 그러나 어디를 보아도 그 풍요로운 땅은 보이지 않았다.

광야밖에 손에 잡히지 않았던 히브리인들에 있어서는 그들의 꿈은 현실적으로 손에 갖고 있지 않는 땅에 불과하였다. 실제로 가나안 땅이었지만 거기에는 이미 강력한 원주민들이 자리를 잡고 있었다. 히브리인들 스스로가 그들을 볼 때 자신들은 메뚜기로 비칠 만큼 원주민들은 장대한 민족들이었다.

가나안 진군

광야의 히브리인들의 생활에 새로운 전기를 맞이하게 된 것은 여호수아가 모세를 계승하여 그들의 새로운 지도자가 된 때이다. 모세를 비롯해서 이집트에서 출생한 히브리인들은 거의 대부분이 이 세상을 떠났다. 거의 대개가 광야에서 태어난 히브리인들이었다.

이집트에서의 생활에 비해 현재의 광야생활이 서글프다고 한탄

했던 자들은 모두 사라졌다. 히브리인들은 더 이상 이전의 히브리인들이 아니었다. 40년간 혹독한 광야생활을 견디어 낸 결과, 그들은 강한 전사로 성장하였다.

여호수아가 이끄는 히브리인 병사들은 요단강 동쪽을 건너 사해의 북쪽에 위치하는 큰 오아시스 마을 여리고를 점령하고 이어서 각지의 주요한 도시를 정복해 갔다. 당시 히브리 민족은 12개 부족으로 나누어져 있었는데, 그들이 점령한 토지를 각 부족별로 나누어 정착했다.

히브리 부족연합체 이스라엘의 탄생

히브리 부족연합체는 '이스라엘'이라는 이름으로 불렀다. 각 부족이 정착해서도 얼마동안은 이스라엘 전체를 하나의 국가로 정리하는 왕이 없었다. 그것은 당시 그만큼 실력을 구비한 인물이 이스라엘에 없었다고 할지 모르나 히브리인들은 왕제를 싫어했던 것도 하나의 이유가 된다.

각 부족 간의 다툼이 일어나면 장로들이 그 조정에 임했다. 외적이 침입해 들어왔을 때에는 사사士師, 가톨릭에서는 '판관判官'이라 번역한다. 히브리어로 '쉬모트'라 부르는 영웅호걸이 나타나 민족을 위기에서 구했다.

블레셋과의 전쟁

그러나 위기가 곧 사라지지 않았다면 어떻게 할 것인가? 외적과의 전쟁이 일어나고, 그 결착이 간단히 끝나지 않았다면 어떻게 하는가? 이것은 당연히 생각해야 할 문제였다. 거기에 블레셋인과의 문제가 일어났다.

히브리인들이 동쪽, 남쪽의 광야로부터 가나안 옥토에 이르기까지 침입을 시작하자, 서쪽의 지중해 쪽에서는 '바다의 민족'에서도 매우 강했던 블레셋 사람들은 남부 해안평야에 도시를 건설하고, 세력을 내부 육지 쪽으로 향하여 확장해 갔다.

블레셋 사람들은 강력한 철기무기를 사용하고, 평야에서는 특히, 그 위력을 발휘하는 전차를 많이 소유하고 있었다. 그 기동력과 병기에 힘입어 블레셋 사람들은 점차 일방적으로 새로운 내방자, 히브리인을 압박했다. 블레셋 사람들은 가나안 외부로부터 공격해 들어오는 적이 아니라, 히브리인들과 동일한 가나안에 주거하고, 그러면서 그 유일한 제일의 지배자가 되려고 하는 '내부의 적'이었다.

히브리인들이 이 내부의 적 블레셋을 무찌르기 위해서는 더 이상 사사와 같은 지도자가 항상 시도 때도 없이 나타난다고는 보장할 수없는 시대에 봉착하게 된다. 이제는 블레셋을 상대로 적절한 대책을 세우기에는 턱없이 부족하게 된 것이다.

왕제王制가 필요했던 것이다.

> 이제 모든 이방 나라들처럼, 우리에게 왕을 세워 주셔서, 왕이 우리를 다스리게 하여 주십시오. …… 우리의 왕이 우리를 다스리며, 그 왕이 우리를 이끌고 나가서, 전쟁에서 싸워야 할 것입니다".(사무엘상 8:5-20).

2
이스라엘 왕국의 탄생

이스라엘에 왕제가 탄생했다. 이때부터 히브리 사회의 체질은 크게 바뀌고 변화한다. 그러나 사회의 체질은 변화하지만 히브리인의 선천적 체질이나 성격까지 함께 변화된 것은 아니었다.

왕국 성립은 히브리인의 정신생활에 불안정한 이중구조를 만들어 내고, 그 이중구조의 사이에서 나타나는 수많은 모순된 대립감정 때문에 히브리인들은 숙명적이라고 말할 수 있을 정도로 그들 자신을 심하게 고통으로 내닫게 한다.

최초의 왕 사울의 등극

이스라엘 최초의 왕으로 선출된 사람은 사울인데, 사울왕국의 내부정치가 안정하기까지의 길은 극히 험하였다. 이스라엘 왕국의 기초를 견고하게 세운 것은 다윗 왕이었다.

BC 2,000년기年期가 서서히 지날 무렵, 다윗은 이스라엘 북쪽의 부족과 남쪽의 부족을 하나로 만들고, 예루살렘을 정복하여 이것을 새로운 왕국의 수도로 했다. 나아가서 주위의 민족들을 평정하였다. 이렇게 하여 다윗과 그 왕국은 그 이후, 힘이 있는 이스라엘, 히브리 민족의 통일을 상징하게 된다.

그러나 후대의 히브리인까지 '다윗'을 고집하는 것은 사람들이 강렬한 개성을 지닌 영웅으로서의 다윗의 매력에 이끌린 것도 있지만, 보다 더 중요한 것은 다윗의 시대(BC 1004–965)가 긴 이스라엘 역사 중에서도 극히 '예외적'인 현상이라고 할 수 있는 것이었기 때문이다.

극히 예외적인 현상이라고 한 것은 사실 다윗이 이스라엘 전토, 전 부족을 정리하여 세운 '통일국가'라는 현상은 다윗 시대와 그 후계자 솔로몬의 시대(BC 965–928)까지로 단 2대로만 계속되었다는 것이다.

솔로몬의 시대에 이스라엘 왕국과 그 문화의 번영은 최고점에 도달했다. 이 시대에 이스라엘 문화는 아름답고 큰 꽃을 한 그릇에 피웠다. 그러나 그것은 만개의 꽃이 한 번 부는 바람에 그만 날라가버려 모든 것을 잃어버리는 아름다움이었고 호화로움이었던 것이었다. 솔로몬이 죽자 왕국은 남북으로 분열해 버린다.

왕국의 분열

이스라엘이라는 이름은 북왕국이 계승하고, 남왕국은 다윗의 출신 부족 유대에서 이름을 가져와 유대왕국이 된다.

이스라엘 왕국과 유다 왕국

이스라엘의 이름 사용법도 복잡하다. 히브리인의 여러 부족을 정리한 집단명으로서의 이스라엘, 통일국가로서의 이스라엘, 그 이스라엘이 남북으로 분열하여 북이 취한 왕국명이 이스라엘, 양분되어서도 계속되는 히브리 민족과 그 역사의 총칭으로서의 이스라엘, 지리명 팔레스타인의 옛날 이름으로서의 이스라엘, 그것으로부터 훨씬 후대가 되어서 즉, 현대가 되어서도 유대인의 손에 의해 팔레스타인의 땅에 재생한 국가 이스라엘이다.

'이스라엘'이라는 이름은 일종의 만화경萬華鏡이다.

보는 각도에 따라서 복잡한 히브리인의 역사의 다른 단면을 보여준다. '이스라엘'은 하나로 정리한 민족의 모습을 나타내는 이름이며, 그것은 동시에 자기분열을 일으킨 히브리 민족의 상처를 말해주는 이름이다.

분열하고 나서는 이스라엘 역사의 성격은 한층 더 복잡하게 된다. 본래 동일한 피를 나누는 형제들이었는데도 아니 도리어 형제이기 때문에 더욱 그러했을 것이리라. 북왕국 이스라엘과 남왕국 유대는 때로는 동맹을 맺고, 때로는 서로가 상대를 적에게 팔아넘기는 애증관계愛憎關係를 반복하게 된다.

형제는 몇 번인가 증오를 초월하여 사랑을 회복하려고 하였다. 서로의 상처를 치유하여 공동의 적에게 대항하려고도 시도하였다. 그러나 그러한 시도는 결국 성공하지 못했다. 이스라엘은 최후까지 분열한 채 그대로였다.

북왕국 이스라엘 멸망의 원인

〈열왕기하〉의 기록을 보면, 북왕국 이스라엘의 마지막 시대는 정치적으로 매우 불안정하였다. 대내적으로는 반란이 끊이지 않았고, 대외적으로는 앗시리아의 침공을 받아 피폐한 생활을 감내해야 했다. 경제적으로 부유했던 여로보암 2세(BC 786–746)의 죽음과 함께 예후 왕조는 실제적으로 끝난 것이라고 볼 수 있다.

여로보암 2세의 아들 스가랴(BC 746)는 사마리아에서 단지 6개월 동안만 통치하였고, 모반자 야베스의 아들 살룸(BC 746)에 의해 살해당하고 말았기 때문이다. 하지만 한 달 후에 가디의 아들 므나헴(BC

746-735)에 의해 죽임을 당하게 된다. 므나헴은 비교적 길게 10여 년 동안 왕위에 있었고, 그의 아들 브가히야(BC 735-734)에게 왕권을 계승하는데 성공하였다.

그러나 브가히야는 불행하게도 2년여 후에 길르앗 사람 50명의 도움을 받아 반역을 일으킨 그의 군대 장관 르말랴의 아들 베가(BC 734-732)에 의해 일생을 마감하고 말았다. 베가는 2년 동안 사마리아에서 이스라엘을 다스렸는데, 그의 통치기간 동안 앗시리아의 왕 디글랏 빌레셀 3세(BC 745-727)가 침공하여 여러 땅을 빼앗았고, 북왕국 백성은 앗시리아로 강제 이주를 당하게 되었다.

베가는 아람 왕 르신과 함께 반 앗시리아의 입장을 취하였다가 결국 앗시리아의 지원을 받은 엘라의 아들 호세아(BC 732-723)의 반역으로 살해당하고 만다. 호세아는 9년 동안 왕위에 있었다. 호세아는 처음에는 매년마다 앗시리아 왕에게 조공을 바치다가 그것을 중단하고 친 애굽 정책을 펼치게 되었는데, 이에 살만에셀 5세(BC 727-722)는 북왕국 온 땅을 침략하고 사마리아를 3년 동안 포위한 끝에 완전히 정복하게 된다.

여기에서 왜 북왕국이 멸망했는지를 잠시 살펴볼 필요가 있다. 왜냐하면 이 북왕국은 앗시리아에 멸망당하고는 그 후에 앗시리아로부터 해방을 받고서도 영원히 북왕국을 재건할 수 없었던 이유를 짐작할 수 있게 해주기 때문이다.

이희학(2008)은 북왕국이 망하게 된 그 원인을 다음과 같은 3가지로 찾는다.[18)]

---

18) 이희학(2008). 북왕국 멸망의 원인들과 예언자 아모스의 심판선포. **구약논단**. 제14권 2호 통권28집. 한국구약학회, 31-41.

하나는 북왕국에서는 대지주 탄생으로 인한 평등주의 이상理想이 완전히 무너져 있었다는 것이다.

여로보암 2세의 통치 기간 동안 북왕국은 그 어느 때보다도 정치적인 안정을 누렸고, 경제적으로도 상당한 번영을 구가하였다. 그러나 그 이후 앗시리아의 침공으로 그들에게 조공을 바치기 시작하면서부터 경제적으로 어려운 형편에 놓이게 되었다. 그러나 앗시리아는 서쪽으로 세력을 확장한 것에 만족을 느끼고 있어 본질적으로 아직은 북왕국의 생존을 위협하는 세력으로 간주될 수 없었다. 이러한 국제적 세력 균형 상태는 팔레스타인 지역에 대략 반세기 동안의 평화를 가져다주었고, 상업과 무역 활동을 촉진시켜 경제적 부흥의 시대가 열리도록 하는 계기가 되었다.

하지만 이 기간 동안에 발생한 새로운 경제적 이익과 부富는 불행하게도 모든 백성에게 균등하게 분배가 되지 못했다. 활발한 국제 무역을 통해 생겨난 경제적 혜택은 시골보다는 도시에, 시골 사람들보다는 도시민들에게 집중되었던 것이다. 국제적 평화관계가 지속되고 무역이 활발해질수록 더욱 많이 생겨나는 경제적인 이득은 오히려 빈부의 격차를 심화시켰고, 많은 수의 대지주와 큰 부자들을 탄생시키기에 이르렀다.

〈열왕기하〉 15장 16절을 보면 므나헴 시대에 북 이스라엘에 큰 부자들이 많이 존재하였음을 알 수 있는데, 그는 자신의 왕권을 유지하기 위해 이스라엘의 모든 부자들로부터 은 50세겔씩을 걷어 앗시리아의 왕 불에게 1,000달란트를 조공으로 바쳤다.

그런데 문제는 이러한 부자들의 등장은 이스라엘 전통적인 평등사회의 이상을 붕괴시키고 사회 계층의 심각한 불균형을 심화시키는데 중심축을 이루게 되었다는 것이다.

두 번째의 이유로는 전통적인 공동체적 유대 관계가 붕괴되었다는 점이다.

상업의 발달로 인한 대지주의 탄생과 소작농들의 증가는 가족의 연대감을 약화시키고, 전통적인 공동체적 유대 관계에 현저한 변화를 초래하였다. 토지의 상실로 인한 경제적 곤란은 도시화를 촉진시키고 개인주의의 확대를 가져온 것이다.

가난한 자들은 생존을 위해서 물려받은 조상의 토지와 가족을 버리고 도시로 이동해야만 했는데, 그들 대부분은 도시의 가난한 일용 노동자로서 살아가야 했다. 이러한 극빈 생활에서 벗어나지 못한 자들에게서 가족들 간의 끈끈한 유대감과 공동체적 유대 관계를 기대하기는 처음부터 불가능했다.

이에 비해 부한 자들은 자기들의 이익을 위하여 법률적인 타락과 부정을 멈출 줄 몰랐으며, 사치와 낭비의 생활로 치달았다. 예언자 **아모스**는 가난한 자들을 억압하고 법을 왜곡하는 자들에 비판을 서슴지 않았는데, 특히 성문城門에서의 재판 제도가 무너져 내렸음을 규탄하고 있다.

> 사람들은 법정에서 시비를 올바로 가리는 사람을 미워하고,
> 바른말 하는 사람을 싫어한다.
> 너희가 가난한 사람을 짓밟고 그들에게서 곡물을 착취하니,
> 너희가 다듬은 돌로 집을 지어도
> 거기서 살지는 못한다.
> 너희가 아름다운 포도원을 가꾸어도 그 포도주를 마시지는 못한다.(아모스서 5:10-11).

세 번째로는 **앗시리아**의 침략으로 인한 사회적 혼란을 든다.

BC 8세기 중 · 후반 북왕국에서 연속적으로 발생한 왕위 유혈 찬탈 사건과 사회적 혼란은 앗시리아의 디글라 빌레셀 3세의 등장으로 인해 야기된 국제 정치의 급속한 변화와 밀접히 관련되어 있다. 그는 시리아-팔레스타인을 두 번 침공했는데, 첫 번째 침공(BC 738년) 때 므나헴은 조공을 은 1,000달란트를 조공으로 바쳤고 결국 앗시리아의 속국이 되고 말았다.

디글라 빌레셀 3세의 두 번째 시리아-에브라임 전쟁이 그 빌미가 되었다. 사마리아의 베가와 다메섹의 르신은 반 앗시리아 동맹체제에 가담하지 않은 예루살렘의 아하스를 무너뜨리고 자기들과 같은 성향을 가지고 있는 다브엘의 아들을 왕으로 옹립하기 위해 유다를 공격하였다. 이에 아하스는 앗시리아에 도움을 요청하게 되었는데, 디글랏 빌레셀 3세의 즉각적인 개입으로 전쟁은 아무런 소득도 얻지 못하고 끝을 맺게 되었다.

앗시리아에 대한 반역 운동의 주동자였던 다메섹은 북왕국보다 훨씬 혹독한 보복을 받아야 했다. 르신은 여지없이 죽임을 당하였고, 아람의 영토는 약탈을 당한 후에 앗시리아의 주로 편입되었다. 북왕국은 상당히 넓은 영토를 빼앗기고, 그 지역의 백성들은 포로로 잡혀가게 되었다(열왕기하 15:29). 그리고 친 앗시리아 세력의 후원을 받은 호세아는 베가를 죽이고 왕위에 올랐다.

디글랏 빌레셀 3세는 직접 호세아를 사마리아 왕으로 임명하였다. 호세아는 집권 초기에 친 앗시리아 입장을 견지하였으나, BC 724년에 애굽의 도움을 받아 앗시리아에 반기를 들게 되었다. 하지만 이러한 시도는 앗시리아의 살만에셀 5세의 징벌을 초래하게 되었고, 결국 사마리아는 함락 당하고 대략 28,000명이 포로로 잡혀가게 되었다. 이로써 북왕국은 여로보암에 의해서 건국된 지 200년

이 지난 후에 역사의 뒤안길로 사라져 버린 것이다.

북왕국은 BC 722년, 앗시리아 제국에 의해 멸망된다. 남왕국은 그 후 1세기 생존하지만 BC 586년, 앗시리아 제국에 대신하여 오리엔트 세계의 패권을 장악한 바벨론 제국의 군대가 침공해 와서 멸망된다. 수도 예루살렘을 비롯하여 유대왕국의 전토가 폐허가 되고, 상류계급이나 병사를 중심으로 한 유대국민은 바벨론으로 끌려간다.

나라를 잃어버린 바벨론이라는 광야에 내던져진 유대왕국의 히브리인들은 다시 태어난다. 사람들은 그들을 유대인이라 불렀다. 히브리인의 한 개의 부족이었던 유다, 그들이 정착한 이스라엘 남부지방 유다, 이스라엘 왕국분열 후 남왕국의 이름이 된 유다, 유대왕국 멸망 후 바벨론으로 포로가 되어 혹독한 상황 속에서 새롭게 자기를 세워 지킨 유대인과 그들의 정신적 버팀목은 무엇인가?

유다도, 유대도 본래 히브리어에서는 동일한 '예후다'이다. '이스라엘'과 같이 유대는 히브리인의 복잡한 얼굴을 비추는 또 하나의 만화경이다. '유대'는 때로는 '이스라엘'로, 때로는 '이스라엘'과 일체가 된다. 유대는 이스라엘의 자기통일을 나타내는 자기 정체성을 나타내는 말이기도 하고, 동시에 그 자기분열을 뜻하는 말이기도 하다.

BC 538년, 페르시아의 크로스 왕이 새로운 세계의 왕자가 되었을 때, 이스라엘의 귀환이 허용된다. 이스라엘에 돌아 온 히브리인들(유대인들)은 페르시아 제국의 지배하에 있었지만 다시 이스라엘인의 꿈과 부흥을 꿈꾼다.

그러나 이스라엘(팔레스타인)을 포함한 세계사의 흐름은 히브리인들의 꿈과는 전혀 별개의 방향으로 흘렀다.

BC 333년, 마케도니아의 알렉산더 대왕은 페르시아군을 정벌했다. 그 결과, 이스라엘 땅은 페르시아 문명의 공기를 대신하여 헬레니즘 문명의 공기가 지배하게 되었다. 반半유목생활을 하고 있던 족장들의 시대에서 그리스인의 지배하에 이르는 이 시대에 이르기까지 히브리인들의 역사는 얼마나 큰 고통의 역사이었는지 모른다.

구약성경의 히브리인들의 역사서는 이들의 전쟁사戰爭史라 해도 과언이 아니다. 이처럼 고대 유대인을 지칭하는 '히브리인'이라는 말속에는 차별적인 의미가 내포되어 있다. 이는 '강 건너온 사람들'이란 뜻으로 우리와 다른 인종이란 의미다.

고대로부터 이어진 유대인의 고난은 이교 세계에서 살아남기 위한 치열한 투쟁의 역사였다.

〈구약성경〉의 〈시편〉은 이스라엘 역사의 전시대에 걸친 민족 신앙의 고백이다. 대부분이 그들의 하나님에 대한 찬미시讚美詩로 되어 있지만 여기에는 하나님이 택하신 백성의 역경과 투쟁 그리고 민족의 눈물이 담겨 있다. 이 험난한 시대를 인도하시는 하나님에 대한 회의에서 확신에 이르기까지 그 순례의 여정旅程이 그려져 있다.

눈물로 울부짖는 유대인들의 분노와 절규가 담긴 시편

바벨론에 포로로 끌려가서 눈물로 울부짖었던 유대인들의 분노와 절규가 다음에 소개하는 〈시편〉 137편에 잘 나타나 있다.

포로가 된 시인은 낯선 땅에서 애통하며 바벨론 포로들의 고통을 노래하고 있다. 시인은 시온의 노래를 부를 수 없었던 이스라엘 백성들의 곤경을 감상적이며 아름다운 언어로 노래하고 있다. 그는 먼저 시온을 향한 그의 강렬한 사랑의 마음을 고백한다.

바벨론 포로들의 슬픔

그리고 나서 그는 시온을 멸망시킨 원수들을 증오하면서 하나님의 성읍을 멸망시킨 에돔과 바벨론을 저주하고 있다. 포로 기간의 생활상을 반영하고 있는 이 시편은 바벨론 유수 말기에 쓰여진 것으로 보인다. 시인은 이스라엘을 황폐하게 만든 바벨론을 고발한다.

그리고 그는 바벨론이 행한 대로 갚아주는 나라가 복이 있을 것이라고 선언하고 있다. 이 시의 운률은 부드럽고 잔잔하게 진행하다가, 갈수록 흥분이 고조되고 있다. 그리고 이 시는 후음과 치찰음을 많이 사용하여 어떠한 시보다도 강한 인상을 풍겨주고 있다. 이 시는 운률에 있어서도 마치 한 폭의 그림처럼 아름답다.

우리가 바벨론의 강변 곳곳에 앉아서,
시온을 생각하면서 울었다.
그 강변 버드나무 가지에 우리의 수금을 걸어 두었더니,
우리를 사로잡아 온 자들이 거기에서 우리에게 노래를 청하고,
우리를 짓밟아 끌고 온 자들이 저희의 흥을 돋우어 주기를 요구하며,
시온의 노래 한 가락을 저희들을 위해 불러 보라고 하는구나.
우리가 어찌 이방 땅에서 주님의 노래를 부를 수 있으랴.
예루살렘아, 내가 너를 잊는다면,
내 오른손아, 너는 말라비틀어져 버려라.
내가 너를 기억하지 않는다면,
내가 너 예루살렘을 내가 가장 기뻐하는 것보다도
더 기뻐하지 않는다면,
내 혀야, 너는 내 입천장에 붙어 버려라.

주님, 예루살렘이 무너지던 그 날에,
에돔 사람이 하던 말, "헐어 버려라, 헐어 버려라.
그 기초가 들어나도록 헐어 버려라"하던 그 말을 기억하여 주십시오.
멸망할 바벨론 도성아,
네가 우리에게 입힌 해를 그대로 너에게 되갚는 사람에게,
복이 있을 것이다.
네 어린 아이들을 바위에다가 메어치는 사람에게 복이 있을 것이다.

프톨레마이오스 왕국, 유대를 지배하다

알렉산더 대왕의 죽음으로 그의 지휘관들은 제국을 셋으로 통치했다. 그리스 본토에 **마케도니아** 왕국, **이집트** 방면에 **프톨레마이오스** 왕국, **페르시아** 제국의 중심지에 들어선 **셀레우코스** 왕국이 그것이다. 앞의 두 왕국은 후에 **로마제국**에 병합되었지만 셀

레우코스 왕국은 헬레니즘 문화를 동방에 확산시키는 데 크게 기여하였다.

알렉산더 대왕 휘하에서 사령관으로 활동했던 프톨레마이오스는 이집트로 들어가 이집트의 마지막 왕조가 되는 프톨레마이오스 왕가를 세우고 알렉산드리아를 수도로 삼았다. 이후 프톨레마이오스 왕국은 유대와 예루살렘을 통치했다.

알렉산더 대왕의 유대 왕국 정복 이후 많은 유대인들이 그리스 정복지역인 지중해 연안 국가들에 흩어져 살게 된다. 곳곳에 흩어져 살면서도 유대인들이 정체성을 유지할 수 있었던 것은 공통으로 간직한 〈성경〉 덕분이었다.

BC 3세기 무렵에 이르러서는 헬레니즘 제국 내의 유대인들은 우수한 헬레니즘 문화에 푹 빠져 그리스인이 다 되어 있었다. 이제 그들에게 히브리어는 외국어나 다름없었다. 히브리어 〈성경〉을 못 읽는 유대인들이 많아 민족의 정체성을 유지하기 힘들 정도였다.

멸망한 북왕국 이스라엘이 재기할 수 없었던 이유

앗시리아 제국에 포로로 잡혀간 북왕국의 이스라엘 백성들은 영원히 돌아오지 못했다. 그들이 한 민족으로서 생존할 수 없었던 이유는 무엇인가? 아브라함의 자손으로 같은 피를 나눈 동질 민족인 유대민족은 포로로 귀환해서는 곧 그들의 조국을 재건할 수 있었다. 그런데 왜 북왕국 이스라엘 백성들은 조국 재건을 이루지 못했을까?

가장 큰 이유는 앗시리아 포로 생활 중에서 백성들이 종교와 문화에 순수성을 지킬 수 있도록 백성을 지도할 만한 지도자와 제사의 중심지가 없었다는 것이다. 이 민족적 구심점을 갖지 못했던 이스라엘은 고대 중동지방에서 명멸明滅 했던 민족들 사이에서 '이스라엘 집안의 잊혀진 열 지파'로 사라져 갔던 것이다. 앞서 북왕국 멸망의 원인을 보는 가운데서도 짐작할 수 있듯이 북왕국 이스라엘은 민족유대감을 이미 상실하였다.

앗시리아로부터 침략을 당하기 전부터 이미 민족의 유대 의식이 흐트러지기 시작했던 것이다.

두 번째 이유는 수도 사마리아가 함락된 이후에 이스라엘에는 생존한 왕족이 없었다는 것이다. 이미 다윗 혈통에서 이탈한 사마리아 왕족들은 영원한 왕국의 위位에 오를 '다윗의 자손'이라는 위대한 선지자적 이상理想을 실현시킬 수 없었다. 다윗 왕조에 배반하고 건설한 여호보람 1세를 초대왕으로 섬긴 이스라엘 백성의 태생적인 한계라고 볼 수 있다.

세 번째로는 앗시리아는 이스라엘 백성의 대부분을 자신들의 영토로 강제 이주시켰다. 그리고 남아있는 이스라엘 백성들과 이방민족이 혼합되어 살게 된 결과, 새로운 '사마리아족'이 생겨났다. 이들은 혼혈족으로서 예수 당시에 유대인들로부터 멸시를 받았다.

네 번째로는 북왕국은 유대인들이 갖고 있었던 성전을 실질적으로는 물론 마음속으로도 갖지 못했다는 사실이다. 북왕국 이스라엘 백성들은 정신적으로도 자신들의 고향을 갖고 있지 않았다는 것이다. 이것은 앞에서 지적한 문제 즉 민족의 구심적을 상실하고 있었다.

남왕국 유대가 국가를 재건할 수 있었던 이유

그러나 유대는 똑같이 포로 생활을 경험했지만 북 왕국 이스라엘과는 상황이 달랐다. BC 586년 예루살렘을 함락시킨 것은 앗시리아가 아니라 바벨론이었다. 피정복 민족에 대한 바벨론의 정책은 앗시리아와는 달리 매우 관대했다. 바벨론은 유대 민족의 어느 정도의 자유를 허용하고 있었고, 한 국가로서의 입장을 보호하고 있었다.

남왕국 유대왕국이 고향으로 돌아와 나라를 재건할 수 있었던 이유를 다음과 같은 몇 가지로 들 수 있다.

첫째는 바벨론은 포로로 잡혀온 유대인들이 함께 모여 공동 사회를 이루고 살 수 있도록 허락했다. 따라서 유대인들은 마음대로 제사를 드리고 스스로 학교를 세워 민족과 종교의 순수성을 유지할 수 있었다. 그들은 민족의 정체성을 지킬 수 있었고, 유대인 공동체의 연대의식을 굳건하게 보존할 수 있었던 것이다.

당시 바벨론에는 부유한 유대인 공동체가 있었는데, 이들은 구약을 연구하는 데 적극적으로 참여했으며, 이것이 바벨론 사람의 탈무드에 반영되었고 오늘날까지도 전해지고 있다.

둘째는 유대에서는 다윗 혈통으로 왕위가 계승되었으며 바벨론 포로 가운데서는 다윗 자손도 함께 동행했다. 다윗 자손이 백성들과 함께 있었다는 사실이 다윗 왕권의 회복에 대한 희망을 잃지 않도록 노력했다. 북왕국 여호아김 왕이 바벨론을 배반하였을 때, 느부갓네살의 군대들에게 침략을 받아 예루살렘은 항복하였고 어린 왕 여호야긴은 1만 명의 숙련공들과 함께 바벨론으로 포로로 잡혀갔으며 모든 성전 보물들은 탈취를 당하였다. 여호야긴을 위시한 남왕국 왕손들이 포로 가운데 함께 바벨론으로 잡혀갔기 때문에 다윗 왕권의 회복에 대한 희망을 잃어 버릴 수가 없었던 것이다.

셋째는 바벨론은 앗시리아가 사마리아에서 행했던 것처럼 유대 민족을 이방 민족들과 의도적으로 혼합시키지 않았다. '거룩한 성 예루살렘'에는 언제나 순수한 유대인들이 남아 있었고 바벨론으로 잡혀온 유대의 포로들도 거룩한 시온에 폐허로 남아있는 영광스런 성전과 거룩한 성 예루살렘을 잊을 수 없었다. 무너진 예루살렘의 성벽을 재건하기 위하여 느헤미야와 같은 사람은 목숨을 걸고 전력을 다하였다.

바벨론 포로로 잡혀간 사람들

네 번째는 무엇보다도 중요한 이유로 유대 포로 중에는 서기관과 제사장들이 있었기 때문에 백성들에게 율법서를 가르쳤다는 점이다. 특히, 제사장 에스라 같은 사람은 '이스라엘 정통 제사장'으로서, '온 이스라엘의 대표적인 지도자'[19]로서 유대 백성들에게 열성적으로 율법을 읽고 가르쳤다. 남왕국에는 에스라, 느헤미야와 같은 훌륭한 교육자들이 유대 백성들에게 그들의 정체성을 올바로 보존하고 유지할 수 있도록 교육하였다.

바벨론 포로생활을 이겨 낸 유대 민족은 '율법의 백성'이 되었고, 바벨론에서 돌아온 후 그들이 '거룩한 책'의 가르침을 따라 종교를 부흥시켰다는 점이다.

---

19) 김윤이(2008). 에스라는 누구인가? **구약논단**. 제14권 2호 (통권 28집), 한국구약학회, 97-103.

Chapter 3
히브리 민족의 교육 지침서

피압박 민족인 히브리인들이 오랜 유랑과 노예 생활,
전쟁과 학살과 추방이라는 역경 속에서도
살아남아 오게 된 힘은 〈구약성경〉에서 얻었다.

1
히브리 민족의 생존이유

이렇게 유대인들은 바벨론, 페르시아 등 강대국 틈바구니에서 정복당하고 끌려다니고 헤어지며 온갖 수난을 당하면서도 기적적으로 살아남아 민족과 신앙을 잃지 않고 지켜냈다.

강대한 정복국가들은 역사에서 사라졌지만 피압박 민족인 히브리인들은 오랜 유랑과 노예 생활, 전쟁과 학살과 추방이라는 역경 속에서도 살아남아 온 것이다.

헬레니즘 유입과 〈70인역 성경〉

앞장에서 언급한 바와 같이, BC 332년 그리스의 알렉산더 대왕이 팔레스타인을 정복하였다. 그의 꿈은 동서 세계의 통합으로 그의 이상은 하나의 세계, 하나의 시민을 목표로 하는 문화와 문명의 통합이었다. 이를 일컬어 '헬레니즘'이라 부른다.

팔레스타인에 그리스식 도시가 건설되고 인구가 집중되면서 새로운 도시 문화가 들어섰다. 극장과 목욕탕, 경기장과 각종 체육시설이 들어섰고, 유대인의 이름조차 그리스식으로 바뀌면서 시민권이 부여되었다. 원로원이 생기고 소위 의회민주제도가 시작되었다. 유대인들은 히브리어와 그리스어를 공용어로 사용했다.

이러한 헬레니즘의 영향으로 유대인들의 생활양식은 물론 신앙과 철학 등 정신문화도 빠르게 바뀌어갔다. 무력보다 강력한 문화의 침투가 유대인의 정체성을 혼란으로 몰아넣었다. 정체성 위기가 도래한 것이었다.

이러한 위기를 맞아 당시 이집트의 수도인 알렉산드리아에 살고 있던 유대인들은 〈토라〉를 그리스어로 번역하기로 하고 이집트 왕 프톨레마이오스 3세에게 도움을 청한다. 대대로 프톨레마이오스 왕조는 유대인에게 우호적이었다.

당시 알렉산드리아는 지중해무역의 중심지이자 문화의 보고였다. 이곳에서 제일 중요한 곳은 알렉산드리아 도서관이었다. 이 도서관은 당시 세계 최대 규모로 파피루스로 된 책들만 70만 권 이상이 있었다. 이러한 도서관들이 그리스 문화를 전파하는 힘이었다. 고대 유럽의 학문과 예술이 알렉산드리아에서 나왔고 동양과 서양을 잇는 헬레니즘 문화의 사상적 체계도 여기에서 탄생했다.

알렉산드리아는 무역중심의 상업도시로 계속 발전했고, 상업에 종사하던 많은 유대인들이 살고 있었다. 당시 알렉산드리아에 거주하는 유대인 수가 예루살렘보다 많았다. 이들 유대인들이 주축이 되어 〈성경〉의 그리스어 번역 작업이 이루어졌다. 왕은 유대인들의 부탁을 받아들여 적극적으로 도와주었다.

왕은 사신을 보내 유대의 12지파에서 각각 6명의 현자들을 선출해 총 72명을 알렉산드리아로 데려왔다. BC 300년 무렵에 만들어진 이 〈구약성경〉을 〈70인역[Septuagint]〉이라고 부른다. 최초의 번역 〈성경〉으로 역사적 의의가 크다. 원래 정확히는 72인역이지만 편의상 70인역이라 부른다.

그런데 70인역은 〈구약〉을 번역했을 뿐만 아니라, '4분법'이라는 새로운 원칙에 따라 〈구약성경〉의 순서도 재배치했다. 오늘날 우리들이 읽고 있는 〈구약성경〉의 순서는 바로 이 순서를 따르고 있다.

헬레니즘의 시대에는 그리스와 접촉한 모든 나라가 그리스화되었다. 그러나 유대인들은 그렇지 않았다. 힘이 아닌 사상으로 그 투쟁에서 기적적으로 살아남았던 것이다. 이후 헬레니즘과 히브리인을 원류로 하는 히브리즘은 서양 문명의 기반이 되었다. 유럽 문화를 대표하는 양대 기둥으로 성장했다.

역사상 첫 종교전쟁, 마카비 전쟁

한편 팔레스타인에서는 BC 175년에 왕위에 오른 안티쿠오스 4세는 유대인들에게 제우스신을 섬기도록 명령했다. 당연히 유대인들을 격렬하게 반발하였다. BC 167년 유대인들은 의병을 조직하고 헬라주의자들과 맞서 싸웠다. 외경外經 〈마카비상 · 하〉는 안티쿠오스 에피타네스가 시리아 왕위에 오른 때로부터 마카비 일족 중 한 사람인 시몬이 세상을 떠난 때(BC 135년)까지의 40년간 지속된 마카비 전쟁을 상세하게 전해주고 있다.

BC 166년에 안티오쿠스 4세는 장대한 군사 열병식을 벌여 만방에 그의 힘을 과시했다. 열병식에는 2만 명의 마케도니아 군과 4만

6천 명의 보병이 참가했고, 그 뒤를 8천 5백 명의 기병과 306기의 장갑 코끼리 부대가 따랐다. 이 때 유대인의 반란이 시작되었다.

모딘이란 마을의 '마타디아'란 늙은 제사장이 마카비 등 그의 다섯 아들과 함께 혁명을 일으킨 것이다. 유대교 정통파들은 마카비 가문의 지도로 반란을 일으켜 곳곳에서 승리를 거두고 마침내 예루살렘에서 제우스 신상을 파괴했다. 이것이 역사상 첫 종교전쟁이다.

마카비 다섯 형제를 중심으로 하는 유대 민족의 저항은 게릴라전을 통해 몇 번의 소규모 전투에서 승리를 거두게 된다. 안티오쿠스 4세의 토벌군을 마카비는 간단히 물리쳤다. 그러자 안티오쿠스 4세는 이번에는 군사령관 세론을 직접 보냈다. 하지만 이번에도 마카비의 용맹에 밀려 퇴각했다. 안티오쿠스 4세는 반란군을 괴멸시키기 위한 군대를 재편성하고 다시 공격했다.

진압군은 보병 5천 명에 정예 기병 1천 명이었다. 이에 대항하는 마카비 형제들의 병력은 3천 명에 불과했다. 기병도 없었다. 또 진압군은 갑옷 등 무장이 완벽했다. 게다가 병사 대부분이 전투 경험이 풍부한 용병들이었다.

하지만 마카비 5형제 병사들은 전투에 익숙하지 않았을 뿐 아니라, 갑옷과 칼 등 무기조차 제대로 갖추지 못했다. 두 군대가 부딪힌 곳은 예루살렘에서 서북쪽에 위치한 엠마오 평원이었다. 그러나 이 전쟁에서 예상을 깨고 영웅적으로 싸운 마카비 군대가 이겼다.

그러나 안티오쿠스 4세는 물러서지 않았다. 이듬해 다시 섬멸작전에 나섰다. 이번에는 1년 전보다 열 배가 넘는 병력을 동원했다. 이에 마카비는 보병 1만 명으로 맞섰다. 용병 중심으로 편성된 진압군은 목숨 받쳐 싸우는 유대인들을 당해내지 못했다.

2년간의 끈질긴 싸움 끝에 BC 164년 12월 25일 반란군은 결국 예루살렘을 함락시킨다. 마침내 유대인들은 독립을 쟁취해 예루살렘은 자치령이 되었다.

하스모니안 왕조 시대

마카비 전투 이후 탄생한 것이 하스모니안 왕조다. 마카비 가문의 조상 하스몬의 이름을 따 지었다. 그리하여 예루살렘은 이후 1백 년간 하스모니안 왕조에 의해 다스려졌다. 이들은 BC 164년 12월에 성전을 정화淨化하고 희생 제사를 부활시켰다.

이 때 성전 반환을 기념해 하루 분량의 올리브기름으로 예루살렘 성전에 불을 켰는데 그 불이 8일 동안 계속되는 기적이 일어났다고 한다. 유대인들은 이를 하나님의 응답으로 여기고 '성전봉헌일'이라는 명절을 만들어 매년 이 기간에 가정에서 8일 밤 동안 촛불을 밝히고 있다. 이 축제는 지금까지도 이어져 내려오고 있는데, 유대인들은 이를 '하누카'라 부른다.

촛대 메노라

유대인들이 성스러운 성물로 여기는 유대인 고유의 일곱 가지 촛대 메노라menoroh가 바로 '하누카 촛대'다. 하누카는 봉헌dedication이라는 뜻이다. 황금의 메노라는 고대 예루살렘의 솔로몬 왕이 지은 성전의 예배의식 때 사용된 중요한 도구였다.

그 후 이것은 여러 형태로 유대 유물의 상징이 되었다. 하누카는 12월 하순이어서 그리스도교인들은 하누카를 유대인들의 크리스마스라고 부른다. 하누카 때 유대인 아이들은 부모들과 조부모들로부터 8일 동안 매일 선물을 하나씩 받는다.

독립전쟁에 승리한 하스모니안 가문은 그만 과욕을 부려 BC 152년에 요나단이 왕과 대제사장을 독식하고 말았다. 종교 지도자인 대제사장직은 사두개파의 직분이었다. 일이 이렇게 되자 그때까지 독립군에 가담했던 유대교의 경건자 그룹인 하시딤이 바리새파와 에세네파로 양분되기에 이르렀다.

하스모니안 왕조에 대항한 바리새파는 제사장이나 성전 제의祭儀보다 율법 그 자체에 주목했다. 반면 사두개파는 권력 집단으로 성전 제사를 중시했다. 바리새파보다 현실타협적이었고 보수주의자들로부터 비판을 받았다. 에세네파는 바리새파에 대립 은둔해 신비적이었다. 에세네파 수도자들은 정결법淨潔法을 철저히 준수하며 독신생활을 했다. 후에 예수가 올 것을 예언한 세례 요한도 에세네파였다.

내전의 발생과 잔혹한 탄압

독립운동에 참여한 하시딤이 분파되었지만 하스모니안 왕조는 BC 165년부너 BC 63년 로마의 폼페이우스 장군에게 패망할 때까지 약 1백 년간 계속되었다.

BC 103년에는 알렉사더 얀네우스가 왕이 되었다. 그의 통치하에 유다 영역은 최고에 달했다. 에돔 왕국이 정복되어 에돔 지역 총독으로 에돔 왕이었던 안티파터 1세가 임명되었다. 그는 훗날 예수를 죽이려 했던 헤롯의 할아버지다.

BC 90년 무렵에는 알렉산더 얀네우스 왕이 세력을 북동쪽으로 확산하려 했으나 오히려 실패해 대부분의 병력을 잃었다. 이로 인해 유다 내에서는 바리새파에 의한 반란이 일어났다.

알렉산더 얀네우스 왕은 6년에 걸쳐 잔혹하고 야만스럽게 반란을 진압했다. 유대 역사가 요세푸스Flavius Josephus에 의하면, 내전으로 바리새파 유대인 5만 명이 목숨을 잃었다. 내전이 끝나자 알렉산더 얀네우스 왕은 포로들을 이끌고 예루살렘으로 개선해 왕궁 앞에 8백 명의 포로들을 십자가에 매달았다. 그리고 아직 숨이 끊어지지 않은 그들이 보는 앞에서 그 자녀들과 아내의 목을 자르게 했다.

〈성경〉 암송교육 시작

BC 76년 얀네우스가 죽자 그의 부인 살로메 알렉산드라가 왕위를 계승했다. 그녀는 지적이고 온화한 사람이었다. 이 여왕의 집권기가 하스모니안 왕조의 최고 황금기로 꼽힌다. 통치 기간은 9년으로 비록 짧았지만 폭넓은 사회개혁이 단행되었다.

로마가 그리스와 다투던 시절만 해도, 로마는 유대인의 동맹이었다. 로마인은 약소국가의 존재를 인정하고 어느 정도 독립성을 인정했다. 그러나 유다 왕국이 영토를 넓히려는 야심을 지닌데다 이웃 여러 민족을 강제로 유대교로 개종시키는 것을 로마의 원로원이 보고만 있을 수 없었다. 로마는 유다 왕국이 내부 분열을 일으켜 피폐해지고 틈을 드러내기를 조용히 기다렸다.

이런 점을 눈치챈 살로메 알렉산드라는 내부 단결을 도모했다. 당시 반대파로서 대중적 세력을 넓혀가던 바리새파를 최고 의사결정기구인 산헤드린으로 받아들이고 그들의 구전율법도 나라의 법제 안으로 수용했다. 이를 통해 나라의 안정적 통일을 시도했다.

특히 여왕은 종교를 중심으로 나라를 통일하려고 했다. 그녀는 유대교를 재건하기 위해서는 모든 국민이 〈성경〉을 읽고 율법을 배울 수 있어야 한다고 판단했다. 그러기 위해서는 최소한 가정예배를 이끄는 남자들은 먼저 글을 깨우쳐야 한다고 생각했다. 여왕은 전국에 걸쳐 학교를 짓고 노소를 가리지 않고 남자들에 대한 의무교육을 실시했다.

이후 유대인 사회에서 최소한 가장들 사이에서는 문맹이 사라졌다. 이 후 유대인들은 어느 곳에 가든 뛰어난 경쟁력을 갖출 수 있었다. 글을 읽고 쓰고 계산에 능한 유대인들은 어딜 가도 쉽게 자리를 잡았다.

그 뒤 유대인들은 세 살부터 히브리어를 배웠다. 율법을 암기하고 배우기 위해서다. 특히 열세 살에 성인식을 치르기 위해서는 '모세오경', 즉 〈창세기〉, 〈출애굽기〉, 〈레위기〉, 〈민수기〉, 〈신명기〉 중 한 편을 반드시 모두 암기해야 한다. 그리고 성인식에 참석한 사람들을 대상으로 〈성경〉을 토대로 자기가 준비한 강론을 해야 한다.

이러한 전통은 유대 민족의 탁월한 지적 능력을 향상시키는 데 크게 도움이 되었다.

1, 2차 유대-로마 전쟁과 2천 년 방황의 시작

AD 66년부터 73년 로마에 대한 유대인의 대항쟁 직전 유대인 인구는 대략 8백만 명으로 추정된다. 로마제국 통치 밖에 있었던 파르티아 왕국바빌론에 1백만 명가량이 살았으며, 나머지는 로마제국 내 유대인이었다. 로마 황제조차도 결코 무시할 수 없는 규모의 민족이었다.

그 무렵 팔레스타인 밖의 상업도시에서도 경쟁 관계에 있었던 유대인과 그리스인들 사이의 갈등이 커져갔다. 복합인종으로 구성된 그리스인에게 유대인은 별종으로 보였다. 그리스인은 그들 문명이 지배하는 세계를 보편적이라는 뜻의 '오이쿠메네oecumene, one world' 라고 불렀다.

그리스인들은 '세계는 하나다'라는 세계시민주의를 지향하는 헬레니즘 문화인 반면에 유대인들은 선민사상에 근거한 차별성을 갖는 문화이다 보니 곳곳에서 부딪혔다.

AD 66년 여름 팔레스타인 지역에서 대규모 반란이 일어났다. 반란은 그리스인과 유대인 사이에서 벌어진 소송에서 그리스인이 승소한 직후 카이사리아(지금의 트리폴리)에서 발발했다. 승소한 그리스인들은 유대인을 학살하며 승리를 자축하는 동안 로마 수비대는 아무 조처도 취하지 않았다.

거기에다 바로 이 시점에 로마 총독 플로루스가 예루살렘에서 유대인들을 십자가에 처형하고, 또 체납된 속주세 대신 예루살렘 성전에서 17탈란트의 금화를 몰수하는 일이 발생한다. 신성한 성전을 더럽힌 행위에 분노해 유대인들이 들고 일어났다. 전투가 벌어지고 로마군의 약탈이 자행되었다.

유대인 폭동사건은 대규모 반란으로 이어졌다. 로마제국에 대해 1차 유대-로마 전쟁을 일으킨 것이다. 타민족의 지배를 받고는 살지 못하는 유대인 특유의 신앙적 가치와 그리스 · 로마 문명과 히브리 문명 사이의 문화적 충돌이 원인이었다. 특히 신앙적 가치의 충돌이 더 큰 원인이었다. 로마제국의 입장에서는 그간의 반유대주의가 폭발한 것이었다.

반유대주의의 확산과 유대인 학살

반유대주의는 신학적, 인종적, 정치적 반유대주의라는 세 가지 범주로 분류할 수 있다. 모두가 유대인 말살이라는 공동의 목표를 지향하고 있다.

사실 이러한 움직임은 이미 유대 민족의 출현과 함께 시작된 것이다. 유대인들이 거주했던 지역의 통치자들은 대부분 반유대정책을 펼쳤다. 이집트 파라오 · 람세스 2세는 자신의 왕국 내에 거하던 고대 유대인들이 민족을 이루게 되자 그들을 없애려고 노력했다.

페르시아의 크세르 크세스 왕의 장관 하만은 페르시아 유대인들의 영향력이 커지자 모든 유대인들의 뿌리를 뽑고자 온갖 노력을 기울이기도 했다. BC 3세기 고대 그리스 시대에도 반유대주의가 존재했다. 그리고 로마제국에서도 반유대주의가 계속되었다.

당시 카이사리아 그리스계 주민들은 유대인들이 예루살렘에서 로마에 항거하는 폭동을 일으켰다는 소식을 듣자, 그 증오를 카이사리아 유대인들에게 폭발시켜 대량 학살이 자행되었다. 한 시간도 채 안 되는 짧은 순간에 무려 2만 명의 유대인이 학살됐다. 이집트의 알렉산드리아에서는 5만 명의 유대인이 죽음을 당했다. 다마스쿠스 시민들도 유대인 1만 5천여 명을 공공경기장에 몰아넣은 후 단 한 시간 만에 몰살해 버렸다.

이와 같은 상황은 시리아에서도 마찬가지였다. 반유대주의가 제국 전역에서 들끓었다.

로마군과 대치하고 있는 상황에서도 예루살렘 성 안에서는 유월절 기간에 여러 당파들 간에 피비린내 나는 충돌이 벌어졌다. 유대인의 자치를 강력히 바라는 정치세력인 열심당Zealots의 당원들과 투쟁적 성향이 덜한 온건파의 싸움에서 처음에는 대중 가운데 지지기반이 넓은 온건파가 우위를 점하고, 강경파인 열심당원은 성전 구역으로 내몰렸다.

그러나 열심당원은 한밤중에 온건파를 덮쳤고 예루살렘 거리는 유대인의 피가 가득찼다. 열심당원이 주도권을 장악했다.

하지만 이것이 내부의 끝이 아니었다. 애국자임을 자처하는 열심당원들 사이에서도 경쟁이 있었다.

예루살렘의 함락과 디아스포라

베스파시아누스 황제의 맏아들인 29세의 티투스는 예루살렘 탈환 작전을 개시했다. 예루살렘 성전을 지키는 유대 병력 2만 3천여 명에 비해 8만 명에 달하는 로마군의 월등한 군사력에도 불구하고 전쟁은 치열하게 계속되어 70년 4월부터 9월까지 이어진다.

티투스는 유대인들의 반란을 무력으로 가혹하게 진압하면서도 부하들에게 예루살렘 성전은 파괴하지 말라고 했다. 그러나 전쟁 중 성전은 완전히 파괴되었다. 함락된 예루살렘 성 안에서는 무차별 살육과 약탈이 자행되었다. 병사들은 금화를 삼키고 탈출하는 예루살렘 인들의 배를 갈라 내장을 뒤질 정도였다.

전쟁이 끝난 뒤 로마제국은 승자의 관용을 베풀어 유대인들이 그들 땅에서 살며 유대교를 믿을 수 있도록 허용했다. 이때 유대인들 일부는 이베리라 반도 등으로 이주해 유대인 공동체를 형성했다.

티투스 장군이 남아 있는 유대인들과 후대 사람들에게 로마제국의 위대한 힘을 보여주려고 교훈적으로 남겨 둔 것이 바로 '통곡의 벽The wailing Wall'이다. 훗날 로마는 이곳 성전 터에 유대인의 출입을 금지했으나 성전이 파괴되었던 날에 한해 예루살렘 성에 들어올 수 있도록 허락했다.

통곡의 벽에서 기도하는 사람들

바로 이날 유대인들은 모두 파괴당하고 겨우 한쪽 벽만 남아 있는 이 서쪽 벽

근처에 모여들어 슬퍼하며 통곡했다. 그래서 통곡의 벽이라는 이름이 붙었다. 이 통곡의 벽은 지금까지도 유대인들의 최대 성지 중의 하나이다. 통곡의 벽 돌 틈에는 전 세계에 흩어진 유대인들뿐 아니라 순례객들도 소원이 적힌 쪽지를 돌 틈새에 끼워 두고 기도한다.

AD 66년부터 70년까지 계속된 로마 제국과 유다 왕국과의 '유대 전쟁'에서 유대 왕국은 로마 제국과의 치열한 항쟁 끝에 결국 나라를 잃고 유대 민족은 뿔뿔이 흩어진다. 이른바 디아스포라 diaspora(그리스어로 διασπορά, 이산離散, scattering, dispersion)의 시대로 들어선 것이다.

유대교를 지킨 랍비 요하난 벤 자카이

AD 68년, 전쟁이 시작된 지 3년째 되던 해에 베스파시아우스 장군은 유다왕국을 점령했지만 유대인들의 완강한 저항 때문에 예루살렘만은 함락시킬 수 없었다. 베스파시아누스는 예루살렘 도성을 포위하고 주민들을 굶주려 항복하기를 기다렸다.

이 무렵 예루살렘에는 강경파인 열심당의 무장투쟁이 성공하지 못할 것을 예견한 평화주의자가 있었다. 그가 유명한 랍비 요하난 벤 자카이Johanan Ben Zakkai다. 바리새파였던 그는 이 전쟁이 결국에는 대학살로 막을 내리고 유대인들이 뿔뿔이 흩어지고 말 것임을 예견했다. 그는 민족의 독립보다는 유대교 보존이 더 중요하다고 판단, 평화를 얻기 위해 항복하자고 주장했다.

랍비 요하난 벤 자카이

그는 유대민족이 역사의 무대에서 사라지는 것을 막으려면 로마군의 사령관과 모종의 타협을 해야 한다고 생각했다. 포위되어 있던 예루살렘은 아비규환이었다. 사람들은 굶주림과 질병으로 수천 명씩 사망했으나 아무도 예루살렘을 떠날 수 없었다.

요하난 벤 자카이는 제자들과 함께 예루살렘 탈출 계획을 짰다. 흑사병에 걸린 척 위장한 그는 열심당원들의 눈길을 피해 베스파시아누스 장군의 막사에 도착할 수 있었다.

요하난 벤 자카이는 장군을 만나 머지 않아 황제가 될 것이라고 예언한 뒤, 황제가 되면 자신들이 예루살렘 근처에서 평화롭게 유대 경전을 공부할 수 있는 조그만 학교를 허락해 달라고 요청했다. 베스피시아누스는 매우 놀랐지만 예언이 이루어지면 호의를 베풀기로 약속했다.

같은 해 네로가 자살했다. 네로가 죽자 스페인에서는 갈바가, 로마에서는 오토가, 그리고 독일에서는 비텔리우스 황제가 추대되었다. 그러나 이로 인해 로마는 새로운 내란의 위험에직면했다. 세 명의 정치군인들이 왕위에 올랐으나 모두 몇 달 만에 살해되었다. 바로 이때 팔레스타인 원정에 참여했던 베스파시아누스가 군대에 의해 새로운 황제로 추대되었다.

69년에 로마 원로원은 베스파시아누스에게 왕위를 물려주었다. 베스파시아누스는 요하난 벤 자카이의 예언이 성취된 데 놀라지 않을 수 없었다. 유대교 랍비가 당시 로마의 정치적 역학관계까지 꿰뚫어 보고 있었던 것이다.

'예시바'를 통해 유대교와 전통의 확립

뒤에 베스파시아누스는 약속을 지켜 예루살렘에서 가까운 도시에 유대학교 '예시바'을 허락했다. 이로써 유대 문화유산이 소멸의 위기에서 살아남을 수 있게 된다.

예시바 학교에서 토론하는 학생들

이스라엘에는 거의 모든 동네마다 예시바 유대인학교가 있다. 그곳에선 대화와 토론, 논쟁 등으로 특이한 수업을 진행한다.

1차 유대-로마 전쟁에서 유대 왕국이 패하자 독립전쟁을 주도한 열심당과 자객당, 상급제사장, 대지주, 귀족 중심의 사두개파, 쿰란 수도원 중심의 에세네파는 모두 소멸되고 오직 바리새파만이 살아남았다. 이제 유대교에서 사두개파의 소멸로 예배를 이끌 제사장 곧 사제가 없어진 것이다.

AD 70-80년 율법학자 요하난 벤 자카이는 바리새파들을 이끌고 텔아비브 남동쪽 약 20km 지점에 위치한 얌니아로 갔다. 그리고 거기에 율법학교베트 미드라시를 세워 교육에 온 정성을 쏟았다. 율법을 온전히 지키는 것만이 유대교 회복과 민족을 지키는 일이라고 믿었기 때문이다.

요하난은 여기서 〈토라〉를 가르쳐 매년 소수의 랍비를 길러내 유럽 각지로 흩어진 유대인 마을에 보냈다. 그들은 거기서 시나고그(회당)를 세우고 예배를 드리며 유대인들에게 〈토라〉를 가르쳤다. 이것이 전쟁으로 패망한 유대인들의 생존에 중심적인 역할을 하게 된다.

유대인에게 교육은 곧 신앙이다. 유대인들이 이 땅에 태어난 목적은 하나님의 빛을 만방에 보여 주기 위함이다. 빛의 전달자가 되기 위해서는 교육을 받아야 한다. 교육을 받지 않고서는 결단코 빛의 전달자가 될 수 없다. 왜냐하면 자신이 무지와 어둠 속에 있으면서 백성들을 빛 속으로 인도할 수가 없기 때문이다.

이 교육의 전통을 절망적인 상황에서도 요하난 벤 자카이가 기적처럼 지켜낸 것이다.

이제 유대 최고의회인 산헤드린은 더 이상 모일 수 없었다. 대신 요하난은 71인의 학자를 모았다. 그리고 산헤드린과 비슷한 기구를 만들었다. 그리하여 얌네아에는 제사장들이 중심이었던 예루살렘의 산헤드린 대신 '벧딘法廷'이 세워졌다. 이곳에서 요하난을 비롯한 유대교 지도자들이 유대 달력을 확립하고, 정결과 부정不淨함의 문제를 논의하는 등 랍비 유대교의 기초를 다지기 시작했다.

요하난 벤 자카이의 후임자 가밀리엘 2세는 최고회의를 창설해 유대교 최고의결기관으로 삼았다. 그 뒤 바리새파에서 유명한 랍비들이 등장해 민족의 지도자로서 유랑하는 유대인들을 이끌었다. 랍비들은 율법을 해석하고 교육하는 역할을 수행했다. 수업방식은 질문과 토론이었다. 이때부터 유대인들의 수업방식은 질문과 토론이 대세가 되었다.

랍비들은 성직자가 아니라 평신도였기 때문에 당시 랍비들은 따로 생계 수단을 갖고 있었다. 랍비는 초기부터 오늘날까지 사제가 아닌 평신도다. 그들은 엄밀한 의미에서 아무런 의례도 집행하지 않는다. 설교야말로 랍비들의 주된 기능이지만 본질적으로 교사의 가르침으로 이해된다.

그렇다고 랍비가 권위나 영향력이 없다는 이야기는 아니다. 그들의 권위는 종교적으로 주어진 권위가 아니라 학문과 가르침 혹은 탁월한 도덕성을 통해 자율적으로 생긴 권위다.

유대교와 그리스도교의 분리

원래 유대교와 그리스도교는 예배를 같이 보았다. 하나님을 믿는 뿌리가 같았기 때문이다. 그러나 85년 무렵 얌니아에서 랍비 사무엘이 유대인들이 회당예배 때마다 바치는 18조 기도문 가운데 이단자들을 단죄하는 12조 기도문에 나사렛 사람들 곧 그리스도교도들을 덧붙였다.

그 결과, 그리스도교도들은 유대교 회당예배에 더 이상 참석할 수 없어 이때부터 명실공이 독자적 종단으로 독립했다.

2천 년에 걸친 유랑流浪의 시대 진입

66년과 132년에 발생했던 1차 유대-로마전쟁과 2차 유대-로마전쟁으로 고대 유대 역사는 사실상 종지부를 찍었다. AD 70년 예루살렘 함락 이후에도 유대인들에게는 그나마 영토가 있었다. 그러나 135년네 바르 코크바에 의한 봉기가 실패로 끝나면서 유대인들의 나라는 이제 역사의 무대에서 사라졌다. 유대인들은 영토와

국민, 주권 모두를 잃게 된다. 국가를 구성하는 요소가 하나도 남지 않았다.

이때 유대교와 그리스도교는 완전히 분리되었다.

이 일련의 사건으로 유대인들은 모든 것을 잃었다. 유대 왕국의 240만 국민 중에 66–70년 1차 유대-로마전쟁으로 예루살렘 성전이 파괴되고 110만 명이 죽었으며, 132–135년 2차 유대-로마전쟁 때 58만 명 이상이 살해당했다. 로마제국과의 전쟁에서 국민의 3분의 2 이상이 죽은 셈이다. 그나마 살아남은 사람들은 노예로 잡혀 가거나 나라를 등지고 방랑길에 올라야 했다.

이때부터 2천 년에 걸친 본격적인 유랑의 시대가 시작된 것이다. 유대인들은 정든 고향을 등지고 사방으로 뿔뿔이 흩어졌다. 주로 북부 이탈리아와 독일 그리고 북아프리카로 향했다. 이를 '제2차 디아스포라'라 부른다.

예루살렘에서 쫓겨나 19세기 게토에서 해방되기가지 유대인은 세계 곳곳에 흩어져 여러 문화 속에 고립되어 있었다. 그러면서도 다른 문화와 동화되거나 흡수되지 않고 살아남았다.

과연 무엇이 유대 민족이 그들의 정체성을 분명하게 하고, 유대 민족을 살아남게 했을까? 여러 요인이 거론될 수 있겠지만, 그 가운데 가장 중요한 것이 바로 〈토라〉와 〈탈무드〉에 대한 신앙과 교육이었다.

특히, 〈토라〉는 2,500년 동안 눈에 보이지 않는 유대 민족의 수호자로서 역할이 있었다. 혼란에 빠지기 쉬운 유대민족, 유대인의 정체성을 확립하게 하였던 것이다.

유대인들이 1,200년 동안의 중세 암흑시대를 겪으면서도 고유의 신앙과 문화를 지킬 수 있었던 것은 그들 속에는 〈구약성경〉, 〈토라〉가 살아 움직이고 있었기 때문이다. 〈구약성경〉은 유대 민족의 정체성을 확립하는데 교과서로서의 그 역할을 감당하였다.

하나님의 선민이었던 유대인들은 예수를 십자가에 못 박음으로 말미암아 엄청난 반유대주의에 시달려야만 했다. 그들은 십자군 전쟁 이후에도 계속적인 박해를 당했다.

중세 유대인들은 유럽 각처에서 인간 이하의 대우를 받았다. 밀폐된 지역 즉 게토에서 집단 거주하면서 유대인임을 나타내는 옷을 입어야 했고 경제 활동에도 많은 제약을 받았다. 유대인들은 무려 400년을 그렇게 살았다.

유럽에 흑사병이 강타했을 때 그리스도교 신자들은 그 책임을 유대인에게 전가하여 고문하고 박해했으며, 성난 군중에 의한 대량 학살이 자행되었다. 이슬람, 스페인, 포르투갈, 네델란드, 영국, 프랑스, 독일, 폴란드, 러시아 등 지역을 가리지 않고 그들은 박해를 받고 살해되거나 추방당하였다.

유대인에 대한 박해 중 가장 최악이었던 것은 히틀러 치하에서였다. 히틀러는 1933년 집권 직후부터 유대인 박해를 시작했다. 1939년 제2차 세계대전 발발 뒤에는 반유대주의를 점령지 지배의 수단으로 사용했다. 현지인들이 갖고 있던 유대인에 대한 반감을 이용한 것이다.

나치 독일은 독일과 점령지에 살고 있는 모든 유대인을 집단 수용소로 이주시켜 대량 학살하였다. 가장 많이 죽은 아우슈비츠-비르케나우 수용소에서는 150만 명이 학살당했고, 전쟁 기간 중 무려 600만 명이라는 숫자의 유대인들이 참혹한 죽임을 당했다. 인류가 지금까지 겪지 못한 대참사이다.

유대인들은 이처럼 여섯 개의 문명에서 살아남았다. 이것은 문명에도 수명이 있어 보통 500년 내지 길어야 1,000년 정도 간다는 기존의 견해를 보기 좋게 뒤집었다.

그들은 수많은 고난과 뿔뿔이 흩어지는 이산의 아픔을 겪었다. 유대인 민족사는 고난으로 점철된 도전과 응전의 반복이었던 것이다. 고난과 시련의 담금질을 통해 갈고 닦아지면서 그들은 더욱 성숙해지고 강해질 수 있었다.

그들은 과거의 역사를 중시한다. 과거의 역사를 현재에 반추反芻하며 이를 현재의 스승이자 미래의 거울로 삼는다. 그들의 조상 아브라함과 모세가 현재 그들의 기억과 신앙 속에 살아 숨 쉬는 이유이다.

아우슈비츠의 수용소에서 3년간을 보낸 유대인 외과 의사 빅톨 프랭크Victor Frankle, 1905-1998에 의하면 유대인들은 아우슈비츠 수용소에서 가스실에서 정체성 혼란을 절규하면서도 허무와 절망에 굴하지 않고 구약성경 시편의 한 구절을 읊조리며 그들의 신, "주"를 찬미하면서 사라져 갔던 것이다.[20]

---

20) 정태시 옮김(1982). **죽음의 수용소: 인간의 의미탐구**. 서울: 제일출판사, 95-96.

2
민족교육의 지침서

유대인에게 교육은 곧 신앙이다. 유대인들이 이 땅에 태어난 목적은 하나님의 빛을 만방萬邦에 보여주기 위함이다. 위대하신 하나님의 빛을 전달하는 전달자가 되기 위해서는 교육을 받아야 한다. 왜냐하면 자신이 무지와 어둠 속에 있으면서 백성들을 빛 속으로 인도할 수 없기 때문이다.

이처럼 유대인들의 생각, 그들의 일상 하나하나가 모두 유대교 신앙과 연결되어 있다. 교육도 마찬가지로 유대교 신앙과 연결되어 있다.

유대인의 교육은 종교며 신앙이다

유대인에게 있어 종교는 신앙 이전에 어머니로부터 받아먹는 모유와 같다. 그들은 태어나 한두 돌이 지나 말귀를 알아듣게 되면 어머니로부터 율법을 배우기 시작한다. 아이는 그것이 종교인 줄도 모르고 어머니가 가르치는 대로 무조건 따라 배운다. 유대교는 먼저 배움으로써 몸과 마음에 체화體化되는 종교다.

그래서 유대교에서는 〈구약성경〉을 포함한 유대교 경전들을 배우고 연구하는 것이 하나님을 믿는 신앙과 동일시된다.

이러한 유대교의 신앙교육은 지난 2천년이 넘도록 세계를 방랑하던 그들을 유대인으로서의 개인 아이덴티티를 견고히 해줄 뿐 아니라 히브리민족으로서의 정체성을 굳게 확립해가도록 하였다. 그 신앙교육의 중심에는 언제나 〈토라〉를 중심으로 한 〈구약성경〉에 대한 실천이 있었다.

〈구약성경〉은 히브리 민족교육의 교과서이기도 하고 교육지침서다.

〈구약성경〉의 율법들을 흔히 계약법전(출애굽기 20:22–23:33), 성결법전(레위기 17:26:), 그리고 신명기법전(신명기 12–26:) 3부류로 나눈다. 여기에서는 특히, 유대인의 정체성을 유지하기 위한 필수적 율법으로 생각하는 성결법전을 중심으로 그 내용을 자세하게 알아보려 한다.

유대인의 정체성을 유지하기 위한 필수적 율법

이 지구상에서 사라져 간 나라들 가운데 법이 없어서 사라진 것은 아닐 것이다. 그렇다면 유대인들만이 특별히 그들이 섬기고 있는 〈토라〉는 어떤 힘이 있었기에 유대인들이 그들의 정체성을 유지하는데 도움을 주었는지는 생각해 볼 필요가 있다.

법을 전공하는 한 연구자에 의하면 〈구약성경〉의 율법들이 국가공동체의 사회적 삶을 규정하고 있는 시민법적인 요소를 보이지만 근본적으로 야웨와 이스라엘의 계약이라는 특수상황에서 효력을 가진 종교적인 법령들이었다는 것이다. 구약율법이 현재의 세속국가의 법령들과 가장 큰 차이를 드러내는 곳은 〈구약성경〉의 율법에는 연대책임, 공동체책임 등의 개념들이다.

개인의 죄악에 대한 개인의 죄책원리가 없는 것은 아니지만, 많은 경우 〈구약성경〉의 율법들은 어떤 율법이 지켜지지 않아 파국이 초래되는 경우 공동체 구성원 모두를 향해 죄책을 책임질 것이라고 말한다. 또한 〈구약성경〉 율법들은 율법을 어겼을 때 받게 되는 징벌도 강조하지만 그것을 지켰을 때 받게 될 보상들과 복들에 대해서도 아주 많이 강조하고 있다.[21]

성결법전(레위기 17–26장)

'성결법전the Holiness Code'이라고 불리는 〈레위기〉 17–26장의 대부분은 이미 가나안 땅에 오래 정착한 상황을 반영하고 있으며, 가나안 문화와의 충돌과 혼합을 동시에 겪고 있는 이스라엘 백성들에게 주어진 계명들이다.

17장은 일반백성이 부지불식간에 범할 수 있는 허물에 집중하고 있다. 〈레위기〉의 특징인 서론적 명령이 1–2절에 나온다. 그 다음 각 단락은 어떤 행동이 죄가 되는지를 규정한다. 그리고 그 죄를 범한 경우 받게 되는 벌을 언급하고, 마지막으로 해당 율법을 지켜야 하는 부가적인 이유를 제시하는 것으로 마무리된다.

결국 17장은 죄를 속하는 피의 고귀성과 동물 희생제사의 본질이 피흘림에 있음을 천명한다.

---

21) 김회권(2008). –구약성경의 율법들 –계약법전, 성결법전, 그리고 신명기법전–. **법학논총**. 제19집, 숭실대학교 법학연구소, 49.

18–19장은 가정과 공동체 안에서 구현되어야 할 거룩함과 의로움을 다루고 20장은 이 기준에 미치지 못할 때 초래되는 처벌(사형) 규정들을 다룬다. 18:1–5절은 고대 근동의 종주宗主–봉신封臣 조약 구문과 흡사하다. '서언'에 해당하는 말이 "나는 너희 하나님 야웨다"라는 선언이다. '역사적 서론'(은혜로운 과거사 회고)은 "너희가 애굽 땅의 풍속과 가나안 땅의 풍속과 규례를 따르지 말고 나의 법도와 규례를 좇으며 나의 규례를 지켜 그대로 행하라"는 명령이다.

'세부조항'은 6–23절에 명시된다. 주로 가나안 및 애굽에서 자행되는 성적 문란의 예를 제시하며 엄중하게 금지하는 계명들이다. '축복조항'은 5절에 나타난다("살리라"). '저주조항'은 24–30절에 나타난다. "가나안 땅이 성 문란으로 땅을 더럽힌 원주민을 토해내듯이 너희들도 토해 내리라."

〈레위기〉 저자가 이처럼 종주–봉신 조약의 틀로 거룩한 일상생활 지침을 망라하는 까닭은 앞으로의 명령들이 하나님과의 언약 관계를 지탱시키는 데 결정적인 중요성을 갖는다는 것을 강조하기 위함이다. 18:6–29절은 거룩한 백성의 성관계가 넘어서는 안 될 경계성을 설정한다.

〈레위기〉 20장은 18–19장의 규례와 법도를 지키지 못한 경우 가해지는 하나님의 징벌을 다룬다. 18–19장의 규례와 법도가 지키지 못할 때 한 공동체가 붕괴될 수도 있음을 강조하고 공동체의 존립 자체를 위태롭게 하는 악행들에 대하여 사형을 선포한다.

21–22장은 시무 제사장직을 유지하기 위한 매우 엄격한 성결 요건을 다룬다. 이 두 장의 주제는 네 가지다. 첫째, 어떤 경우에서든지 죽은 자와의 접촉을 금지하는 엄격한 성결 유지 계명(장례

식 참석 규제 및 금지). 둘째, 제사장의 배우자 선택시 가해지는 엄격한 요건들, 셋째, 시무 제사장의 신체적인 흠결 및 온전성에 대한 엄격한 규정들, 그리고 제사장 몫의 음식으로 할당된 거룩한 성물을 먹을 수 있는 선결조건이 그것들이다.

23장은 이스라엘의 거룩한 절기 규정들과 공동체적 축제문화의 신학적 사회복지적 의미를 다룬다. 이 장은 일년에 한 번 기리는 공동체적인 절기와 기타 주기적인 축일이나 성일에 대하여 규정하고 있다. 역시 이 장은 이런 장들과 비슷하지만 다소 독특한 관점에서 매일 이뤄지는 제사들과 매주 안식일 준수, 그리고 새 달 축제 및 모든 계절 등에 대한 규정을 담고 있다.

24장에는 성소 안에서 등불을 밝혀두는 의무, 진설병을 배열하는 문제, 신성모독죄와 기타 중범죄에 대한 징벌이 뒤섞여 있다.

〈레위기〉 25장은 모세오경에 보존되어 있는 '땅 점유' 주제에 관한 유일한 시례를 담은 규정이다. 고대 이스라엘 문중clans, 지파, 개인들에 의하여 점유된 땅의 법적 지위를 규정하는 유일한 율법규정이다.

26장은 성결법전의 결론으로서 시내 산 계약을 준수할 때 주어지는 축복과 파기할 때 초래될 재난을 다룬다. 이 에필로그 부분에서 불순종에 대한 징벌이, 순종에는 축복이 주어진다는 원칙이 재천명된다.

율법의 궁극적 목적: 유대민족의 유지와 보존

성결법전을 중심으로 살펴 본 것처럼 〈구약성경〉의 율법들은 철두철미하게 이스라엘에 대한 하나님의 특정한 구원경험(출애굽

구원과 가나안 땅 하사)에 대한 호소를 통해 선포되고 제정되었다.

구약의 이스라엘 사회가 이상적인 수준으로 종교적으로 승화된 공동체는 아니었을지라도 〈구약성경〉의 율법들 안에는 이스라엘 백성들은 하나님을 하는 지식을 상식으로 구비하고 있음이 전제되고 있다. 야웨 하나님의 구원에 대한 감사에 찬 응답이 율법 준수의 필요조건이었다.

하나님의 선행적 구원prior salvation에 대한 신앙고백이 있어야 십계명과 모세오경의 3대 율법에 대한 준수 가능성이 창조되었다는 것이다. 그래서 구약의 율법들은 고대근동의 법률과의 유사성에도 불구하고 그것들은 구체적인 법조항과 그것을 어겼을 시에 받게 될 벌을 규정하는 전형적인 법이라기보다[22]는 차라리 이스라엘을 감동시켜서 율법의 요구에 복종시켜는 설교된 법이다.

이것은 다른 말로 하자면, 이스라엘의 율법은 이스라엘에 대한 하나님의 은혜와 구원, 자비에 대한 공통의 경험 안에서 탄생되었다는 것이다. 이스라엘의 법은 차가운 징벌조항이 주도하는 것이 아니라 그것을 지켰을 때 누리게 될 상급이 주도하는 법이라는 것이다.

이 세상의 세속 국가들은 징법위주懲法爲主의 법률을 제정하고 시행하지만 구약의 하나님은 하나님의 부단한 은총의 경험과 구원경험의 토대 위에 율법 준수를 기대하신 것이다. 구약의 법전들은 그것들의 궁극적인 목적은 단지 징벌에 있지 않고 하나님의 구원에 응답하는 계약공동체인 이스라엘의 유지와 보존에 있다.

---

22) 김회권(2008). 같은 책. 59.

Chapter 4
히브리 민족의 교육체제는?

유대인들은 세계 어디를 가더라도 반드시 회당을 만들었다.
회당 제도는 포로 생활로 인해 예루살렘 성전에서 예배드릴 수 없게
되면서부터 유래된 것으로 보인다.
회당은 율법 교육의 용도로 사용되었으며
법정의 용도로도 쓰였다.

1
민족 교육의 이념과 목적

유대 민족의 교육의 이념과 실제는 이스라엘 국가 탄생과 더불어 시작되었다. 일반적으로 오랫동안 이스라엘의 두 가지 기원을 인정하였다. 그 첫째는 아브라함의 소명과 더불어 시작되었다는 것이요, 둘째는 모세의 출애굽과 더불어 시작되었다는 것이다.

이스라엘 사람들은 부름을 받아 자기 자신을 하나님의 백성으로 이해하였고, 나아가 어떻게 하면 그들을 섬길 수 있을까를 알게 되었다. 그러므로 모든 교육활동의 일차적인 목적은 종교적인 것이었다. 이는 창세기에 하나님이 아브라함에게 직접 말씀하신 것임을 알 수 있다.

> 내가 아브라함을 선택한 것은 그가 자식들과 자손을 잘 가르쳐서, 나에게 순종하게 하고, 옳고 바른 일을 하도록 가르치라는 뜻에서 한 것이다. 그의 자손이 아브라함에게 약속한 대로 다 이루어 주겠다.(창세기 18:19).

유대인 교육의 목적

교육은 유대인에게 있어 고대로부터 이어진 질곡과 형극의 가시밭길 역사에서 유일하게 그들의 생존을 지켜주었던 자산이다. 자식교육이 최대의 사업이라는 것이 유대인들의 공통된 생각이다. 교육이 과거의 삶을 지켜주었듯이 미래를 여는 열쇠라고 믿는 것이다.

교육의 목적은 청년들을 가르쳐서 하나님을 알고 섬기게 하는 것이다(신명기 6:7; 잠언 1:7). 그렇게 함으로써 살아 갈 동안 이 길에서 떨어지지 않게 하려는 것이었다(잠언 22:6). 그리하여 종교교육은 율법에 주의를 집중시켰고, 유대인을 교육시켜 살도록 하는 데 그 목표를 두었다.[23]

> 자녀에게 부지런히 가르치며, 집에 앉아 있을 때나 길을 갈 때나, 누워 있을 때나 일어나 있을 때나, 언제든지 가르치십시오.(신명기 6:7).

> 주님을 경외하는 것이 지식의 근본이어늘, 어리석은 사람은 지혜와 훈계를 멸시한다.(잠언 1:7).

> 마땅히 걸어야 할 그 길을
> 아이에게 가르쳐라.
> 그러면 늙어서도 그 길을 떠나지 않는다.(잠언 22:6).

---

23) 서영준(2015). 개혁주의 관점에서 살펴 본 쉐마교육. **개혁논총**. 제35권, 개혁신학회, 327-328.

이는 생계를 위한 교육일 뿐만 아니라 인격 및 행동으로부터 유리되지 않았다. 좋은 성격은 율법 연구를 통한 하나님과의 올바른 관계에서 귀결되는 것이라고 생각하였다.

요람에서 무덤까지 율법의 우위성이 삶 전체를 포괄하였다. 배우는 데 있어서는 남녀노소의 구별이 없었다. 이러한 생각도 삶의 모든 측면을 포괄하였다.

에스라시대 이래 유대인의 삶은 율법 중심이었다. 그들은 책의 백성the people of the Book으로 알려졌다. 이 점이야 말로 유대인을 다른 민족으로부터 구별시켜 주었다.

히브리 민족의 교육목적은 배타적으로 종교적이어서 문화발전을 무시한 점도 없지는 않다. 특히 후기 유대교에 있어서 이러한 율법에 대한 열심은 사소한 일에 구애되는 율법주의 체계로 발전하여 자기당책에 빠지는 경우도 있었다.

그러나 이러한 편협성에도 불구하고 히브리 교육목표는 유대인 교육은 방향감각을 잃지 않았다.

그 교육내용은 학술적이고 전문적인 지식 교육이 아니라 거룩함의 교육이었다.

> 이스라엘 자손 온 회중에게 말하여라. 너는 그들에게 이렇게 일러라. 너희의 하나님인 나 주가 거룩하니, 너희도 거룩해야 한다.(레위기 19:2).

비록 이스라엘 백성이 때때로 이 이념을 망각했을지라도 이스라엘에는 그들을 깨우쳐 줄 제사장, 예언자, 서기관, 지혜로운 자, 랍비, 교사들이 언제나 존재했었다. 중심은 인간이 아니라 하나님이었다. 목적은 의로움이지 자기 이익이 아니었다.(출애굽기 19:6).

유대인의 이상적인 인간상

유대인에게 있어 종교는 신앙 이전에 엄마로부터 받아먹은 모유와 같다. 그들은 태어나 한두 돌이 지나 말귀를 알아듣게 되면 엄마로부터 율법을 배우기 시작한다. 유대교에서는 〈성경〉과 〈탈무드〉 등 유대교 경전들을 배우고 연구하는 것이 하나님을 믿는 신앙과 동일시된다.

그러므로 유대인들이 추구하는 이상적인 인간상人間像은 평생 공부하는 인간상이다.

유대인들은 가르친다는 것과 배운다는 것이 가장 중요한 예배라고 믿는다. 즉, 가르친다는 것은 하나님을 존경禮拜하는 것이요, 또한 공부하는 것은 하나님께 드리는 최고의 기도라고 본다. 그러므로 회당의 예배에서도 가장 중요한 일은 함께 모여 〈토라〉를 공부하는 일이다.

사람은 일생 동안 공부해야 한다는 것이 유대교의 기본적인 믿음이다. 아무리 지혜로운 사람이라도 배우기를 중단하면 그 순간에 지금까지 배운 모든 것을 잊게 된다고 생각한다. 유대인들은 이러한 평생 배움을 통하여 신앙을 키우고 있다. 이것이 학자인 랍비가 가장 존경받는 이유이다.

유대인은 '모든 진리는 하나님에게서 나온다'고 믿고 있다. 진리는 인간이 만드는 것이 아니라 주어진 것을 단지 발견하는 것이라는 생각이다. 유대인들은 모든 과학 기술도 하나님이 창조한 세상과 생명의 원리를 인간이 이해하여 모방한 것이라는 시각을 갖고 있다. 이러한 믿음은 자연히 유대인들로 하여금 하나님의 섭리를 하나라도 더 이해하기 위해 배움으로 이끈다.

유대교는 인간이 하나님의 형상을 본받아 지음을 받았기에 인간 내면에 무한한 잠재력과 가능성이 있다고 가르친다. 〈창세기〉에 보면 하나님이 인간을 빚은 뒤 코에 생기를 불어넣는 장면이 나온다. 유대인은 이 생기가 바로 하나님의 영혼이라고 믿는다.

곧 한 명 한 명 만들 때마다 하나님은 자신의 영혼을 불어넣었고, 그 영혼이 인간의 몸 안에서 살다가 죽으면 다시 하나님께로 되돌아간다는 것이다. 이 같은 유대인의 사고에 따르면 결국 실존하는 것은 인간이 아니라 인간 안에 깃든 하나님의 영혼이다.

BC 1세기의 유명한 랍비였던 힐렐(Hilel, BC 60–AD 20)은 "인간 속에 심은 하나님의 형상이 완전히 개발되어 세계와 우주를 이해하고 지배하여, 모든 인류의 삶이 하나님의 평화에 이르는 것이 〈성경〉 전체의 뜻이다"[24]라고 가르쳤다. 이 기본 신앙 이외에 나머지 설명들은 다 주석에 불과한 것이라고 했다.[25]

시몬바르 요하이의 동굴 앞에 있는 힐렐

예수와 동시대인인 위대한 랍비 힐렐에

24) 홍익희(2013). **유대인 창의성의 비밀**. 서울: 행성B. 95에서 재인용.

25) Yitzhak Buxaum(2000). *The Life and Teaching of Hillel*. Brand: Jason Aroson, Inc.

관한 에피소드가 있다. 힐렐에게 한 이교도가 다가와 “당신이 한 다리로 서 있는 동안 토라 전체를 암송할 수 있다면, 나는 유대교로 개종할 것이요”라고 말했다. 힐렐은 이렇게 대답했다. “당신 스스로에게 혐오스러운 일을 이웃에게 하지 마시오. 이것이 토라의 전부이며 나머지는 그저 각주일 뿐이니, 가서 이것을 공부하시오”라고. 그는 여기에서 신의 유일성, 천지창조, 출애굽 혹은 613 계명과 같은 교리를 언급하지 않는다.

이 모든 것은 힐렐에게 그저 황금률에 대한 각주에 불과하다. 다른 유일신 전통에서도 마찬가지다. 다른 헌신의 행위와 믿음 체계가 중요하지 않다는 의미는 아니다. 이것들 보다 훨씬 중요한 것은 다른 사람에 대한 이기심 없는 배려라는 것이다.

2

민족 교육의 상징

유대인들의 축제는 독특한 방식으로 히브리 민족정신을 결집시키는 데 이바지하였다. 축제일은 민족의 거룩한 날인 동시에 휴일이었다. 이 축제를 통하여 유대인들은 음식물과 보호물을 마련하는 데 있어서 하나님에 대한 그들의 의존성을 구체화시켰다.

유대인에게 있어서 축제의 의미

에스라 이전 시대에 학교가 아직 존재하지 않았을 때, 축제는 교육상 가장 중요했는데 학교가 시작된 이후에도 사정을 마찬가지였다.

율법에 의하면 아버지는 그의 아들에게 축제를 설명해 주어야 했다.

> 그 날에 당신들은 당신들 아들딸들에게, '이 예식은, 내가 이집트에서 나올 때에, 주님께서 나에게 해주신 일을 기억하고 지키는 것이다'하고 설명하여 주십시오.(출애굽기 13:8).

당신들은 오로지 삼가 조심하여, 당신들의 눈으로 본 것들을 잊지 않도록 정성을 기울여 지키고, 평생 동안 당신들의 마음속에서 사라지지 않도록 하십시오. 또한 그것을 당신들의 자손에게 길이 알리십시오.(신명기 4:9).

나중에 단신들의 자녀가, 주 당신들의 하나님이 당신들에게 명하신 훈령과 규례와 법도가 무엇이냐고 당신들에게 묻거든, 당신들은 자녀에게 이렇게 일러주십시오.
'옛적에 우리는 이집트에서 바로의 노예로 있었으나, 주님께서 강한 손으로 우리를 이집트에서 이끌어 내셨다.(신명기 6:20-21).

축제에 참여함으로써 어린이들은 그 의미를 알게 되었는데, 이러한 식으로 축제는 마음에 지울 수 없이 새겨진 삶의 일부분이 되었다. 축제는 젊은이들에게 유대교 신앙의 위대한 진리를 가르치기 위한 독특한 기회였다. 그들은 역동적이고 생동적이고 진정 재미있는 교육방식을 마련하였다.

이것은 추상적인 관념과 철학적인 원리에 의한 것보다 훨씬 더 효과적인 교육수단이었다. 이런 식으로 하나님이 그 백성을 어떻게 다루는 가는 종교의식을 통하여 효과적으로 주목되었다.

모든 축제는 오색찬란하였으며 매우 재미있었다. 어린이는 항상 축제 한 복판에 있었다. 이것이 유대 민족의 천재성이다. 그들은 어린이를 삶의 중심에 놓았고 유대 역사와 종교는 다음 세대에 넘어 갈 것이라고 확신하면서 교육 매체를 통해 발전해 나갔다.

거룩한 날 중 가장 중요한 것은 안식일이었다. 그것이 중요한 한 가지 이유는 일주일에 한 번씩 찾아오는 날로써 하나님을 예배하며 안식하는 날이었기 때문이다. 노동을 하지 않으면서 유대인들은 생활필수품을 모두 공급해 주는 하나님에 대한 신앙을 행동에 의해서 표시했다.

안식일은 신앙을 표현하는 날이요, 주 안에서 기뻐하는 날이요, 예배를 위해 모이는 날이요, 학습하고 교육하는 날이었다. 어떤 의미에서는 전 계약신앙이 모여 안식일 준수로 상징화되었는지도 모른다.

7개의 중요한 축제들

구약시대 동안 7개의 중요한 축제가 있었고, 신약 시대에 앞서 마지막 하나가 추가되었다.

각 축제는 유대교 신앙의 한 측면을 상징하였다. 각 축제는 그 나름의 예배적 교훈을 담고 있었다.[26]

첫 축제는 무교병Bread without yeast의 절기로서 시기적으로는 유월절에 앞섰다. 이스라엘 백성은 출애굽할 때 하나님의 말씀대로 급하게 나오느라 발효되지 않은 반죽을 출애굽할 때 갖고 나와서 무교병을 만들어 먹었다. 유월절은 애굽으로부터의 구원을 기념하는 것이었다.(출애굽기 10:2). 이는 세 연례축제 가운데 하나로서 1월(압비월) 14일에 열렸다.

---

26) 강용태(2015). **구약성경의 제사와 예배적 교훈에 관한 연구**. 중앙신학대학원대학교. 박사학위논문, 81–118.

그뿐만 아니라, 내가 이집트 사람들을 어떻게 벌하였는지를, 그리고 내가 그들에게 어떤 이적을 보여 주었는지를, 네가 너의 자손에게도 알리게 하려고, 또 내가 주님임을 너희에게 가르치려고 그렇게 한 것이다.(출애굽기 10:2).

유월절에 먹는 음식 6가지

유월절Passover에는 누룩이 들어 있는 빵을 먹지 않고, 선조들이 광야에서 먹던 딱딱한 빵과 여섯 가지 음식을 먹으면서 조상들의 고생을 반추한다. 특히, 누룩은 부풀어 오르는 교만의 위험성을 암시하는 것으로, 자부심이 이기심으로 변질하는 것을 경계하는 것이다. 유대인들은 옛날의 어려움을 잊지 않으려 고난의 역사를 '기억'하는 것이다.

두 번째 축제는 맥추절Feast of Harvest로서 수장절收藏節이라고도 **불렸다.**(출애굽기 23:16; 34:22; 민수기 28:26). 후에 이 축제는 오순절로 알려지게 되었다. 유월절 후 7주를 지난 50일 만에 지키는 절기여서 칠칠절, 오순절이라고도 한다. 첫 수확기에 지키는 절기여서 초실절이라고도 한다.

너희는 너희가 애써서 밭에 씨를 뿌려서 거둔 곡식의 첫 열매로 맥추절을 지켜야 한다. 또한 너희는 밭에서 애써 가꾼 것을 거두어들이는 한 해의 끝무렵에 수장절을 지켜야 한다.(출애굽기 23:16).

햇곡식의 날, 곧 새 곡식제물을 나 주에게 가져오는 칠칠절에는 거룩한 모임을 열고, 생업을 위한 일은 아무것도 하지 말아라.(민수기 28:26).

세 번째 축제는 초막절Feast of Tabernacles로서 올리브, 포도 등을 추수하여 저장한 후 티쉬리 월(7월, 태양력으로 9–10월) 15일부터 지키는 감사 절기를 말한다.(출애굽기 23:16; 34:22; 레위기 23:24; 신명기 16:13). 초막절에는 식구들이 함께 초막을 세우고 상징되는 열매와 식물들로 초막을 장식하고, 그 곳에서 식사하고 잠을 자기도 하며, 과거 조상들의 광야 생활을 간접 경험을 통해 배운다. 이렇듯 유대인들은 절기의 의식을 아동들도 함께 참여하여 행동과 경험을 하게 함으로 의미를 배우게 한다.

> 너희는 밀을 처음 거두어들일 때에는 칠칠절을 지키고, 한 해가 끝날 때에는 수장절을 지켜야 한다.(출애굽기 34:22).

> 너는 이스라엘 자손에게 다음과 같이 일러라. 일곱째 달, 그 달 초하루를 너희는 쉬는 날로 삼아야 한다. 나팔을 불어 기념일임을 알리고, 거룩한 모임을 열어야 한다.(레위기 23:24).

> 당신들은 타작 마당과 포도주 틀에서 소출을 거두어들일 때에, 이레 동안 초막절을 지켜야 합니다.(신명기 16:13).

네 번째 축제는 안식일Sabbath로서 레위기 23:2,3절을 보면 절기로 간주되어 있다. 유대인들이 휴일로 지키는 토요일을 말하며 히브리어 샤밧은 '쉬다' 또는 '중지하다'라는 뜻을 어근으로 한다. 안식일의 기원은 하나님께서 6일간 창조하시고 7일째 되는 날에 안식하신 것에서 유래한다.

> 너는 이스라엘 자손에게 말하여라. 그들에게 다음과 같이 일러라. 너희가 거룩한 모임을 열어야 할 주의 절기들 곧 내가 정한 절기들

은 다음과 같다.
엿새 동안은 일을 하여라. 그러나 이렛날은 반드시 쉬어야 하는 안식일이다. 거룩한 모임을 열어야 하고, 어떤 일도 해서는 안 된다. 이 날은 너희가 살고 있는 모든 곳에서 지킬 수의 안식일이다.(레위기 23:2-3).

거룩한 휴식의 날인 안식일은 이스라엘의 세대를 거쳐 그들이 하나님의 언약 백성이라는 정체성을 확립하는 데 도움을 주었다.

다섯째는 나팔 부는 날The day to blow the trumpet로 제7월(티쉬리 월, 태양력으로 9–10월) 1일에 지키는 절기이다.(민수기 29:1). 이 날에는 성회로 모이며 노동은 금지되었고 번죄, 속죄제, 소제, 상번제, 전제, 화제를 드렸다.(레위기 23:24–25).

일곱째 달, 그 달 초하루에는 거룩한 모임을 열고, 생업을 돕는 일은 아무것도 하지 말아라. 그 날은 나팔을 부는 날이다.(민수기 29:1).

너희는 이스라엘 자손에게 다음과 같이 일러라. 일곱째 달, 그 달 초하루를 너희는 쉬는 날로 삼아야 한다. 나팔을 불어 기념일임을 알리고, 거룩한 모임을 열어야 한다.
이 날 너희는 생업을 돕는 일은 아무것도 하지 말고, 주에게 살라 바치는 제물을 바쳐야 한다.(레위기 23:24-25).

여섯째는 속죄일Day of Atonement이었다. 일년에 한 번 하나님께 대제사장과 백성의 죄를 대속하는 날로 이스라엘 종교력으로 7월(티쉬리 월 태양력으로 9–10월경) 10일을 말한다.(출애굽기 30:10; 레위기 23:26–31).

아론은 분향단 뿔에 한 해에 한 번씩 속죄예식을 하여야 하고, 한 해에 한 번씩 속죄의 피를 발라서 분향단을 속죄하여야 한다.(출애굽기 30:10).

주님께서 모세에게 말씀하셨다. "일곱째 달 열흘날은 속죄일이다. 너희는 이 날에, 거룩한 모임을 열고 고행하며, 주에게 살라 바치는 제물을 바쳐야 한다. 이 날은 속죄일 곧 주 너희의 하나님 앞에서 속죄예식을 올리는 날이므로, 이 날 동안은 어떤 일도 해서는 안 된다. 이 날에 고행하지 않는 사람은 누구든지 자기 백성에게서 끊어지게 하여야 한다. 누구든지 이 날에 어떤 일이라도 하면, 내가 그를 백성 가운데서 끊어 버리겠다. 이 날 너희는 어떤 일도 해서는 안 된다. 이것은 너희가 사는 모든 곳에서, 너희가 대대로 영원히 지켜야 할 규례이다.(레위기 23:26-31).

일곱 번째 축제는 〈에스더〉 9장에 묘사된 '부림'[27] 절Days of Purim인데 이는 하만의 밀모密謀로부터의 구원을 기념하는 것이었다. 이 날은 축연과 기쁨의 날이었다. 율법에는 명시되어 있지 않다.

〈구약성경〉이 완결된 이후에 제정된 축제는 수전절修殿節, The Feast of Dedication로서 예루살렘 성전이 안티오쿠스 에피파네스Antiochus Epiphanes에 의해 더럽혀진 후 BC 164년 유다스 마카비우스Judas Maccabeus가 이를 정화한 일을 기념하고 의식화한 것이었다. 이는 빛의 절기로 불려 지기도 했다.

---

27) 부르(Pur). '제비뽑기'를 의미하는 앗시리아 말. 복수인 '부림Purim'은 유대인들이 하만의 음모에서 벗어난 것을 기념하는 축제의 이름이다.

그 밖에도 할례 예식, 장자의 속전贖錢Money for the redemption, 성인 예식 등 여러 가지 예식에 자녀들을 참여하게 함으로써 그들로 하여금 "왜 그렇게 하는가?", "무슨 의미가 있는가?"라는 질문을 유발시킨다. 부모들은 그 질문에 대해 자신이 알고 있는 의미를 자연스럽게 설명해 준다. 예식에 참여하던 자녀들은 의미를 깨닫고, 그 의식에 기쁘게 참가하여 후에는 그 자신이 훌륭한 역사의 계승자로 성장하게 된다.

초막과 후대의 성전은 많은 교육적 상징을 구체화시켰다. 구조물 자체가 하나님이 임재하는 장소를 상징하였다. 구조물 내에는 주목할 만한 상징적 가치를 지니고 있는 몇 가지 항목이 존재하였다.

우선 이 건축물의 지리적 특징을 주목할 필요가 있다. 백성들의 회합 장소에서 떨어져 있는 지성소至聖所는 모든 죄성罪性으로부터 떨어져 있는 하나님의 거룩함을 상징한다.

초막과 후대 성전의 가구들은 유대인들로 하여금 출애굽 역사뿐만 아니라 죄의 문제와 속죄의 방법을 깨닫게 하였다. 성전은 그의 백성으로 하여금 속죄에 의하여 죄를 극복하도록 하시는 하나님의 임재를 상징하였다.

온몸으로 신앙을 보여주는 예언자들

예언자들도 백성들에게 보내는 그들 메시지의 의미를 강조하기 위하여 상징의 방법을 사용하였다. 이러한 상징은 예언자의 '징조'로 서술되었다. 방법은 선언된 말의 의미를 실제 행동으로 표현하는 것이었다.

이러한 예는 〈이사야서〉 8:1절 이하에 나타나 있다.

> 주님께서 나에게 말씀하셨다. "너는 큰 서판을 가지고 와서, 그 위에 두루 쓰는 글자로 '마할살랄하스바스'라고 써라."

이 구절을 보면 하나님께서 이사야에게 이르시되 큰 서판을 취하여 그 위에 통용문자로 쓰라고 하셨는데, 이 때 이사야는 그의 자녀들에게 예언의 의미를 내포하는 어떤 이름(마할살랄하스바스)을 지어 주라는 하나님의 말씀을 들었다.

〈예레미야서〉 13:1-11절을 보면 예레미야도 하나님의 말씀을 들었는데 이는 베띠를 사서 그것을 처음 빨기도 전에 썩게 하라는 것이었다. 이러한 실재행동은 하나님께서 유다의 교만을 꺾으시리라는 것을 보여 주는 것이었다.

> 주님께서 나에게 이렇게 말씀하셨다. "너는 가서 베로 만든 띠를 사서 너의 허리에 띠고, 물에 적시는 일이 없도록 하여라." 그래서 나는 주님의 말씀대로, 베 띠를 사서 허리에 띠었다.
> 주님께서 다시 나에게 말씀하셨다. "네가 사서 허리에 띤 그 띠를 들고 일어나, 유프라테스 강 가로 가서, 그곳의 바위 틈에 그 띠를 숨겨 두어라." 그래서 나는 주님께서 명하신 대로, 가서 유프라테스 강 가에 그것을 숨겨 두었다.(예레미야서 13:1-5).

예레미야는 목에 나무 멍에를 매고 돌아 다녔는데 이는 이스라엘 백성이 느부갓네살의 종이 될 것을 상징하였다.(예레미야서 28:13). 예언자 에스겔도 이와 비슷한 말씀을 들었다.

> 너는 가서 하나나에게 이렇게 전하여라. '나 주가 말한다. 너는 나무로 만든 멍에를 꺾어 버렸으나, 오히려 그 대신에 쇠로 멍에를 만들고 말았다.(예레미야 28:13).

> 너는 그들이 보는 앞에서 어깨에 짐을 메고, 어두울 때에 나가거라. 너는 얼굴을 가리고, 다시는 그 땅을 보지 말아라. 내가 너를 이스라엘 백성에게 주는 '징조'로 삼았기 때문이다.(에스겔서 12:6).

에스겔은 상징적인 행동을 통하여 예루살렘에 대한 파괴와 파멸의 메시지를 선포하였다. 그는 공포로 몸을 부들부들 떨면서 빵을 먹고 물을 마셨는데 이는 예루살렘에 닥쳐오는 재앙의 그것과 몰고 올 공포를 상징적으로 묘사하는 것이었다.

에스겔은 진흙 조각 위에 예루살렘을 그린 후 그것을 산산조각으로 부숨으로써 예루살렘의 파괴를 선언했는데 이는 예루살렘이 어떻게 파괴될 것인가를 보여주기 위함이었다.

보다 가내적인 차원에서 사용된 다른 상징 품목은 술(민수기 15:39-41; 신명기 22:12), 부적(출애굽기 13:1-10; 신명기 6:4-9; 11:13-21), 문설주(신명기 11:20)였다.

3
민족 교육의 원리

조기교육早期教育

첫 번째는 조기교육이다. 어린 나이에 교육을 시작한다는 것이다. 유대인 어머니는 늘 아이 곁에서, 아이의 눈높이에 맞추어 이야기한다. 아이가 태어나서 만나는 첫 교육자가 어머니이다. 아이가 한 명의 온전한 유대인으로 클 수 있는 것은 엄마의 힘이 절대적이다.

그래서 지금도 이스라엘에서는 어머니가 유대인인지 여부가 유대인 판정의 가장 중요한 요소로 본다.

유대인들은 3살이 되면 히브리어를 배운다. 율법을 암기하기 위해서다. 특히 13세 때 성인식을 치르기 위해서는 모세오경 중 한 편을 모두 암기해야 한다. 그리고 성인식에 참석한 사람들을 대상으로 〈구약성경〉을 토대로 자기가 준비한 강론을 해야 한다.

> 마땅히 걸어야 할 그 길을 아이에게 가르쳐라. 그러면 늙어서도 그 길을 떠나지 않는다.(잠언 22:6).

제사장들이 나에게 빈정거린다. "저 자가 누구를 가르친다는 건가? 저 자의 말을 들어야 할 사람이 누가란 말인가? 젖뗀 아이들이나 가르치라고 하여라.(이사야서 28:9).

유대인 아동의 성인식: 정체성 확립 선언의 장場

유대인은 하나님이 자녀를 13살 성인식 때까지 부모에게 맡겼다고 생각한다. 그래서 그들은 자녀를 한 사람의 온전한 유대인으로 만들어 성인식 때 하나님께 되돌려드려야 한다고 믿는다.

유대인에게는 13세가 된다는 것은 아주 특별한 의미를 가진다. 이때부터는 성인 대접을 해준다. 이제는 하나님 앞에 스스로 모든 것을 책임져야 한다. 때문에 13세가 되는 생일날 하는 '성인식'은 정말 성대하게 거행된다. 개인의 일생에서 결혼식과 함께 가장 중요한 날이다.

성인식을 히브리어로 '버미츠바'라 부른다. '버미츠바'는 '신의 가르침의 아들'이란 뜻이다. 곧 아이 교육의 책임이 부모로부터 하나님께로 넘겨진다는 의미다. 아이가 부모로부터 독립하여 하나의 온전하고 독립적인 인격체가 되는 것이다.

자녀도 이제부터는 하나님의 도움을 받아 스스로 평생 공부해야 한다. 유대교는 모든 유대인들이 평생을 통하여 〈토라〉를 공부하도록 평생 교육을 의무적으로 규정하였다. 〈토라〉뿐 아니라. 유대인들은 생명이 있는 한, 쉬지 않고 공부하여 하나님의 진리를 발굴하고 인류에 공헌해야 한다는 신념이 있다. 평생 교육을 옛날부터 당연한 것으로 받아들인 것이 유대인들이다.

유대인들의 종교관에 의하면 사람 영혼의 세계에는 여러 층이 있는데 '네샤마'라 불리는 영혼의 세계는 13살부터 시작된다고 한다. 이때부터 사람이 지각 있는 판단력을 지닐 수 있어 하나님과 계약을 맺을 수 있는 능력이 있으며 또한 그 계약을 수행할 수 있다고 믿는다.

할례가 하나님과 사람 사이에 계약이 있다는 사실을 계약 당사자의 몸에 객관적으로 표시하는 행위라면, 성인식은 그 사실을 주관적으로 받아들이고 그렇게 살겠다는 의지를 표현하는 의식이다.

유대인들은 1년 동안의 성인식 준비를 통해 내가 무엇이며, 왜 이 세상에 나왔으며, 무엇을 해야 하나를 고민한다. 그런 의미에서 유대인의 성인식은 정체성 확립 선언의 장이 된다. 성인식을 맞는 아이는 히브리어로 된 〈토라〉의 한 부분이 적힌 두루마리를 펴고 축복문을 낭송한다. 유대인들은 많은 사람들 앞에서 를 공식적으로 〈토라〉를 공식적으로 읽는 것을 특별한 축복으로 여기는데, 성인식 때는 히브리어로 읽어야 하기 때문에 보통 성인식 1년 전부터 히브리어 공부를 한다.

아이가 히브리어로 축복문을 낭송하면 부모는 "이 아이에 대한 책임을 면하게 해 주신 하나님을 찬송할지어다"라고 화답한다. 이와 같이 선포함으로써 앞으로 아이의 모든 종교적 잘못에 대한 책임은 본인 스스로에게 있다고 확신하는 것이다. 성인식을 하는 13세 아이는 이제 더 이상 종교적으로 부모에게 예속되지 않으며 스스로 독립적인 종교인임을 인정한다는 것이다.

그 다음 순서는 성인식을 맞는 당사자가 강론하는 '드라샤' 시간이다. 유대 율법 중 한 가지를 여러 사람 앞에서 설교하는 것이다. 1년 동안 자신이 성인식에서 할 설교를 준비하면서 끊임없이 원고를 다듬어 이를 대중 앞에서 발표한다.

성인식을 마친 유대인 아이들은 당연히 그때부터 성인으로서 결혼이 가능하다. 그리고 성인이 됨과 동시에 자기의 평생 직업을 선택할 수 있는 권리를 갖는다. 성인식을 계기로 인생관과 직업관이 세워지는 것이다.

아침에 교육실천

두 번째는 학생의 정신이 맑은 아침이 교육하기에 가장 좋은 때라고 보았다.

> 주 하나님께서 나를 학자처럼 말할 수 있게 하셔서, 지친 사람을 말로 격려할 수 있게 하신다. 아침마다 나를 깨우쳐 주신다. 내 귀를 깨우치시어 학자처럼 알아듣게 하신다.(이사야서 50:4).

눈높이교육

세 번째는 어린이에게는 이해 수준에 맞게끔 끊임없이 주제를 제시하는 것이다. 이것은 다시 교육이 이미 알려진 지식에서 모르는 사실로 발전해 갔다는 네 번째 원리로 이어진다.

모세가 전해준 율법은 어떤 성문법보다도 '정의와 평등'을 목표로 '민주주의 정신과 여성 존중'이라는 새로운 시대정신을 담고 있다. 특히 그 무렵 '법 앞의 평등'이라는 개념은 파격이었다.

율법에 담긴 '하나님 아래 모든 인간은 평등하다'라는 유대인의 사상은 애굽 탈출 이후 세계 최초의 민주주의 제도를 도입하게 된다. 왕이 없는 지파별 공동체를 꾸려 평등 사회를 지향했고, 지파 간의 이해관계를 조정해줄 사사(판관)을 민의民意로 뽑아 재판을 맡겼다.

나중에는 전쟁 통에 일사불란한 지휘 체계를 위해 왕을 뽑았다. 그러나 그도 다른 나라처럼 절대군주가 아니라 단지 하나님의 통치와 율법 아래, 즉 입헌군주제하의 대표자일 뿐이었다. 다윗이 호구조사를 하다 하나님께 크게 벌 받은 이유가 바로 하나님만이 유대인의 유일한 통치자이자 군주라라는 사상을 어기고 월권을 했기 때문이었다.

이러한 평등사상이 현대에 이르러 이른바 '**후츠파**chutzpah 정신'을 낳았다.[28)]

후츠파 정신은 역사의 산물이다. 유대인들은 "생각이 바로 경쟁력이다"라는 철학이 있다. 사고의 범위를 무한대로 넓혀야 성공한다는 생각이다. 그렇기에 타인의 생각에 자신을 묶어두지 않는다.

유대인들은 나이나 직위에 상관없이 모두가 평등하다는 뿌리 깊은 믿음을 갖고 있다. 따라서 그들은 수평적인 관계 속에서 상호 묻고 답하며 논쟁하는 것이 습관화되어 있다. 다른 사람의 의견에 대해 의문이 생기거나 이해가 안 되면 누구에게나 주저하지 않고 질문하고 따지는 것이 몸에 밴 것이다.

---

28) **후츠파**(라틴 알파벳: chutzpah, 히브리 문자: חוצפה)는 무례, 뻔뻔, 철면피 따위를 뜻하는 히브리어 낱말이다. 이와 함께, 용기, 배포, 도전성 따위를 뜻하기도 한다. **후츠파**는 이스라엘의 독특한 정신문화로서, 권력자 또는 권위자에게 자기 생각을 과감하게 표현하는 용기의 밑바탕이 된다.

암송의 중요성

다섯 번째는 망각의 문제가 주목되어 특히 반복학습의 필요성이 인식되었다. 예컨대, 〈신명기〉 4장 9절을 보면, '기억하라'는 등의 권고는 계속 되풀이 된다.

> 당신들은 오로지 삼가 조심하여, 당신들의 눈으로 본 것들을 잊지 않도록 정성을 기울여 지키고,
> 평생 동안 당신들의 마음속에서 사라지지 않도록 하십시오.
>
> 모세가 백성에게 선포하였다.
> "당신들은 이집트에서 곧 당신들의 종살이하던 집에서 나온 날을 기억하십시오.(출애굽기 13:3).
>
> 안식일을 기억하여 그 날을 거룩하게 지켜라.(출애굽기 20:8).
>
> 주님의 종 아브라함과 이삭과 이스라엘을 기억하여 주십시오.(출애굽기 32:13).
>
> 너희는 이 술을 볼 수 있게 달도록 하여라. 그래야만 너희는 주의 모든 명령을 기억하고,
> 그 것들을 실천할 것이다.(민수기 15:39).
>
> 너희는 기억하여라. 너희가 이집트 땅에서 종살이를 하고 있을 때에, 주 너희의 하나님이 강한 손과 편 팔로 너희를 거기서 이끌어 내었으므로(신명기 5:15).
>
> 당신들은 광야에서 주 당신들의 하나님을 얼마나 노엽게 하였던가를 잊지 말고 기억하십시오.(신명기 9:7).

당신들이 이집트에서 나오던 길에, 주 당신들의 하나님이 미리암에게 하신 일을 기억하십시오.(신명기 24:9).

기억술 개발

결국 이스라엘 상황에 있어서는 기억술에 강력한 강조가 이루어졌다. 기억 개발은 기억 형태로 제시되는 교수 방법의 개발, 즉 기억술 개발을 가져왔다.

예컨대, 〈잠언서〉 31:10-31절을 보면, 구절의 첫 단어를 히브리어 알파벳 첫 글자인 알레프א로부터 마지막 글자인 타우ת에 이르는 알파벳의 다음 문자로 시작되게끔 고안되었다.

기억은 또한 비유משל, 신탁(민수기 23:7), 유비(사무엘상 10:12), 수수께끼(에스겔서 17:2), 생생한 도덕 이야기(사무엘하 12:1) 사용으로 촉진되었다.

이스라엘 교육에 있어서 문자 교육은 중요한 역할을 맡았다. 그렇지만 문자교육 형태는 구전 교육의 중요성을 시사한다.

이제 이 노래를 적어서, 이스라엘 백성에게 가르쳐 부르게 하여라.(신명기 31:19).

내 눈을 열어 주십시오.
그래야 내가 주님의 법 안에 있는 놀라운 진리를 볼 것입니다.(시편 119:18).

내가 너에게, 건전한 충고가 담긴 서른 가지 교훈을 써 주지 않았느냐?(잠언서 22:20).

이제 너는 가서, 유다 백성이 어떤 백성인지를 백성 앞에 있는 서판에 새기고,
책에 기록하여서, 오고오는 날에 영원한 증거가 되게 하여라.(이사야서 30:8).

질문법의 활용

다양한 축제와 법제를 통한 역동적인 교육의 중요성은 이미 말한 바와 같다. 확실히 예언자들은 메시지의 요점을 강조하기 위하여 상징의 방법을 사용하였다. 이들은 〈잠언〉과 비유를 즐겨 사용하였다.

그 때가 오면, 사람들이 더 이상 '아버지가 신포도를 먹었기 때문에, 자식들의 이가 시게 되었다'는 말을 하지 않을 것이다.(예레미야서 31:29).

또한 교육은 교리문답 형식으로 주어졌다. 예컨대, 아모스 예언자는 수사학적 질문법을 사용하였다. 질문과 대답 형식은 예레미야 15:11; 신명기 6:20절 등에서 보다 완전하게 나타난다.

두 사람이 미리 약속하지 않았는데, 그들이 같이 갈 수 있겠느냐?
사자가 먹이를 잡지 않았는데, 숲 속에서 부르짖겠느냐?
젊은 사자가 움켜잡은 것이 없는데, 굴 속에서 소리를 지르겠느냐?
덫을 놓지 않았는데, 새가 땅에 놓인 덫에 치이겠느냐?

땅에서 새 덫이 튀어 오르겠느냐? 성읍 안에서 비상나팔이 울리는데,
사람들이 두려워하지 않겠느냐? 어느 성읍에 재앙이 덮치면,
그것은 주님께서 하시는 일이 아니겠느냐?
참으로 주 하나님은, 당신의 비밀을 그 종 예언자들에게 미리 알리지 않고서는,
어떤 일도 하지 않으신다. 사자가 으르렁거리는데, 누가 겁내지 않겠느냐?
주 하나님이 말씀하시는데. 누가 예언하지 않을 수 있겠느냐?(아모스서 3:3-8).

주님께서 말씀하셨다. "내가 분명히 너를 강하게 해주고, 네가 복을 누리게 하겠다.
네 원수가 재앙을 당하여 궁지에 빠질 때에, 그가 너를 찾아와서 간청하게 하겠다."(신명기 6:20)

4
민족 교육의 방법

구전교육

구전口傳교육이 다른 방법들보다 시기적으로 앞섰다. 여기에서 '들어라'는 권고가 빈번해졌다.

> 모세가 온 이스라엘을 불러 모으고 그들에게 말하였다.
> "이스라엘 자손 여러분, 내가 오늘 당신들에게 말하는 규례와 법도를 귀담아 듣고,
> 그것을 익히고 지키십시오.(신명기 5:1).

> 아이들아, 아버지의 훈계를 잘 듣고, 어머니의 가르침을 저버리지 말아라.(잠언 1:8).

> 너희 소돔의 통치자들아! 주님의 말씀을 들어라.
> 너희 고모라의 백성아! 우리 하나님의 법에 귀를 기울여라.(이사야서 1:10).

주 하나님께서 나를 학자처럼 말할 수 있게 하셔서,

지친 사람을 말로 격려할 수 있게 하신다. 아침마다 나를 깨우쳐 주신다.
내 귀를 깨우치시어 학자처럼 알아듣게 하신다.(이사야서 50:4).

〈미가서〉 6:6-8절은 교리문답 일과로서 제시된 질문에 대한 답변이 함축되어 있는 수사학적 형식으로 되어 있다. 절정은 8절에 나타나 있다.

너 사람아, 무엇이 착한 일인지를 주님께서 이미 말씀하셨다. 주님께서 너에게 요구하시는 것이 무엇인지도 이미 말씀하셨다.
오로지 공의를 실천하며 인자를 사랑하며 겸손히 네 하나님과 함께 행하는 것이 아니냐?(미가서 8:8).

〈구약성경〉에는 다양한 방법이 사용되었다. 〈신약성경〉의 〈히브리서〉 기록자는 **"하나님께서 옛날에는 예언자들을 통하여, 여러 번에 걸쳐 여러 가지 방법으로 우리 조상들에게 말씀하셨다"**.(히브리서 1:1).

하나님은 얼굴과 얼굴을 맞대고 모세에게 말씀하셨으며 예언자들에게 환상과 꿈으로 말씀하셨고, 자연과 일상생활의 평범한 사건을 통하여 말씀하셨다.

그는 역사적 사건 속에서 말씀하셨고, 제사장, 예언자, 다른 그의 종들을 통해 말씀하셨다. 그의 목소리는 양심을 통해 들을 수 있었으며, 그의 뜻은 율법을 통해 알 수 있었다. 교육과 연단은 뗄 수 없이 결합되어 있었다.

당신들은, 사람이 자기 자녀를 훈련시키듯이, 주 당신들의 하나님도 당신들을 훈련시킨다는 것을 마음속에 두십시오.(신명기 8:5).

또 아버지 된 이 여러분, 여러분의 자녀를 노엽게 하지 말고, 주님의 훈련과 훈계로 기르십시오.(에베소서 6:4).

훈계를 너의 마음에 간직하고, 지식이 담긴 말씀에 너의 귀를 기울여라. 아이 꾸짖는 것을 삼가지 말아라. 매질을 한다고 하여서 죽지는 않는다.
그에게 매질을 하는 것이 오히려 그의 목숨을 스올[29]에서 구하는 일이다.(잠언 23:12-14).

이와 같이 연단은 교육의 필수불가결한 부분으로 생각되었다. 연단은 하나님의 사랑이 그 백성들의 삶 속에서 그 목적을 성취하는 한 수단으로 생각되었다.

분노가 북받쳐서 잠시 가렸으나 나의 영원한 사랑으로 너에게 긍휼을 베풀겠다.
너의 속량자인 나 주의 말이다.(이사야서 54:8).

'에브라임이 탄식하는 소리를 내가 분명히 들었다.
'주님, 우리는 길들지 않은 짐승 같았습니다.
그러나 주님께서 우리를 가르쳐 주셨고, 순종하게 하셨습니다.
우리가 돌아갈 수 있게 이끌어 주십시오.
이제 우리가 주 우리의 하나님께 돌아갈 준비가 되었습니다.
주님을 떠난 다음에 곧 뉘우쳤습니다.
잘못을 깨달은 다음에 가슴을 치며 뉘우쳤습니다.

---

29) 스올(Sheol). 무덤, 땅 밑 세계, 죽음의 상태를 뜻하는 말이다.(요나서 2:2). 아람어를 그대로 음역한 것인데 히브리어 '쉐올'은 성경에서 대부분 '음부陰府'로 번역되었다.

그리고 저의 젊은 시절의 허물 때문에 저는 수치와 수모를 겪어야 했습니다.
에브라임은 나의 귀한 아들이다. 내가 가장 사랑하는 자식이다.
그를 책망할 때마다 더욱 생각나서, 측은한 마음이 들어 불쌍히 여기지 않을 수 없었다.
나 주의 말이다.(예레미야서 31:18-20).

하나님은 이스라엘을 연단할 때, 이스라엘을 그에게로 데려 올 수가 없었다. 〈잠언〉의 교사는 다음과 같이 권면한다.

아이들아, 주님의 훈계를 거부하지 말고, 그의 책망을 싫어하지 말아라.
주님은, 당신이 사랑하시는 사람을 꾸짖으시니, 마치 귀여워하는 아들을 꾸짖는 아버지와 같으시다. 지혜를 찾는 사람은 복이 있고, 명철을 얻는 사람은 복이 있다.(잠언 3:11-13).

연단과 매질은 그 사랑하는 자를 가르치시는 하나님의 사랑과 관심의 표지로서 간주되었다.

주님, 주님께서 꾸짖으시고 주님의 법으로 친히 가르치시는 사람은 복이 많은 사람입니다.
이런 사람에게는 재난의 날에 벗어나게 하시고 악인들을 묻을 무덤을 팔 때까지 평안을 주실 것입니다.(시편 94:12-13).

교육 수행 방법으로서의 연단은 보상과 책벌의 자극제로 귀결되었다. 보상과 책벌을 각각 선행과 고역으로 인도하는 것이었다. 이스라엘이 깨닫도록 한 것 같이, 이스라엘의 현명한 교사들도 그들의 학생들을 연단시켰던 것이다.

이상에서 보았듯이 이스라엘의 교육은 하나님이 자신을 계시하였다는 신앙에 기초된 종교 교육이었다. 이는 언제나 계시를 전제한 교육이었다.

유대인의 교육은 교육체제가 배타적으로 종교적이고 과학과 기타 연구는 종교지식을 가르치는 과정에서 우연히 배우는 성격을 가지고 있었다. 그러므로 유대인의 교육에서는 과학적 성격을 결여하고 있었고, 사실상 과학 이전의 것이었다.

질문과 토론

질문과 토론은 유대인의 교육 방법에 큰 비중을 차지한다. 이것은 종교 절기 의식에서 중요한 과정으로, 예컨대, 부모는 자녀에게 호기심을 자극하여 절기의 기원과 의미 및 방법에 대한 질문을 유도한다.

유월절에 무교병을 먹을 때, 가장을 떠나 장막에서 토라를 읽을 때, 모든 생축의 초태생을 하나님께 드리는 의식 등에서 아이들은 이런 의식의 의미에 대해서 묻게 되고 부모는 대답을 해 주면서 자연스럽게 신앙교육이 이루어지게 된다.

이처럼 유대인의 신앙 교육은 반복된 암송을 통해 일단 몸에 체화시킨다. 그 다음 공부 방법은 질문식 수업으로 진행된다. 학교에서 유대인 선생들은 아이들에게 답을 즉시 가르쳐주지 않는다. 질문을 계속하여 스스로 답을 찾도록 도와준다.

〈토라〉와 〈탈무드〉를 근거로 한 신학적 토론의 장점은 날카로운 마음과 선한 성품을 동시에 개발하여 인간에게 기쁨을 준다는 데 있다.[30)]

탈무드의 명언들

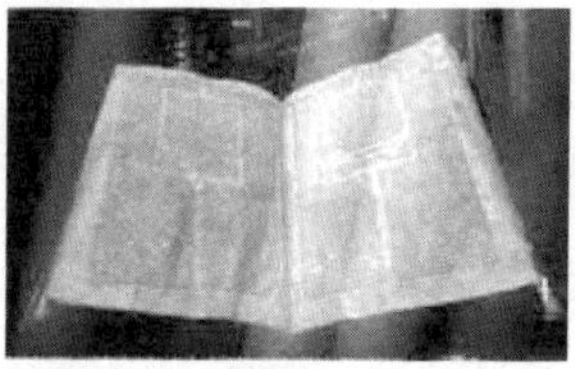
탈무드

〈탈무드〉에는 **"혼자서 배우면 바보가 된다"**는 구절이 있다. 그러므로 전통적으로 〈탈무드〉를 가르칠 때 질문과 토론의 방식으로 가르친다.[31)]

유대인에게는 전통적으로 **'탈무드식 논쟁법**The Talmudic Debate**'**이 있다. 이러한 방식은 학교교육도 마찬가지이다. 학교교육 또한 주입식 교육이 아니라 개념을 이해하고 원리를 스스로 깨우치게 하고 있다. 그러니 자연스럽게 수업은 질문과 토론으로 진행된다. 질문을 매개로 토론이 진행되는 것이다. 질문과 토론은 개념의 이해와 응용을 전제로 가능한 것이다.

탈무드 속에 있는 유명한 말들,

- 반성하는 자가 서 있는 땅은, 가장 위대한 랍비가 서 있는 땅보다 중요하다.
- 거짓말쟁이가 받는 최대의 벌은, 그가 진실을 말해도 사람들이 믿지 않는 것이다.
- 음식을 갖고 장난치는 사람은 배고픈 자가 아니다.

---

30) 고계영(1983). **유대인의 생활신념**. 기독교교양대선집 Ⅲ. 서울: 맥밀란, 89.

31) 원용순 · 김선애 옮김(1980). **탈무드**. 서울: 한국기독교문학연구소 출판부, 16.

- 강한 사람이란, 스스로 자신을 억제할 수 있고 적을 친구로 바꿀수 있는 사람이다.
- 부자란, 자신이 갖고 있는 것에 만족할 수 있는 사람이다.
- 한 개의 동전이 들어있는 항아리는 요란한 소리를 내지만 동전이 가득 든 항아리는 소리가 나지 않는다.
- 친구에는 세 부류가 있다. 음식과 같아서 매일 필요한 친구, 약과 같아서 가끔 필요한 친구, 질병과 같아서 항상 피해야 하는 친구.
- 체중은 그 무게를 잴 수 있으나 지성의 무게는 잴 수 없다.
- 사람은 책을 통해 가장 많은 지혜를 얻는다.
- 비만함과 돈과 오만은 기억력을 해친다.
- 글을 쓰는 것은 수표를 발행하는 것과 같다.
- 속에 넣는 물건보다도 더 비싼 상자를 만들지 말라.
- 임금은 나라를 다스리지만, 현인은 임금을 다스린다.
- 5명의 지혜로운 자가 500명의 무식한 자들보다 낫다.
- 글을 읽을 줄 아는 귀머거리는 진짜 귀머거리가 아니다.
- 진짜 귀머거리는 남의 말을 듣지 않는다.
- 금화는 흙속에서도 빛난다.
- 열매가 탐스럽게 열린 나무는 바람에 흔들리지 않는다.
- 인간의 입은 하나 귀는 둘이다. 이것은 듣기를 배로 하려고 하는 것이다.

참여와 경험

유대인의 교육은 참여와 경험 속에서 행동을 통해 이루어지는 교육이다. 아동들은 발달 특성상 경험을 통한 배움이 효과적이기 때문에 그들의 배움을 위해서 아동들 자신의 필요와 관심사, 흥밋거리, 주변 환경에서 자주 대할 수 있는 친숙한 것을 교육의 출발점으로 삼았다.

체화体化교육과 일인일기一人一技교육

마찬가지로 신앙 교육에서도 아동들의 경험과 사고의 영역을 뛰어넘는 추상적인 문제를 설명하고 해석해 주기보다는 그들의 생활 경험과 사고의 범주 안에서 확실히 개념화된 영역을 내용으로 하여, 그것을 행함과 경험의 과정을 통하여 분명한 교훈을 주고 그들의 종교적 사고와 경험의 폭을 넓혀 나가는 것이 효과적이다.

유대인 자녀들은 가정생활에 직접 참여함으로써 배움을 이뤄 나갔다. 유목 시대에 남아는 목양, 사냥, 활쏘기, 돌팔매질을 배웠고, 여아는 곡식 빻기, 밀가루 반죽과 빵굽기, 우유 짜기, 버터 만들기, 물레를 돌려 실을 감고 베를 짜며, 바느질과 염색하는 방법을 배웠다.

농경시대에 들어와서는 밭 갈고 심기, 추수, 포도원 재배, 포도주 만들기, 목수일, 도자기 굽기, 가죽에 물들이기 등을 배우고, 그 외의 가정에서 만든 생산품을 팔기 위해 상업을 배웠다. 이스라엘 사람들에게 있어 직업 교육은 남의 것을 훔치지 않고 바르게 사는 삶을 가르치는 것이며, 그것이 하나님을 경외하는 삶이라고 생각했다.

Chapter 5
히브리 민족의 교과서

당신들은 오로지 삼가 조심하여,
당신들의 눈으로 본 것들을 잊지 않도록 정성을 기울여 지키고,
평생 동안 당신들의 마음속에서 사라지지 않도록 하십시오.
또한 그것을 당신들의 자손에게 길이 알리십시오.(신명기 4:9)

1
교과서와 교육지침서

히브리인들은 하나의 교과서, 즉 〈구약성경〉을 갖고 있었다. 〈구약성경〉은 〈정경〉들로 구성되어 있다. 〈외경〉들은 학교에서 공식적으로 인정받지 못했지만 사적인 가정에서는 상당히 널리 읽혀졌다. 이 성문 기록이 점차적으로 장구한 시기에 걸쳐 발전했다.

구전율법

학자들은 성문成文 율법의 기원시기에 대해 논쟁해 왔다. 보통 이스라엘 초기 역사에 있어서는 모든 율법이 구전 형태를 취했고, 후대에 가서야 성문화되었다고 주장해 왔다.

그러나 오늘날에는 구전 율법과 성문 율법이 어깨를 나란히 하면서 발전하여 왔다는 것이 보다 설득력이 높다.

구약 율법의 완전한 성문화成文化는 포로 후기까지 이룩되지 않았다. 확실히 후기 외경들은 마카비 시대나 그 이후의 것으로 추정되어야 할 것이다.

더욱이 구전 율법은 마카비 시기로부터 AD 220년 이르기까지 발전하였다. 그리고 AD 220년 〈미쉬나〉가 성문 형태로 완결되었다. 물론 〈미쉬나〉는 구약성경의 모든 경전 문헌을 포함하지 않는다.

〈미쉬나〉와 〈탈무드〉

〈미쉬나〉는 랍비들이 모세 율법에 관한 고유의 해석과 및 그 율법면에서 유대인들에게 필수적인 행동과정을 각각 논의했을 때 그들의 대화를 구전화口傳化하여 전해 내려 온 것을 말한다.

〈미쉬나〉는 복잡하고도 언어적이며 일련의 계속적인 주해註解로서 모세율법을 풀어 설명한 것이나 어디까지나 객관적인 것이다.

이 주해서인 〈미쉬나〉는 할라카Halakha와 학가다Haggadah, 두 교훈으로 이루어져 있는데, 율법적인 교훈부분은 해당되고 설화적인 교훈부분은 후자에 해당이 된다. 할라카는 〈오경〉과는 다르며, 시내산에서 받은 계시로부터 파생하거나 그것을 토대로 발전한 구전전승을 보존하고 나타내기 위한 목적을 지닌다. 1~2세기에 랍비 아키바가 견해와 해석들을 수집하기 시작하고 랍비 메이르를 비롯한 그의 제자들이 이어갔다. 3세기초 유다 하나시는 새로 편집한 〈미쉬나〉를 완성했다

유대인 가정에서 출애굽을 기념하는 유월절의 저녁식사 예식을 집전할 때 사용하는 책이 학가다Haggadah다.

성문율법

성문율법의 시기는 모세 시대로부터 추정해 낼 수 있으나, 이는 점차적으로 보다 큰 문서집으로 발전하였다. 율법이라는 말은 수많은 서로 다른 의미를 갖고 있다. 이 낱말은 십계명으로 서술하기 위해 사용되기도 하는 데, 이는 가장 좁은 의미의 것이다.

보다 넓은 의미로는 율법이란 〈모세오경〉 즉 다섯 가지 율법책

을 뜻하였다. 보다 일반적인 의미로는 〈구약성경〉 전체를 뜻하기도 했다. 또한 〈미쉬나〉와 〈탈무드〉의 구전 율법을 포함하기도 했다. 성문율법과 그의 몇 구절들 중 쉐마는 가장 잘 알려져 있다.

율법은 가르침과 교육의 의미를 갖고 있다. 계명들은 삶의 방도에 대한 가르침이었다. 넓은 의미의 율법은 이 계명들의 함축의미에 대한 가르침이었다. 예언자들의 메시지도 율법이었다. 왜냐하면 그들은 모세율법의 의미와 가르침을 당대에 적용하였기 때문이다. 성경 시대 말기에 이르러 유대인들은 〈구약성경〉과 〈외경서〉들을 경전문서로 갖고 있었다.

이 〈외경〉들은 경전문서에 포함시키기는 하였으나, 보다 높은 권위를 부여하지 않았던 것이 이 문서들이었다. 대부분 문서들은 〈오경〉의 가르침을 포함하였다.

이 정규적인 교육 자료에 있어서 읽고 쓰기가 목적에 도달하기 위한 유일한 방도였다. 다른 과목들은 율법교육에 있어서 우연한 것들이었다. 우선 과학, 의학 사상은 율법 안에 삽입되어 있었다. 율법교육에 대한 이러한 강조 때문에 교육은 교양과 기억개발이라는 형태를 취했고, 특히 기억개발은 구전율법 보존에 매우 중요하였다.

유대교의 교과서는 〈구약성경〉이었지만, 이 〈구경〉은 여러 언어로 번역되었다. 비록 〈구약성경〉이 근본적으로는 히브리어로 되어 있었다고 할지라도, 그 속에 이미 아람어 구절들이 있었다.

특히, 〈에스라서〉와 〈다니엘서〉가 그러하였다. 몇 개의 〈외경〉

들은 헬라어로 기록되었다.

예컨대, 에스라서 4:8–6:18; 7:12–26; 다니엘서 2:4–7:28; 예레미야서 10:11 등이 아람어로 기록되어 있다.

성경연구를 위한 학술용어는 여전히 히브리어였지만, 포로 후기 시대에 평범한 사람들은 히브리어를 알아들을 수 없었다. 이러한 실정은 아람어 번역과 성경해설을 불가피하게 하였다. 즉, 〈아람어 성경Targums〉의 발전을 불가피하게 만들었다.

2

교육기관

히브리 민족의 교육체제는 단순한 기원으로부터 신약시대의 복잡한 체제에 이르러 장구하고 점진적인 발전의 결과였다. 구약 시대에 걸쳐 국립 교육체제 같은 것은 전혀 존재하지 않았다. 남자 아이들은 부모로부터 필요한 농경, 기술을 배웠고, 여자 아이들은 어머니로부터 가사 기술을 배웠다.

그러나 이스라엘 교육이 생계 교육과 하나님을 섬기게 하는 교육을 의미했으므로, 이들은 율법 읽기와 율법 이해의 필요성에 주의를 하여야 했다. 여기에 구약 시대에 있어서의 읽고 쓰는 능력의 문제가 놓여 있었다.

문자교육의 시작

BC 2,000년 초기의 고대 근동지방 전체에 걸쳐서 문자는 문명의 징표였다. BC 2,000년 무렵에는 알파벳이 개발되었고, 그 결과 읽고 쓰는 능력이 증가하였다. 이스라엘은 이 문화중심이 가까이 있었기 때문에 구약시대 전체에 걸쳐 문자기술을 향유했다고 생각할 수 있다.

구약시대 전체에 걸쳐 이스라엘에는 읽고 쓸 수 있는 사람들이 많았다는 것을 짐작할 수 있는데, 〈출애굽기〉에서 하나님과 모세가 대화하는 내용을 보면 알 수 있다. 모세는 십계명을 읽을 수 있었다.

> 그 때에 주님께서 모세에게 말씀하셨다. "너는 오늘의 승리를 책에 기록하여 사람들이 잊지 않도록 하고"(출애굽기 17:14).

확실히 모세는 읽고 쓸 수 있는 관리들의 도움을 받았던 것 같다.

광야 유랑기流浪期 동안 제사장들은 저주의 말을 기록하기도 했고(민수기 5:23), 사무엘은 왕의 권리와 의무를 기록하였다.(사무엘상 10:25). 다윗은 요압에게 편지를 썼고(사무엘하 11:14), 솔로몬은 또한 두로 왕 히람에게 편지하였다.(역대하 2:1-10).

서기관들은 인명목록을 썼고(역대상 24:6), 예언자 이사야도 글을 썼으며(이사야서 8:1), 예언자 예레미야는 그의 가르침을 비서 바룩에게 받아쓰게 하였다.(예레미야서 36:27).

이사야는 글자를 읽고 쓸 수 있는 사람과 문맹자를 구별하였으며(이사야서 29:12), "숲 속에는 겨우 몇 그루의 나무만 남아서, 어린 아이도 그 수를 기록할 수 있을 것이"(이사야서 10:19)라 하여 아이가 글을 쓴다는 사실을 언급하였다.

아이의 글쓰기 훈련은 가정에서 부모들에 의하여 히브리어로 행해졌다. 포로기와 포로후기에 있어서 교육의 영역은 보다 많은 개인들에게 확장되었고 이는 히브리어와 아람어로 수행되었다. 이러한 훈련은 계속 가정에서 이루어졌으나, 학교에서 서기관과 같은 특수한 사람들에 의해서도 이루어졌다.

가정교육에서 공적 교육기관으로

BC 4세기 헬라인이 유입되어 오면서 헬라어도 이스라엘 교육에서 사용되었다. 그러므로 우리는 가정교육에서 발전된 학교교육으로 이스라엘 교육이 점차로 발전해 갔음을 알 수 있다.

처음에는 부모, 또는 보모, 교사는 상위계급에 고용되어 있었다는 사실은 다음과 같은 〈구약성경〉 구절에서 찾아 볼 수 있다.

[보모들 경우]

이웃 여인들이 그 아기에게 이름을 지어주면서 "나오미가 아들을 보았다!"하고 환호하였다. 그들은 그 아기의 이름을 오벳이라고 하였다. 그가 바로 이새의 아버지요, 다윗의 할아버지이다.(룻기 4:17).

[교사의 경우]

편지가 성읍의 지도자들에게 전달되자, 그들은 왕자들을 잡아서 일흔 명을 모둑 죽인 다음에, 그들의 머리를 광주리에 담아서, 이스르엘에 있는 예후에게 보냈다.(열왕기하 10:7).

학자들은 초기 왕정에 해당하는 BC 10세기에 이르러 농부들 가운데서도 글을 읽고 쓸 수 있는 자가 있었다는 증거가 남아 있다고 주장한다. 비록 문자 해독이 보편적인 것을 아니었을지라도, 이는 광범위하게 퍼져 있었다는 것이다.

실로암의 명문銘文, 라기스의 문자들, 상형문자 파피루스 등에 대한 언급은 이미 일상생활에 문자가 널리 퍼져 있었음을 말해 준다. 더욱이 초서체의 발전은 대중에 의한 문자의 광범위한 사용을 가리킨다.

〈마카비상〉 1장 56절을 보면, 율법의 사본이 가정에 비치되어 있었음을 알 수 있다. 학생들의 탈무드 문자와 기록은 왕정시대에 있어서의 문자해독의 높은 수준을 말해 준다.

문자 해독의 발전과 함께 교육목표의 변화도 일어났다. 이스라엘 교육의 기본목적은 종교적인 것이었는데, 이 목적의 가장 중요한 뜻은 역사적 유산의 전수를 위하여 이스라엘 사람들은 그들의 역사를 가르쳐야 한다는 것이다. 이스라엘 민족교육에서 선조들의 역사를 가르치는 것이 필수인 전통은 이때부터 형성되었다.

> 여러분은 주님께서 여러분에게 주시겠다고 약속하신 땅에 들어가거든, 이 예식을 지키십시오.
> 여러분의 아들딸이 여러분에게 '이 예식이 무엇을 뜻합니까?' 하고 물을 것입니다.
> 그러면 여러분은 그들에게 '이것은 주님께 드리는 유월절 제사다.
> 주님께서 이집트 사람을 치실 때에, 이집트에 있던 이스라엘 자손의 집만은 그냥 지나가셔서,
> 우리의 집들을 구하여 주셨다'하고 이르십시오."
> 백성은 이 말을 듣고서, 엎드려 주님께 경배를 드렸다.(출애굽기 12:25-27).

그들은 율법 가르치는 일을 늘 기억하고 있어야 했다. 그 목적은 윤리적 유산을 전수하는 것이었다. 민족이 자기 고유의 언어와

글자를 갖고 있는 것은 대단한 축복이다. 글자에 '민족 혼'이 담겨져 있기 때문이다.

글자는 민족의 경험과 유산, 그리고 조상들의 지혜를 후손에게 전해 줄 수 있는 중요한 도구이다.

> 당신들은 오로지 삼가 조심하여,
> 당신들의 눈으로 본 것들을 잊지 않도록 정성을 기울여 지키고,
> 평생 동안 당신들의 마음속에서 사라지지 않도록 하십시오.
> 또한 그것을 당신들의 자손에게 길이 알리십시오.
> 당신들이 호렙산에서 당신들의 하나님이신 주님 앞에 섰던 날에,
> 주님께서 나에게 말씀하셨습니다. '이 백성을 나에게로 불러 모아라.
> 내가 그들에게 나의 말을 들려주어서,
> 그들이 이 땅에서 사는 동안에 나를 경외하는 것을 배우고,
> 또 이것을 그들의 아들딸에게 가르치게 하려고 한다.'(신명기 4:9-10).

유대인들은 고대로부터 히브리어라는 자기들의 언어와 글자를 갖고 있었다. 히브리어는 BC 2,000년대 중엽에 생겨난 언어이다. 〈구약성경〉도 히브리어로 쓰였다. 이미 BC 13세기 무렵에 쓰인 히브리어 〈성서〉도 존재한다. 히브리어는 BC 6세기 바벨론에 끌려가서도 쓴 언어이다.

움 엘-카나티르 회당 옛터

유대교 자체가 책으로 전수되는 종교인데, 유대인들은 그들의 종교를 지키기 위해서도 외지에 나가서도 그들의 글자를 지켰다. 유대인의 5,000년 역사가 현재에도 살아 숨 쉴 수 있는 기반이 바로 이것이다.

로마 시대 2차 디아스포라離散로 민족이 흩어지자 유대 현자들은

유대 종교가 지역에 따라 변질되는 것을 막기 위해 예배 의식을 표준화하였다. 그리고 그들 고유의 언어가 훼손될까 우려하여 히브리어 사전과 문법을 기록했다. 덕분에 지금도 히브리 사람들은 현대 히브리어를 읽을 줄 알면 고대 히브리어 독해가 가능하다.

회당 설립

유대인은 3,000년 전부터 학교를 운영한 민족이다. 아마도 오늘날 '회당'이라고 부르는 조직체는 바벨론 포로기 동안 하나의 조직체로서 발전했을 것으로 본다. 〈구약성경〉 〈시편〉 74편 8절에 '유대인의 회당'을 뜻하는 히브리어 단어 '모앗'이 등장하는데, 〈70인역〉에서는 이스라엘의 집회를 언급하기 위해 여러 번 헬라어 '수나고게συναγωγή'를 사용하였다.

비록 유대인 회당의 기원이 불확실하다고 할지라도 그 중요성은 인정하지 않을 수 없다. 유대교에 있어서 그 성격을 부여해 준 것이 바로 이 조직체이기 때문이다.

포로 전기에 있어서 이스라엘의 예배는 성전과 희생제사에 집중되어 있었다. 성전이 파괴되자 이 초점은 변경되었다. 포로기에 걸쳐서 예루살렘 예배는 불가능하였다. 당신 유대인 회당은 〈구약성경〉과 기도문 교육을 위한 장소로서 시작하였다.

이때로부터 예배가 유익한 목적은 아니라 할지라도 중심적인 목적이 되었고, 그와 함께 유대인 회당의 행정적 기능을 뒷전으로 물러가게 만들었다.

AD 70년 이후 에스겔 11:16의 말씀,

그러므로 너는 그들에게 일러라.
'나 주 하나님이 이렇게 말한다. 비록 내가 그들을 멀리 이방 사람들 가운데로 쫓아 버렸고,
여러 나라에 흩어 놓았어도, 그들이 가 있는 여러 나라에서 내가 잠시 그들의 성소가 되어 주겠다'하여라.

이 구절은 세계 각 처에 흩어진 디아스포라에서 이스라엘이 잃어버린 성전을 대신하기 위해 축소판 회당을 마련한 것으로 해석되어 왔다.

서기관 양성 학교

구약시대의 공적인 형태의 교육 존재를 두고 학자들 사이에는 찬반 논란이 이어지고 있다. 공적인 형태의 교육의 존재를 부정하는 학자들은 고고학적인 근거가 부족한 것에 더하여 구약의 왕조시대에는 문맹률이 높았고 대부분의 교육은 구전에 의존했다고 전제한다.[32)]

상당수 학자들은 〈구약성경〉의 공적 교육의 유무를 판단하는데 현대식 학교 개념을 사용하곤한다. 이들은 부모가 아닌 교육자가 교육비를 받고 일정한 규모의 학생들에게 특정한 내용을 가르치는 것을 학교라 규정하고, 이런 형태의 학교는 고대 메소포타미아

32) 기동연(2015). 구약시대의 공적인 형태의 신앙교육. **성경과 신학**. 제75집, 개혁신학회, 37.

와 이집트에는 존재했었지만 구약 시대의 이스라엘에는 존재하지 않았다고 한다.[33)]

그러나 〈구약성경〉 곳곳에는 일반 백성들을 대상으로 한 공적인 형태의 신앙교육의 존재 가능성을 보여주는 표현들이 있다. 학자들은 고대 메소포타미아와 이집트에 공적 교육의 존재를 뒷받침하는 중요한 요소 중에 하나로 서기관 학교의 존재를 제시한다. 이집트에서는 고왕국 시대부터 서기관들이 있었고, 이들은 자신의 자식에게 서기관 교육을 시켰다. 중왕국 시대에는 서기관 학교가 있었고 서기관들은 사람들로부터 존경 받는 지위를 누렸다.

고대 메소포타미아의 경우에도 "서기관의 기술은 연설가들의 어머니이고 학자들의 아버지이다"는 수메르 잠언에서 볼 수 있듯이 수메르 시대부터 서기관들이 활동하였다.[34)]

학자들의 일반적인 주장과는 달리 구약성경도 고대 이스라엘에 다양한 서기관들이 있었고 이들을 양성하는 교육기관의 존재 가능성을 보여준다.

〈역대상〉 2:55절에 의하면 유다 지역의 야베스에 살았던 디랏과 시므앗과 수갓 종족들은 서기관 종족들이었다고 한다. 이것은 디랏과 시므앗과 수갓 종족의 주요 역할 중에 하나가 교육을 통해 서기관들을 지속적으로 배출하였을 뿐만 아니라 서기관을 전문적으로 양성하는 종족들이었고 여러 세대에 걸쳐 서기관 교육을 이어왔음을 의미한다.[35)]

---

33) James, L. Crenshaw(2006). Education in Ancient Israel. *Journal of Biblical Literature* 104 Epigraphic Evidence. BASOR 344. 47–74.

34) 기동연(2015). **같은 책**, 38에서 재인용.

35) 기동연(2015). **같은 책**, 39에서 재인용.

(야베스에 사는 서기관 족은 디랏 족과 시므앗 족과 수갓 족이며, 이들이 레갑 가문의 조상 함맛에게서 나온 겐 족이다.)(역대상 2:55).

레위 사람 느다넬의 아들 서기관 스마야가, 왕과 지도자들과 제사장 사독과 아비아달의 아들 아히멜렉과 제사장과 레위 사람 가문의 지도자들이 지켜 보는 앞에서, 엘르아살과 이다말 가문 가운데서 한 집씩 제비를 뽑아, 그들의 이름을 기록하였다.(역대상 24:6).

다윗의 삼촌 요나단은 고문이며 서기관이다. 그는 사리에 밝은 사람이다. 하모니의 아들 여히엘은 왕자를 돌보았다.(역대상 27:32).

구약 시대의 서기관 교육과 서기관 직업은 특정 계층에 한정되지 않고 다양한 계층의 사람들에게 열려 있다. 레위 사람 느다넬의 아들이 서기관으로 다윗의 제사장 직분 배정을 기록하였다고 한다.(역대상, 24:6). 당시의 서기관들 중에 레위인들이 상당수 있었다.(역대상 27:32).

구약 시대에 서기관들은 다양한 분야에서 활동하였으며, 저술과 교육에도 참여하였다. 왕실 서기관(사무엘하 8:17), 성전 서기관(역대하 14:11), 군대 징집 서기관(열왕기하 25:19), 개인의 서기관(예레미야 36:26, 바룩)들이었는데, 특히 왕실 소속 서기관들은 아주 중요한 지위를 차지했기 때문에 다윗 정부의 핵심 인사들을 열거하는 목록에는 서기관을 제사장 다음에 언급(사무엘하 8:17)되며, 때에 따라서는 제사장들보다 먼저 언급되기도 한다(열왕기하 22:3).

상당수의 서기관들은 교육 활동에 참여하였다. 잠언 25:1절은 히스기야의 신하들이 솔로몬의 잠언을 편집하였다고 하는데, 이들은 서기관이었을 것이다. 역대하 17:7절에 의하면 유다 왕 여호사

밧이 그의 방백 5명을 유다 성읍들에 보내어 가르치게 하였다.

이런 다양한 계층의 서기관 존재들과 활동은 가정 밖에서 공적인 형태의 교육의 존재를 뒷받침한다.

> 그는 왕이 된 지 삼 년째 되는 해에, 지도자들인 벤하일과 오바다와 스가랴와 느다넬과 미가야를 유다 여러 성읍에 보내어, 백성을 가르치게 하였다.
> 그들과 함께 레위 사람들, 곧 스마야와 느다냐와 스바댜와 아사헬과 스미라못과 여호나단과 아도니야와 도비야와 도비도니야, 이런 레위 사람들을 보내고, 또 그들과 함께 제사장 엘리사마와 여호람을 보냈다.
> 그들은 주님의 율법책을 가지고 유다 전국을 돌면서 백성을 가르쳤다. 그들은 유다의 모든 성읍을 다 돌면서 백성을 가르쳤다.(역대하 17:7=9).

알파벳의 사용

〈신명기〉 6:9절에 있는 이스라엘 백성들에게 '쉐마 이스라엘'을 문설주와 바깥 문에 기록하라고 한다. 이것은 이스라엘 모든 사람들이 글을 읽고 쓸 수 있음을 전제하며, 글을 읽고 쓰는 교육이 있었음을 보여준다.

기동연(2015)의 연구에 의하면 모세 시대의 메소포타미아와 이집트에는 문자가 있었지만 95% 이상의 사람들이 문맹이었다고 한다.[36] 이집트의 고왕국 시대에는 상형문자의 문자 수가 1,000개 정도였고 톨레미 시대에는 수천 개로 증가하였기 때문에 문자를 공부하는 것은 매우 힘든 일이었다.

---

36) 기동연(2015). **같은 책**, 40에서 재인용.

메소포타미아의 경우도 마찬가지다. 메소포타미아의 쐐기형 문자의 기본 문자는 약 170개였기 때문에 지능이 뛰어나고 인내심이 깊은 학생이 아니면 문자를 배우기 어려웠다. 반면에 이스라엘은 가나안 정착 초기부터 알파벳을 사용하였다.

이스라엘이 어떤 경로를 통해 알파벳을 알게 되었는지는 알 수 없지만, BC 158년 무렵에 활동한 헬라계 유대인 역사가 유폴레무스Eupolemus는 다음과 같은 말을 남겼다.[37]

> 모세는 첫 번째 지혜로운 사람이었고, 그는 알파벳을 유대인들에게 가르쳤고,
> 유대인들은 이를 페니키아 사람들에게 전했고, 페니키아 사람들은 그리스로 전했다.
> 그리고 모세는 처음으로 유대인들을 위해 율법을 기록했다.

이스라엘 민족은 가나안 정착 초기부터 히브리어 알파벳을 알았고, 읽고 쓰기를 배울 수 있었다.

가나안에서 출토된 문헌들을 보면 도시들뿐만 아니라 시골에 살았던 일반 평민들도 글을 읽고 쓸 수 있었음을 보여준다.

〈구약성경〉에도 이스라엘 백성들이 읽고 쓸 능력을 가지고 있었음을 보여주는 표현들이 곳곳에 있다. 〈신명기〉 24:1-4절은 이혼할 경우, 이혼 증서를 써 주라고 하는데, 이것은 이혼하는 사람이 글을 쓸 수 있고, 이혼 당하는 사람은 읽을 수 있음을 전제한다.

---

37) 기동연(2015). **같은 책**.

> 남녀가 결혼을 하고 난 다음에, 남편이 아내에게서 수치스러운 일을 발견하여 아내와 같이 살 마음이 없을 때에는, 아내에게 이혼증서를 써주고, 그 여자를 자기 집에서 내보낼 수 있습니다.
> 그 여자 그의 집을 떠나가서 다른 남자의 아내가 되었는데, 그 둘째 남편도 그 여자를 싫어하여 이혼증서를 써주고 그 여자를 자기 집에서 내보냈거나, 그 여자와 결혼한 둘째 남편이 죽었을 경우에는 그 여자와 결혼한 이미 몸을 더렵혔으므로, 그를 내보낸 첫 번째 남편은 그를 다시 아내로 맞아들일 수 없습니다.
> 이런 일은 주님 앞에서 역겨운 일입니다. 당신들은 주 당신들의 하나님이 당신들에게 유산으로 주신 땅을 죄로 물들게 해서는 안 됩니다.(신명기 24:1-4).

〈여호수아기〉 18:4-10에서 여호수아는 매 지파 3명을 정탐꾼으로 보내어 가나안 땅을 일곱 부분으로 나누어 기록하게 하였고, 이들은 정보를 책에 기록하여 왔다고 한다.(여호수아기 18:9). 이것은 이들 36명뿐만 아니라 기록해 온 것을 읽을 수 있는 사람들을 포함해서 상당수의 군인들이 읽고 쓸 수 있었음을 알 수 있다.

〈사사기〉 8:13-14에 의하면 기드온이 붙잡아 심문한 한 소년이 숙곳 방백과 장로 77명의 이름을 기록했다고 한다. 소년의 신분은 알 수 없지만, 이 기록은 이스라엘의 평범한 소년 중에도 글을 읽을 수 있는 사람이 있었음을 보여준다.

이스라엘 백성들의 읽고 쓰는 능력은 그들의 역사 후반부에서도 크게 변하지 않았다.

고대세계에 있어서 유대인의 공동체가 존재하였던 곳에는 어디에서나 유대인 회당이 존재하였다. 유대인 회당에는 제단이 없었다. 율법과 기도문 낭독이 희생제사를 대신하였다. 유대인 회당은 새로운 사회적, 종교적 삶의 중심이 되었다.

디아스포라 전체에 걸쳐 유대인 성인 남자가 있는 곳에서는 어디에서나 유대인 회당이 존재했고 이들은 그 백성이 어느 곳에 있든지 그들에게 하나님의 임재를 가져다주었다. AD 70년에 예루살렘 성전이 파괴된 이후 유대인들은 세계를 유랑하는 민족이 되었지만 그들은 어디를 가나 제일 먼저 그들의 회당인 '시너고그'를 지었던 것이다.

랍비의 등장

시너고그는 물론 예배당의 의미를 가지고 있다. 하지만 배움의 장소이자 공동체의 구심점이 되는 집합 장소이다. 시너고그는 일반적인 그리스도 교회와는 상당히 다르다. 그리스도 교회에는 목사나 사제가 있어서 예배를 집전하지만, 시너고그에는 그런 사람이 없다. 단지 랍비가 있을 뿐이다.

랍비는 성직자가 아니다. 일반 평신도이다. 단지 많이 배운 학자이기 때문에 유대인 지역 사회의 지도자이며 재판관이기도 하다. 힘든 일이 있을 때 인생을 상담하는 친구이다. 당연히 랍비는 일반신도들보다 높은 곳에 서서 설교를 하거나 예배를 주도하지도 않는다.

예배, 교육, 공동체 치리治理가 유대인 회당의 목적이었다. 예배와 교육의 목적은 종종 단일한 행동 안에서 수행되었는데, 그 까닭은 유대인 회당에 있어서 예배가 교육의 성격을 띠었기 때문이다. 이처럼 유대인 회당의 제1목적이 대중적인 율법교육이었다고 할 수 있다.

〈미쉬나(메길라 4:3)〉에 따르면 유대인 회당의 예배의식은 다섯 가지 부분으로 이루어져 있었다.

(1) 쉐마Shema, 즉 신명기 6:9-11; 13-21; 민수기 15:37-41이 낭독된다.
(2) 유대인 회당 기도문, 예컨대 18개의 감사 기도문이 암송되었다. 이 기도문의 핵심에는 이스라엘이 선조들의 땅으로 복귀하고 하나님의 영광이 예루살렘에 재건된 성전 으로 다시 돌아오기를 바라는 주제가 있다.
(3) 율법낭독
(4) 예언서 낭독
(5) 감사기도

많은 사람들이 히브리어를 알아듣지 못하였으므로 일과의 해설은 아람어로 주어졌고, 주석과 권고는 랍비들이 안내했다. 이 예배의식 부분은 히브리어 낭독 이후에 행하여졌고, 감사기도와 연결되었다. 이러한 순서는 후대의 관행절차였다. 예언자 느헤미야는 회당에서의 예배절차를 이렇게 기록하였다.

> 하나님의 율법책이 낭독될 때에, 그들이 통역을 하고 뜻을 밝혀 설명하여 주었으므로, 백성은 내용을 잘 알아들을 수 있었다.(느헤미야서 8:8).

유대인 회당교육은 세계 최초의 공교육이자 의무교육이었다. 또한 이것은 세계 최초의 민족 집단 종교교육이기도 했다. 이렇게 유대인은 기원전부터 의무교육을 시행한 민족이다.

율법 학교 등 고등교육에 대한 무상교육도 그 즈음에 시작되었다. 고등교육에 대한 무상교육은 BC 1세기 랍비 힐렐Hillel이 주도했다.

유대인 회당은 대중적인 성인 교육체제를 마련하였는데, 여기서 율법이 매주 연구되었다. BC 6세기에 성전이 파괴되자 유대인 회당의 탁월성이 드러났고, 이는 포로기 이후 이스라엘에 있어서 가장 지속적이고 광범위한 조직체가 되었던 것이다.

유대인 회당의 영향 아래서 모든 유대인들이 율법학도가 되었다. 그러므로 만일 유대인 회당이 없었다면 유대인은 결코 존재하지 않게 되었을 것이 분명하다.

유대인 학교와 학원

구약성경 여러 곳에서 예언자들이 이스라엘의 최초의 학교를 책임지고 있었음을 알 수 있다. 처음부터 예언자들의 교육상의 역할은 명백하였다. 그들은 모세를 그들의 근거를 지어 준 인물로서, 탁월한 예언자로서 회상했다.

> 그 뒤에 이스라엘에는 모세와 같은 예언자가 다시는 나타나지 않았다. 주님께서는 얼굴과 얼굴을 마주 대고 모세와 말씀하셨다.(신명기 34:10).

모세는 "주 당신들의 하나님은 당신들의 동족 가운데서 나와 같은 예언자 한 사람을 일으켜 세워 주실 것이니, 당신들은 그의 말을 들어야 합니다."(신명기 18:15)라고 말함으로써 예언자의 이상형을 구체화시켰다.

예언자들은 이스라엘 전체의 교사로서 간주되었다. 이스라엘 왕정 초기에 이르러 예언자직이 생겼다. 예언자 집단(사무엘상 10:5; 10; 19:20)은 '선지자의 무리'로 서술되었다. '선지자의 아들들'은 예언자로부터 가르침을 받는 제자들이었다.

〈구약성경〉 예언서 가운데에는 예언자들이 그 제자들을 가르쳤다는 내용이 기록되어 있다.(열왕기상 19:16; 열왕기하 2:3; 열왕기하 4:38-41) 이 구절에서는 '예언자 수련생들'이 스승 엘리사와 대화를 나누고 있는 장면이 나온다.

예언자들의 가르침은 율법에 집중되어 있었을 것이며, 당시대에 유효적절한 해석 문제를 설명하였을 것이다.

보다 형식적인 의미에서의 학교발전은 유대인 회당의 성장과 관련되어 있었다. 유대인 회당의 기원시기가 약간의 애매성이 있는 바와 같이, 이스라엘의 학교체제 기원 문제도 사정을 마찬가지이다. 물론 이것은 학교체제가 포로시기에 작동했다는 것을 뜻하지는 않는다.

오히려 학교의 발전이 헬라문화의 영향 아래 이루어졌다는 가정이 보다 개연성이 높다. 그러면 학교체제의 기원은 BC 4세기나 그 후대가 될 것이다.

의무교육체제

〈마카비상〉 1장 56절을 보면, 왕정 시대에 문자 해독력이 광범위하게 퍼지게 되어 많은 가정에 율법책이 존재하게 된 것을 볼 수 있다. BC 1세기에 있어서 랍비문서들은 학교의 의무교육 체제를 바리새파 사람들의 덕택으로 돌리고 있었다.

BC 76-67 무렵 바리새파는 인기있는 당파였다. 랍비의 지도 아래 학생들은 율법의 해석과 그 적용을 토론하였다. 이 토론들이 규범적 유대교의 기초가 되었다.

〈신약성경〉의 대부분(13편의 편지)을 기술한 사도 바울은 바리새인 가말리엘 학원에서 교육을 받았다. 가말리엘은 힐렐의 손자였으며, 당시의 지도자급 교사였다. '연구의 집[בת המדרש]'에 대한 최초의 언급은 〈집회서[Ecclesiasticus]〉 51:23절에 나온다.

미쉬나에 나오는 대집회나 또는 대유대인 회당 사람들에 대한 언급은 아마도 이 학원을 말하는 것이라 생각한다.

유대인 회당의 비호 아래 초등학교와 중등학교가 성장해 갔다. 초등학교는 보통 유대인 회당 안이나 근처에서 운영되었다. 보통 교사들이 유대인 회당을 치리하였다. 중등학교나 학원은 보통 유대인 회당에서 떨어져 있었고 성전 경내나 선생 자신의 집에서 운영되었다. 유대인 회당, 초등학교, 학원 등 이 세 조직체의 영향을 통하여 모든 유대인은 율법학도가 되었고, 바로 이 조직체들이 유대인을 〈구약성경〉의 민족이 되게 했다.

Chapter 6
누가 가르치는가?

〈구약성경〉의 주인공은 하나님이시다.
그것은 히브리인들은 모든 세상의 주인도 하나님이시고
하나님의 뜻을 인간에게 계시한 것도 하나님이시라고 믿고 있기 때문에
〈성경〉을 가르치는 분 역시 하나님이시라고 믿는다.

1

교사의 원형, 하나님

〈구약성경〉에서 하나님은 특정한 목적을 위해 사람들을 선택하시고 부르셨다. 아브라함은 갈대아 우르에서 땅과 후손에 대한 약속과 더불어 믿음의 조상으로 부르심을 받았다. 모세는 호렙산에서 이집트의 고난 받는 이스라엘을 구원하라는 사명을 받았다.

가나안 정착 이후 이스라엘 백성들을 압제하는 이방 민족으로부터 해방시키기 위해 사사들을 부르셨다. 하나님은 사무엘을 통해 사울과 다윗을 이스라엘 왕으로 선택하셨다. 왕정시대에 기름부음을 통해 왕, 제사장, 예언자들이 부르심을 받았다.

남유다의 왕은 다윗왕의 혈통을 따라 계승되었지만, 북이스라엘은 예언자들을 통해 세움을 받았다. 제사장들은 레위지파에서 태어남으로 제사장의 직분을 감당하게 되었다. 예언자들은 하나님의 분명한 부르심으로 사역을 감당하게 되었다. 예언자들의 소명은 그들의 소명기사를 통하여 하나님으로부터 부르심을 받았음을 알 수 있다.

그러므로 〈구약성경〉이 유대인의 민족교육의 교과서이자 교육의 지침서라면 〈구약성경〉을 가르치는 자, 즉 교수요원instructor은 우선 가장 직접적인 가르침을 준 자는 하나님을 생각할 수 있고, 다음으로는 하나님으로부터 교수자의 역할을 위임받은 사람들, 말하자면 하나님으로부터 부르심을 받은 사람들이라 할 수 있다.

여기에서는 〈구약성경〉의 교수요원을 주인공이신 하나님과 부르심을 받은 사람들, 이 두 부류로 나누어 살펴본다.

이 책의 앞부분에서 언급한 바와 같이 〈구약성경〉의 주인공은 하나님이시다. 그것은 히브리인들은 모든 세상의 주인도 하나님이시고 하나님의 뜻을 인간에게 계시한 것도 하나님이시라고 믿고 있기 때문에 〈성경〉을 가르치는 분 역시 하나님이시라고 믿는다.

히브리 사람들은 모든 진리가 하나님으로부터 온다고 굳게 믿었다. 이 하나님은 인간에게 그 자신의 복지에 필요한 지식을 제시해 주시는 창조주요, 심판주요, 구속자이시다. 그러므로 히브리인들은 인간의 복지가 하나님과의 만족스러운 관계에 의존한다고 생각했다.

교육자 하나님

교육에 대한 히브리적 접근은 그들의 계시 이해에서 싹튼 것이다. 인간이 지식을 가질 수 있다면 이는 오직 하나님께서 자신을 인간에게 계시하셨기 때문이다. 결국 이스라엘에 있어서 하나님은 제1차적으로 교육하시는 분이었다. 하나님은 '스승'으로 불렀다.

> 비록 주님께서 너희에게 환난의 빵과 고난의 물을 주셔도, 다시는 너의 스승들을

숨기지 않을 것이니, 네가 너의 스승들을 직접 뵐 것이다.(이사야서 30:20).

예언자 이사야는 백성들이 지식을 위해 우상이나 죽은 자에게 물을 것이 아니라 반드시 하나님께 물어야 한다고 생각했다. 하나님께서는 스승으로서 그의 백성으로 하여금 그의 말씀을 듣도록 촉구했다.

내 백성들아, 내 교훈을 들으며, 내 말에 귀를 기울여라.
내가 입을 열어서 비유로 발하며, 숨겨진 옛 비밀을 밝혀 주겠다.(시편 78:1-2).

그러므로 유일하신 스승인 하나님을 누가 가르쳤을까 하고 묻는 것은 건방진 행동으로 간주되었다.

하나님은 높은 곳에 있는 자들까지 심판하는 분이신데 그에게 감히 지식을 가르칠 수 있겠느냐?(욥기 21:22).

누가 주님의 영을 헤아릴 수 있겠으며, 주님의 조언자가 되어 그를 가르칠 수 있겠느냐?
그가 누구와 의논하시는가? 공평의 도리를 가르쳐 드리는가?
누가 그에게 지식을 가르쳐 드리며, 슬기로운 처세술을 가르쳐 드리는가?(이사야서 40:13-14).

이 질문에 대하여 추정된 답변은 "그 누구도 아니라"는 것이다. 하나님에 의하여 주어진 교육내용은 율법이었다. 율법의 가르침은 또한 "우리가 이것을 숨기지 않고 우리 자손에게 전하여 줄 것이니, 곧 주님의 영광스러운 행적과 능력과 그가 이루신 놀라운 일들을 미래의 세대에게 전하여 줄 것"(시편 78:4)을 포함하였다.

시편 기자는 "나를 도우셔서, 주님의 법도를 따르는 길을 깨닫게 해주십시오. 주님께서 이루신 기적들을 묵상하겠습니다."(시편 119:27)라고 말했다. 율법의 교육과 하나님의 역사상의 활동은 뗄 수 없이 결합되어 있었다.

하나님께서 그의 백성을 가르치는 데 사용한 방법은 연단의 형태였다. 그가 가르치신 바의 본질은 율법이었다.

> 하나님이 친히 말씀하여 주시는 교훈을 받아들이고, 그의 말씀을 네 마음에 깊이 간직하여라.(욥기 22:22).

> 주님, 주님께서 꾸짖으시고 주님의 법으로 친히 가르치시는 사람은 복이 많은 사람입니다.(시편 94:12).

> 내가 걸어온 길을 주님께 말씀드렸고, 주님께서도 나에게 응답하여 주셨으니,
> 주님의 율례를 내게 가르쳐 주십시오.(시편 119:26).

미래의 희망은 하나님께서 그 백성을 가르치실 것임을 말하셨다.

> 나 주가 너의 모든 아이를 제자로 삼아 가르치겠고, 너의 아이들은 번영과 평화를 누릴 것이다.(이사야서 54:13).

그 때가 오면, 내가 이스라엘 가문과 유다 가문에 새 언약을 세우겠다.
나 주의 말이다.(예레미야서 31:31).

율법은 하나님에 의하여 직접 인간에게 가르쳐지는 것은 아니었다. 율법은 사람들을 통하여 모세와 제사장들, 예언자들과의 그의 종을 통해 전달되었다. 하나님은 교사의 원형을 깨우쳐 주셨으나, 율법은 모세를 통하여 이스라엘은 다음 세대를 교육시키라는 계명을 받았다.

당신들은 오로지 삼가 조심하여, 당신들의 눈으로 본 것들을 잊지 않도록 정성을 기울여 지키고, 평생 동안 당신들의 마음속에서 사라지지 않도록 하십시오.
또한 그것을 당신들의 자손에게 길이 알리십시오.
당신들이 호렙산에서 당신들의 하나님이신 주님 앞에 섰던 날에, 주님께서 나에게 말씀하셨습니다. '이 백성을 나에게로 불러 모아라. 내가 그들에게 나의 말을 들려주어서, 그들이 이 땅에서 사는 동안에 나를 경외하는 것을 배우고, 또 이것을 그들의 아들딸에게 가르치게 하려고 한다.'(신명기 4:9-10).

하나님께서 지식과 계시의 원천, 이스라엘에서의 교사의 원형을 깨닫게 하시었다. 그는 다른 사람들에 교육을 행하라는 계명을 주셨고, 또한 그들을 통해 지식을 전달하여 주셨다. 그는 계명을 주셨을 뿐 아니라 사람들에게 가르침을 베풀도록 영감을 불어 넣어 주셨다.

그에게 하나님의 영을 가득하게 하시고, 지혜와 총명과 지식과 온갖 기술을 갖추게 하셨습니다.

> 그래서 그는 여러 가지를 생각해 내어, 그 생각해 낸 것을 금과 은과 놋으로 만들고, 온갖 기술을 발휘하여, 보석을 깎아 물리는 일과, 나무를 조각하는 일을 하게 하셨습니다.
> 또한 주님께서는 그와 단 지파 사람 이히사막의 아들 오홀리압에게는 남을 가르치는 능력도 주셨습니다.
> 주님께서는 그들에게 기술을 넘치도록 주시어, 온갖 조각하는 일과 도안하는 일을 할 수 있게 하시고, 청색 실과 자주색 실과 홍색 실과 가는 모시 실로 수를 놓아 짜는 일과 같은 모든 일을 할 수 있게 하시고, 여러 가지 고안하게 하셨습니다.(출애굽기 35:31-35).

하나님께서 계명도 영감도 주지 않으셨다면 그들의 가르침에 주의가 집중되지는 않았을 것이다.

2
부르심을 받은 사람들

1) 아버지와 어머니

유대교육의 최초 현장인 가정

〈구약성경〉에 나타난 유대인의 가정은 교회요, 학교이며 삶의 장이었다. 가정에서 부모는 자녀를 교육하는 교사였다.

유대인의 가정은 성전의 개념을 가지고 있다. 하나님이 태초에 남자와 여자를 창조하시고 가정을 이루게 하셨는데(창세기 2:18-24), 여기에서 최초의 남자인 아담과 최초의 여자인 하와가 이룬 가정이 성전의 기원基源이 된다.

유대 민족에게 있어서 가정은 생동적인 신앙 전승의 장소이다. 히브리 사람들의 연속되는 역사적 변화와 정치적인 소용돌이 속에서도 민족 공동체로서 하나로 유지될 수 있었던 것은 출애굽 사건이 큰 역할을 했다.

이 사건이 증언될 때마다 그 사건의 주역이신 하나님의 약속은 히브리인들의 가슴 속에 되새겨져 내려왔다.

당신들은 오로지 삼가 조심하여, 당신들의 눈으로 본 것들을 잊지 않도록 정성을 기울여 지키고, 평생 동안 당신들의 마음속에서 사라지지 않도록 하십시오. 또한 그것을 당신들의 자손에게 길이 알리십시오.(신명기 4:9).

히브리인의 교육 시대에 가정을 성전과 함께 중요한 교육 현장이었고, 포로 생활 이후에도 가정은 희망과 함께 중요한 교육 현장으로 연결되었다. 포로가 되어 히브리인들이 이방 권력의 압작 속에서 살았을 때, 그들이 가장 중요하게 생각했던 문제는 종교적 신앙과 생활을 위협하는 정체성의 위협이었다.

유대인들이 한결같이 야웨 신앙을 갖도록 철저히 한 것은 그 신앙을 중심으로 온 민족이 하나 되게 하려는 공동체 결속의 작업이었다. 우르에서 건너 온 아브리함의 후예인 유목민들과 애굽으로부터 탈출하여 자기 땅이 없었던 이스라엘 사람들이 이방신들과 민족들 틈 사이에서 살아남을 수 있었던 방법은 신앙으로의 하나됨이었다.[38]

이처럼 히브리인 교육은 부모 교육으로부터 출발했으며, 자녀들은 교육받은 부모들을 통하여 자연스럽게 연쇄적인 지도를 받았다. 유대인의 부모들은 자신들이 조상 대대로 전수받은 신앙의 유산을 자녀들에게 잘 전수해야 한다는 것에 대한 책임감을 가지고 있었다. 유대 부모들은 자녀들에게 좋은 음식을 주고 좋은 옷을 입히는 것보다 신앙 교육을 더 중요하게 여겼다.

---

38) 은준관(1994). **교육신학**. 서울: 대한기독교서회. 88-94.

따라서 유대인에게 좋은 부모란 육적인 만족을 주는 것보다는 신본주의 사상, 즉, 〈토라〉를 자녀들에게 가르치는 부모를 말한다.[39]

유대인 자녀교육에 있어서 가장 중요한 교사는 아버지다. 아버지는 그 가정의 제사장이면서 또한 교사다. 구약시대에서 여성을 〈토라〉를 만질 수 없고, 남성만이 토라를 만질 수 이었기에 유대가정에서 자녀에게 토라를 가르치는 선생은 어머니가 아니라 아버지다.

유대인 아버지는 〈토라〉 사상과 하나님 중심주의 사상을 자녀에게 심어준다. 유대인 가정에서는 아버지의 권위를 절대시하기 때문에 모든 일에 가족끼리 의논은 하지만 최종적으로 결정을 내리는 것은 아버지의 몫이다. 그들은 아버지의 권위가 자녀들의 정신적인 성장과 신앙적인 성장에 중요한 요인으로 작용한다고 믿는다.

아이들아, 너희는 아버지의 훈계를 잘 듣고,
명철을 얻도록 귀를 기울여라.
내가 선한 도리를 너희에게 전하니,
너희는 내 교훈을 젖버리지 말아라.

나도 내 아버지에게는 아들이었고,
내 어머니 앞에서도
하나뿐인 귀여운 자식이었다.
아버지는 내게 이렇게 가르치셨다.
"내 말을 네 마음에 간직하고,

---

39) 김득렬(1985). **학습과 지도**. 서울: 대한예수교장로회 총회. 교육부. 32.

내 명령을 지켜라.
네가 살 것이다.
지혜를 얻고, 명철을 얻어라.
내가 친히 하는 말을 잊지 말고,
어기지 말아라.(잠언 4:1-5).

한편, 구약시대에서 어머니는 자녀들에게 가르침을 제일 먼저 주는 자로서(잠언 1:8; 6:6), 그들이 자란 후에도 자녀들에게 계속적인 충고를 했다(잠언 31:1).[40]

> 아이들아, 아버지의 훈계를 잘듣고, 어머니의 가르침을 저버리지 말아라.(잠언 1:8).

> 게으른 사람아, 개미에게 가서, 그들이 사는 것을 살펴보고, 지혜를 얻어라.(잠언 6:6).

> 르무엘 왕의 잠언, 곧 그의 어머니가 그에게 교훈한 말씀이다.(잠언 31:1).

또한 어머니는 하나님의 선물인 자녀를 하나님의 뜻에 합당하게 양육하며, 사랑하는 것이 커다란 책임이었다. 유대인 디아스포라들이 그들의 신앙과 가정과 전통을 유지하고 있는 것은 어머니의 신앙 교육 때문이다.

가정의 권위는 아버지에게 있지만, 자녀들과 더 많은 시간을 보내며 호흡하고 애정을 불어넣고 자녀들의 가치관과 삶에 직접적으로 큰 영향을 미치는 것이 어머니다. 그러므로 어머니의 신앙적인

---

40) 이양구 옮김(1983). **구약 시대의 생활 풍속**. 서울: 대한기독교출판사. 99.

삶의 모습 속에서 자녀들을 그들의 평생의 신앙을 스케치한다.

근래에 들어 유대인 어머니에 의해 각자가 태어날 때 가지고 나왔던 재능을 충분히 발휘하게 된 출중한 유대인 인물들(발명가 에디슨, 과학자 아인슈타인, 영화인 스티븐 스필버그)의 어머니 교육론이 소개되어 세간의 반향을 불러일으킨 바가 있다.[41]

포로 전기에 있어서는 약간의 예외가 있기는 했지만, 어린이들은 집에서 부모의 가르침을 받았다. 가르치라는 권고는 가정에 주어져 있었다. 후에 가서 이 권고는 시대역행적이게도 정규교육에 관한 권고로 해석되었다.

> 내가 아브라함을 선택한 것은, 그가 자식들과 자손을 잘 가르쳐서, 나에게 순종하게 하고, 옳고 바른 일을 하도록 가르치라는 뜻에서 한 것이다.
> 그의 자손이 아브라함에게 배운 대로 하면, 나는 아브라함에게 약속한 대로 다 이루어 주겠다.(창세기 18:19).

> 또 이 말을 당신들 자녀에게 가르치며, 당신들이 집에 앉아 있을 때나 길을 갈 때나,
> 누워 있을 때나, 언제든지 가르치십시오.(신명기 11:19).

> 마땅히 걸어야 할 그 길을 아이에게 가르쳐라. 그러면 늙어서도 그 길을 떠나지 않는다.(잠언 22:6).

---

41) 홍익희(2013). **같은 책**, 117–142.

이스라엘 교육체제에 있어서 가정의 일차적 중요성을 항상 강조되었다. 가정은 결코 이 책임을 포기하지 않았다. 자녀를 가르치는 부모의 책임은 문자해독과 같은 예비적인 요구사항을 조건으로 하고 있었다.

전통적으로 유대인은 그들 종교의 내용을 자녀들에게 가르치기 위해 고대로부터 자기들만의 독특한 교육방법을 개발해왔다. 그 중 하나가 갓난아기 때부터 자녀들에게 하나님에 대한 이야기를 해주는 것이다. 하나님의 존재와 유대교의 핵심 교리를 아이들에게 심어주기 위해서이다.

그리고 반복 암송을 통해 율법을 귀와 몸에 체화시키도록 한다.

어려서부터 율법을 배우면 사람이 매사에 신중해지는 법이다. 이처럼, 가정교육이든, 초등 교육이든, 랍비 교육이든, 교육은 언제나 하나님에 대한 의무 설명, 즉 율법 설명에 전념하였다.

율법의 완전한 적용이 교육의 목적

교육의 목적은 율법의 완전한 적용이었다. 모든 권속을 가르치는 것은 아브라함의 의무였던 것이다. 모든 아버지의 의무는 그 자녀들을 교육시키는 것이었다.

가르쳐진 바의 본질은 쉐마에 요약되었다. 이 쉐마는 자녀들에게 가르쳐 주어야 했다.

〈시편〉 78:3-6, 〈잠언〉 4:3-4절에는 이 전수과정의 중요성이 언급되어 있다. 이러한 종류의 교육은 어린이가 말하기가 무섭게 시작되었다.

> 우리가 들어서 이미 아는 바요, 우리 조상들이 우리에게 전하여 준 것이다.
> 우리가 이것을 숨기지 않고 우리 자손에게 전하여 줄 것이니, 곧 주님의 영광스러운 행적과 능력과 그가 이루신 놀라운 일들을 미래의 세대에게 전하여 줄 것이다.
> 주님께서 야곱에게 언약의 규례를 세우시고 이스라엘에게 법을 세우실 때에, 자손에게 잘 가르치라고, 우리 조상에게 명하신 것이다.
> 미래에 태어날 자손에게 대대손손 전하게 하셨다.(시편 78:3-6).

> 나도 내 아버지에게는 아들이었고, 내 어머니 앞에서도 하나뿐인 귀여운 자식이었다.
> 아버지는 내게 이렇게 가르치셨다. "내 말을 네 마음에 간직하고, 내 명령을 지켜라.
> 네가 잘 살 것이다.(잠언 4:3-4).

이 교육의 본성을 기억문화로 묘사할 수도 있을 것이다. 이스라엘 교육체제에 있어서 기억이 어디서 발전하였는가는 1차적인 중요성을 갖는다. 교육의 목적은 어린이가 성장하여 율법을 알고, 기억하고, 마침내 그에게 복종하도록 하기 위한 것이었다.

2) 족장 아브라함의 소명

〈창세기〉 12장을 시작하면서 하나님은 아브라함을 부르신다. 아브라함을 부르심으로 시작한 '족장사族長史'는 '원역사原歷史, Primeval History'와 연결하는 고리가 된다. 원역사인 〈창세기〉 1-11장에는 창조와 창조주, 창조의 질서와 파괴, 카인과 아벨의 이야기, 노아와

홍수 이야기에서 바벨탑으로 연결된다.

창조이후 지속되는 인간의 범죄 함으로 인해 하나님께서는 새로운 구원의 역사를 시작하게 된다. 또한 데라의 계보系譜(창세기 11:27-32)는 족장사의 도입부가 되며, 원역사와 족장사族長史를 잇는 역할을 감당하게 된다.

하나님은 아브라함에게 "너는, 네가 살고 있는 땅과, 네가 난 곳과, 너의 아버지의 집을 떠나서, 내가 보여 주는 땅으로 가거라."(창세기 12:1)고 말한다.

하나님은 "가라(히브리어로 הלך)"는 동사로 명령한다. 이 명령은 하나님을 위해서가 아니라 아브라함을 위해서이다. 아브라함의 소명은 하나님을 위한 것이 아니라 자신을 위한 것으로부터 시작하고 있다. 아브라함에게 땅과 자손을 약속하고 있지만 새로운 구원을 위한 하나님의 계획하심이 들어 있다.

아브라함이 떠나야 할 대상은 본토로 가장 넓은 의미이여, 친족과 아버지의 집으로 가족관계로 축소되고 있다. 지금까지 아브라함을 보호해 주었던 지리적 사회적 배경을 버리고 모든 혈연관계까지 떠나는 것이다. 그러면서 하나님은 아브라함에게 어디로 가야할지 목적지는 말하지 않는다. 즉 아브라함은 자신이 어디로 가는지도 모르고 떠나라는 명령에 순종해야 한다.

하나님은 목적지는 말하지 않았지만 아브라함에게 언약은 하신다.

> 내가 너로 큰 민족이 되게 하고, 너에게 복을 주어서, 네가 크게 이름을 떨치게 하겠다.
> 너는 복의 근원이 될 것이다.(창세기 12:2).

하나님의 약속은 지극히 작은 공동체가 약속의 땅을 통치하고 지배하게 될 것을 제시한다. 하나님의 약속은 이스라엘 민족을 구성하게 되는 근거가 된다. 아브라함 나이 75세에 자식이라는 소망이 없는 사람에게 큰 민족의 약속은 희망이다. 그 희망이 우르를 떠나게 되는 원동력이 되었다.[42]

하나님은 아브라함에게 너를 축복하는 자에게 네가 복을 주고 너를 저주하는 자에게 내가 저주할 것이라(창세기 12:3)는 약속을 통해 복의 기준으로 삼았다.

> 너를 축복하는 사람에게는 내가 복을 베풀고, 너를 저주하는 사람에게는 내가 저주를 내릴 것이다. 땅에 사는 모든 민족이 너로 말미암아 복을 받을 것이다.(창세기 12:3).

학자들에 의하면 고대 근동에서 왕은 복을 주는 자였다.[43] 하나님은 아브라함을 부르실 때 왕의 이념을 가지고 불렀다. 족장에게 왕이 가질 수 있는 모든 것을 준 것이다.

---

42) 하경택(2011). 아브라함의 소명과 이스라엘의 사명: 창세기 11:27-12:20에 대한 주석적 연구. **장신논단**. 제41집, 장로회신학대학교 출판부. 41-47에서 재인용.

43) G. Garbini(1988). *History and Ideology in Ancient Isreal*. New York: Crossroan. 79.

아브라함을 대리자와 동역자로 부르신 하나님

〈창세기〉에서 하나님과 **아브라함**의 대화를 보면, 친구와 이야기하듯 이야기를 나누고 있다. 특히, 18장에서 하나님은 두 가지 목적을 가지고 **아브라함**을 찾아오신다. 먼저 하나님은 이삭에 대한 약속을 분명히 하신다.

그리고 **소돔**과 **고모라**의 멸망을 논의하기 위해서 오신 것이다.

〈창세기〉 1-11장에 원역사에서 하나님은 생각하시고 그대로 시행하시는 반면 **아브라함**과 논의하신다. **야웨**는 자신의 계획을 **아브라함**에게 숨기지 아니하시고 드러낸다. **소돔**과 **고모라**의 심판과 계획을 들은 **아브라함**에 중보기도를 들으시는 모습을 보면 **아브라함**의 지위를 나타내어 주고 있다.[44)]

하나님은 아브라함을 선택하신 목적이 천하 만민을 위한 복의 근원(창세기 18:18)과 하나님의 도를 행하는 수단(창세기 18:19)으로 삼으셨기 때문에 일을 감추지 않으시고 드러내신다.

특히 〈창세기〉 18:22절 후반부에 **"아브라함은 여호와 앞에 그대로 서 있더니"**라고 번역되어 있는데, 어떤 성경학자는 **"하나님이 아브라함 앞에 서 있는 것으로 본다"**[45)]고 한다. 이것은 하나님이 아브라함을 어떻게 대하고 있는지 보여주고 있는 장면이 된다.

하나님은 **아브라함**을 세상 다스림에 대리자와 동역자로 부른 것이다.

---

44) 박영호 옮김(2001). **창세기**.(G. J. Wenham 지음). 서울: 도서출판 솔로문, 460-467.

45) 한국구약학회 엮음(2012). **한국구약학회 성서 연구 시리즈 창세기에 길을 묻다**. 서울: 물가에 심은 나무, 129-131.

복의 근원 아브라함

하나님이 언약하신 복의 내용과 성격은 아브라함을 넘어서 있다. 아브라함의 복의 기준과 존재가 되어서 땅의 모든 족속이 복받기를 원하신다. 그에게 약속된 복은 이 땅의 모든 민족을 포함하고 있다.

하나님의 부르심을 받은 자에게 주어진 복이 자신에게만 있는 것이 아니라 모든 족속에게 흘러가길 원하신다.

또한 아브라함의 소명은 자신과 온 이스라엘 열방에 대한 소명을 포함하고 있다. 이후 등장하는 족장들인 이삭, 야곱, 요셉은 재갱신을 통해 언약이 유지되었다.

하나님이 땅에 대한 언약은 고난 받은 이스라엘 백성을 구원하기 위해 모세의 부름으로 이어진다. 이어서 여호수아를 통한 가나안 정복 전쟁을 통해서 성취되었다. 이스라엘 백성들은 약속의 땅에서 선민으로서 삶을 살아야 한다. 하나님은 이스라엘 백성을 다스리기 위해 사사(또는 판관)들을 불렀다.

3) 이상적인 교사, 모세

유대교에 있어서는 모세보다 더 탁월한 교사상을 존재하지 않았다. 사실상 모세는 이스라엘 교사계급에 있어서 한 이상理想이었다. 그의 중요성은 그와 같은 율법과의 관계에서 비롯되었다.

유대인들은 율법이 모세를 통해 주어졌다고 인정했다. 이 뿐 아니라 율법은 모세 율법으로 알려지게 되었다.

너희는 나의 말을 들어라. 너희 가운데 예언자가 있으면, 나 주가 환상으로 그에게 알리고. 그에게 꿈으로 말해 줄 것이다.
나의 종 모세는 다르다. 그는 나의 온 집을 충성스럽게 맡고 있다.(민수기 12:6).

주님의 거룩한 안식일을 알려 주시고, 주님의 종 모세를 시키셔서 계명과 규정과 율법을 가르쳐 주셨습니다.(느헤미야서 9:14).

참으로 온 이스라엘이 주님께 순종하지 않고, 주님의 율법을 어기고 벗어났으므로, 하나님의 종 모세의 율법에 기록된 벌과 저주가 우리에게 내렸습니다.
이것은 우리가 주님께 죄를 지었기 때문입니다.(다니엘서 9:11).

모세 이래로 이스라엘의 희망은 새로운 모세, 즉 하나님이 일으켜 세워 이스라엘 백성이 그 말을 듣고자 한 모세와 같은 예언자와 결합되어 있었다.

주 당신들의 하나님은 당신들의 동족 가운데서 나와 같은 예언자 한 사람을 일으켜 세워 주실 것이니, 당신들은 그의 말을 들어야 합니다.(신명기 18:15).

나는 그들의 동족 가운데서 너와 같은 예언자 한 사람을 일으켜 세워, 나의 말을 그의 입에 담아 줄 것이다. 그는, 내가 명한 모든 것을 그들에게 다 일러 줄 것이다.(신명기 18:18).

새 계약에 관한 예언은 아마도 새로운 모세 대망으로 싹텄을 것이다. 이 새로운 모세는 효력있는 새 계약으로 인도할 것인데, 그 까닭은 새 모세의 말을 "그 백성이 따를" 것이기 때문이다.

〈민수기〉 12:7 등을 보면, 하나님은 모세를 '나의 종'이라고 묘사하고 있다. 이 점을 염두에 두고 볼 때, 〈이사야서〉 42:1, 49:1, 52:12 등에서 제기되는 '종'은 모세와 같은 예언자에 대한 희망의 성취일 것이다. 이 종은 백성들에게 언약(약속)으로서 주어졌다.

> 나의 종 모세는 다르다. 그는 나의 온 집을 충성스럽게 맡고 있다.(민수기 12:7).

> 나의 종을 보아라.
> 그는 내가 붙들어 주는 사람이다.
> 내가 택한 사람, 내가 마음으로 기뻐하는 사람이다.
> 내가 그에게 나의 영을 주었으니, 그가 뭇 민족에게 공의를 베풀 것이다.(이사야 42:1).

> 너희 섬들아, 내가 하는 말을 들어라.
> 너희 먼 곳에 사는 민족들아, 귀를 기울여라.
> 주님께서 이미 모태에서부터 나를 부르셨고, 내 어머니의 태 속에서부터 내 이름을 기억하셨다.(이사야 49:1).

> 그러나 이제는 주님께서 너희 앞에 가시며, 이스라엘의 하나님께서 너희 뒤를 지켜 주시니, 너희가 나올 때에 황급히 나오지 않아도 되며, 도망치듯 달아나지 않아도 된다.(이사야서 52:12).

그는 율법을 공포할 것이며, 포로된 자들을 굴레와 족쇄로부터 풀어낼 것이다. 그의 역할은 모세의 그것에 따라 양식화되어 있다. 모세는 이스라엘 백성이 죄를 지었을 때 그의 목숨을 그 백성을 위해 바쳤다. 사실상 '고난받는 종'도 그 생명을 백성들을 위해 바친 것이다.

그러나 그가 찔린 것은 우리의 허물 때문이고, 그가 상처를 받은 것은 우리의 악함 때문이다.

그가 징계를 받음으로써 우리가 평화를 누리고, 그가 매를 맞음으로써 우리의 병이 나았다.(이사야서 53:5).

4) 레위 제사장들

율법의 가르침

하나님은 모세에게 십계명과 〈신명기〉의 모든 명령과 규례를 백성들에게 가르치게 한다. 모세에게 주어진 교육 역할은 레위 제사장들과 선지자들을 통해 계승되었을 가능성이 높다.

> 모세가 주님께 아뢰었다. "주님, 죄송합니다. 저는 본래 말재주가 없는 사람입니다.
> 전에도 그랬고, 주님께서 이 종에게 말씀을 하시고 계시는 지금도 그러합니다.
> 저는 입이 둔하고 혀가 무딘 사람입니다."(출애굽기 4:10).

> 주님께서 모세에게 크게 노하시어 말씀하셨다.
> "레위 사람인 너의 형 아론이 있지 않느냐" 나는 그가 말을 잘 하는 줄 안다.
> 그가 지금 너를 만나러 온다. 그가 너를 보면 참으로 기뻐할 것이다.(출애굽기 4:14).

> 그가 너를 대신하여 백성에게 말을 할 것이다. 그는 너의 말을 대신

전달할 것이요.
그는 너에게 하나님 같이 될 것이다.(출애굽기 4:16).

레위 제사장들에 의한 공적인 형태의 교육은 레위기 10:1−11절에서 처음으로 확인할 수 있다. 아론과 그의 아들들에 의해 첫 공식 제사를 집례했을 때 나답과 아비후가 죽은 사건이 일어나자 하나님은 레위 제사장들에게 회막에 들어갈 때 포도주와 독주를 마시지 못하게 한다.

그리고 그 이유를 이들이 죽지 않도록 방지하고 거룩하고 속된 것을 분별하며 모든 율법 규례를 이스라엘 자손에게 가르치기 위한 것이라고 한다. 레위 제사장의 교육적 역할은 12지파에 대한 모세의 유언에서도 볼 수 있다. 〈신명기〉 33:8−10절에서 모세는 임종을 앞두고 레위 제사장들의 역할에 대해 다음과 같이 말했다.

레위 지파를 두고서, 그는 이렇게 말하였다.
"레위에게 주님의 둠밈을 주십시오.
주님의 경건한 사람에게 우림을 주십시오.
주님께서 이미 그를 맛사에서 시험하시고, 므리바 물가에서 그와 다투셨습니다.
그는 자기의 부모를 보고서도 '그들은 모른다'거 하였고 형제자매를 외면하고,
자식마다 모르는 체하면서, 주님의 계명에 순종하였으며,
주님의 언약을 성실하게 지켰습니다.
그들은 주님의 백성 야곱에게 주님의 바른 길을 가르치며,
이스라엘에게 주님의 율법을 가르치며, 주님 앞에 향을 피워 올리고,
주님의 제단에 번제 드리는 일을 계속 하고 있습니다.(신명기 33:8-10).

모세는 레위 제사장들의 사역을 말하면서 그들의 제의적 사역보다 율법 교육을 먼저 언급하였다. 모세의 유언은 이스라엘 공동체 속에서 실행 되었을 가능성이 매우 높다. 그리스 역사가 디오도루스Diodorus the Sicilian는 그의 책 〈역사적 문고〉 제40권에서 대제사장은 절기들을 비롯한 모든 공적인 회집에서 율법을 가르치고 하나님의 뜻을 해석하여 주었다고 한다.[46)]

제사장들의 교육은 율법을 가르치며 율법에 명시되지 않은 사건들에 대해 최종 판단을 내리고 가르치는 것이다.

> 또 너희는 나 주가 모세를 시켜 말한 모든 규례를 이스라엘 자손에게 가르쳐야 할 사람들이다.(레위기 10:11).

〈신명기〉 31:9–13절에 의하면 모세는 율법을 레위 제사장들과 장로에게 주고 초막절에 백성들에게 가르치게 했고, 가나안 땅에 거주할 동안에 자녀들에게 가르쳐 야웨 하나님을 경외하기를 배우게 하라고 한다.

> 모세가 이 율법을 기록하여, 주님의 언약궤를 메는 레위 자손 제사장들과 이스라엘의 모든 장로에게 주었다.
> 모세가 그들에게 명령하였다.
> "일곱 해가 끝날 때마다, 곧 빚을 면제해 주는 해의 초막절에,
> 온 이스라엘이 주 당신들의 하나님을 뵈려고 그분이 택하신 곳으로 나오면,
> 당신들은 이 율법을 온 이스라엘 백성 앞에서 읽어서, 그들의 귀에 들려 주십시오.

46) 기동연(2015). **같은 책**. 46.

당신들은 이 백성의 남녀와 어린 아이만이 아니라
성 안에서 당신들과 같이 사는 외국 사람도 불러모아서, 그들이 율법을 듣고 배워서,
주 당신들의 하나님을 경외하며, 이 율법의 모든 말씀을 지키도록 하십시오.
당신들이 요단 강을 건너가서 차지하는 땅에 살게 될 때에,
이 율법을 알지 못하는 당신들의 자손도 듣고 배워서,
주 당신들의 하나님을 경외하게 하십이오.(신명기 31:9-13).

〈역대하〉 17:7-9절에서 여호사밧은 레위 제사장들에게 유다 전역을 다니면서 율법을 가르치게 하였고, 〈역대하〉 35:3절은 제사장들은 모든 이스라엘을 가르치는 하나님 앞에서 거룩한 자들이라고 한다. 예레미야를 대적하는 종교 지도자들이 "제사장에게 율법이… 선지자들에게 말씀이…"라고 한 것도 율법 교육의 책임이 누구에게 있었는지를 충분히 알게 해 준다.

레위 제사장들의 교육 전통은 포로 후기에도 고스란히 남아 있었다. 〈에스라〉 7장에서 아닥사스다는 에스라에게 레위 제사장들을 데리고 예루살렘에 가게 하며, 율법을 알지 못하는 자를 가르치게 한다. 〈에스라〉 7:25절의 마지막 문장 "율법을 잘 알지 못하는 사람들은 그대들이 가르쳐라."(דָּתֵי אֱלָהָךְ וְדִי לָא יָדַע תְּהוֹדְעוּן)에서 '너희'의 아람어 '테호데운(תְּהוֹדְעוּן)은 2인칭 남성 복수이며, 주어는 에스라를 포함하여 아닥사드다가 데려 가라고 한 레위 제사장들을 포함한다.

결과적으로 〈느헤미야기〉 8:7-8절에 의하면 제사장 신분이었던 에스라가 율법을 백성들에게 가르쳤고, 그와 함께 한 레위 사람

들은 율법을 해석하고 설명하는 일을 하였다. 레위 제사장들의 교육 전통은 〈말라기〉 2:7–8절에서도 확인할 수 있다.

> 제사장의 입술은 지식을 지켜야 하겠고, 사람들이 그의 입에서 율법을 구하게 되어야 할 것이다.
> 제사장이야말로 만군의 주 나의 특사이기 때문이다.
> 그러나 너희는 바른 길을 떠났고, 많은 사람에게 율법을 버리고 곁길로 가도록 가르쳤다.
> 너희는 내가 레위와 맺은 언약을 어겼다. 나 만군의 주가 말한다.(말라기 2:7-8).

〈말라기〉 2:7–8절은 레위 제사장들의 공적 교육을 레위 언약과 야웨의 특사라는 표현을 통해 무게감을 더해 주고 있다. 이 말씀은 〈구약성경〉에서 유일하게 레위 제사장을 '야웨의 특사'라고 지칭하며, 레위 제사장들이 하나님 말씀인 토라를 백성들에게 전하는 자라는 역할을 강조하고 있다.

율법의 보관

율법을 가르치는 과정에서 그들은 율법을 보존할 수 있었다. 율법의 관리인으로서 제사장들은 사본을 비치해 두었다.

> 주님께서 아론에게 말씀하셨다. "너의 아들들이 너와 함께 회막으로 들어 올 때에는
> 포도주나 독주를 마시지 말아라. 어기면 죽는다.
> 이것은 너희가 대대로 영원히 지켜야 할 규례이다.

너희는 거룩한 것과 속된 것을 구별하여야 하고, 부정한 것과 정한 것을 구별하여야 한다.
또 너희는 나 주가 모세를 시켜 말한 모든 규례를 이스라엘 자손에게 가르쳐야 할 사람들이다."(레위기 10:8-11).

모세가 이 율법을 기록하여, 주님의 언약궤를 메는 레위 자손 제사장들과 이스라엘의 모든 장로에게 주었다. 모세가 그들에게 명령하였다.

"일곱 해가 끝날 때마다, 곧 빚을 면제해 주는 해의 초막절에, 온 이스라엘이 주 당신들의 하나님을 뵈려고 그분이 택하신 곳으로 나오면, 당신들은 이 율법을 온 이스라엘 백성 앞에서 읽어서, 그들의 귀에 들려주십시오.
당신들이 백성의 남녀와 어린 아이만이 아니라 성 안에서 당신들과 같이 사는 외국 사람도 불러 모아서, 그들이 율법을 듣고 배워서, 주 당신들의 하나님을 경외하며, 이 율법의 모든 말씀을 지키도록 하십시오.
당신들이 요단 강을 건너가서 차지하는 땅에 살게 될 때에, 이 율법을 알지 못하는 자신들의 자손도 듣고 배워서, 주 당신들의 하나님을 경외하게 하십시오."(신명기 31:9-13).

목동 다윗에게 기름붓는 사무엘 제사장

그들은 주님의 백성 야곱에게 주님의 바른 길을 가르치며, 주님 앞에 향을 피워 올리고, 주님의 제단에 번제 드리는 일을 계속하고 있습니다.(신명기 33:10).

그는 늘 참된 법을 가르치고 그릇된 것을 말하지 않았다.

그는 나를 불편하게 하지 않고 나에게 늘 정직하였다.
그는 또한 많은 사람들을 도와서, 악한 길에서 돌아서게 하였다.(말라기 2:6).

제사장의 직무를 성실하게 감당한 사무엘

제사장 사무엘은 사울과 다윗에게 기름 부어 왕으로 삼은 선지자로 이스라엘의 마지막 사사다. 사무엘은 라마에서 태어나 라마를 중심으로 활동했다.

그가 이스라엘 역사에 전면적으로 나서게 된 것은 블레셋은 그 세력이 강성해지고 있던 때였다.

그 때 사무엘은 이스라엘 백성들에게 율법을 가르치며 우상숭배를 버리고 하나님만을 섬기도록 촉구하는 한편(사무엘상 7:3–4), 미스바 금식기도 집회를 열어 그들의 죄를 고백하고, 금식하며 하나님의 은혜가 다시 임하기를 기도했다. 이스라엘 백성이 미스바에 모였다함을 듣고 블레셋이 치러 올라왔을 때에 사무엘은 이스라엘을 위해 기도했으며, 하나님께서는 우레를 통해 그들을 패하게 하셨다.

이스라엘은 이로 말미암아 블레셋을 벧갈 아래까지 치는 대승을 거두게 되었으며, 사무엘은 미스바와 센 사이에 에벤에셀('도움의 돌')이라는 돌 기념비를 세웠다(사무엘상 7:3–12).

사무엘이 이스라엘 온 족속에게 말하였다.
"여러분이 온전한 마음으로 주님께 돌아오려거든,

> 이방의 신들과 아스다롯 여신상들을 없애버리고, 주님께만 마음을 두고 그분만을 섬기십시오.
> 그러면 주님께서 여러분을 블레셋 사람의 손에서 전져 주실 것입니다.
> 이 말을 듣고 이스라엘 자손이 바알과 아스다롯 신상들을 없애버리고, 주님만을 섬겼다.(사무엘하 7:3-4).

이 사건 이후 사사로서 해마다 **라마**에서 출발해서 **벧엘**, **길갈**, **미스바**를 순회하며 **이스라엘**을 다스리게 되었다. 이제 그는 한 지방의 선지자가 아니라 온 **이스라엘**을 다스리는 지도자로 부상한 것이다. **사무엘**이 살아 있는 동안 **블레셋**은 **이스라엘**을 넘보지 못했다(사무엘상 7:13).

〈**사무엘상**〉은 사사 시대와 왕정 시대를 연결하고 있다. 그것은 **사무엘**의 출생과 부르심, 그리고 그의 사역에 대한 기록과 함께 초대 왕인 **사울**에게서 **다윗**에게로 왕위가 넘어가게 된 역사적 배경에 대한 기술이다.

본래 〈**사무엘상** · 하〉는 한 권이었다. 이것이 두 권으로 나뉜 것은 〈70인역〉에서 비롯되었다. **사무엘**서는 그 명칭에서 알 수 있듯이 **사무엘**의 이름을 따라 붙여졌는데, 그 이유는 **사무엘**이 본서 첫 부분의 주요 인물일 뿐만 아니라 또 다른 두 주요 인물인 **사울**과 **다윗**에게 기름을 부어 왕으로 세웠기 때문이다.

하나님이 세우신 사사들의 통치에서 왕정으로 급변하던 시기에 **사무엘**은 민족의 사회 종교적 일치를 새로이 해야 하는 사명을 충분히 감당하였다. 출애굽 버금가는 중대한 민족의 위기를 당하여 사무엘은 하나님 나라를 세우기 위한 도구로 봉사했다.

그는 선지자의 직무를 확립하였을 뿐 아니라 이를 제사장이나 왕직의 차원과도 결합시켰다.

사무엘 시대 이래 선지자들은 **이스라엘**의 영적 생활을 육성하고 강화하였을 뿐 아니라 백성과 백성의 지도자들을 향하여 하나님의 뜻을 대언代言하여 선포하였다.

그는 실로 진실한 사사였으며, 하나님 말씀을 그대로 전달한 제사장이었고 훌륭한 교육자였다. 사울이 **아말렉**과의 전투에서 하나님의 명령을 어기고 적왕 **아각**을 살려준 후 많은 가축들을 자기 소유로 취하였다.

위선적이고 의식적인 **사울**의 처사에 대한 그의 질책은 **사무엘** 이후의 선지자들이 가져야 할 예배에 대한 기본 원칙이 되었다.

> 주님께서 어느 것을
> 더 좋아하시겠습니까?
> 주님의 말씀에
> 순종하는 것이겠습니까?
> 아니면,
> 번제나 화목제를
> 드리는 것이겠습니까?
> 잘 들으십시오.
> 순종이 제사보다 낫고,
> 말씀을 따르는 것이
> 숫양의 기름보다 낫습니다.(사무엘상 15:22).

사무엘 이후 많은 제사장들은 **유대** 전국을 돌면서 율법을 가르치고 해설했다. 이 절차는 포로생활에서 귀환한 후에도 계속되었다.(역대기하 6:9). 가르침은 주석기술에 능란한 자들에 의해 베풀어졌다. 이 가르치는 것은 제사장들과 레위인들의 가장 중요한 기능 중의 하나였다.

제사장 에스라가 바벨론에서 돌아 왔을 때, 그는 하나의 율법집 사본을 가져왔고, 이를 집회에서 상세하게 해설했다. 이 집회는 레위인 교육도 포함하였다. 이 교육의 목적은 가르치는 레위인의 기억을 새롭게 하는 것이었다.

> 하나님의 율법책이 낭독될 때에,
> 그들이 통역을 하고 뜻을 밝혀 설명하여 주었으므로, 백성은 내용을 잘 알아들을 수 있었다.
> 백성은 율법의 말씀을 들으면서, 모두 울었다.
> 그래서 총독 느헤미야와 학자 에스라 제사장과, 백성을 가르치는 레위 사람들이,
> 이 날을 주 하나님의 거룩한 날이니, 슬퍼하지 말고 울지도 말라고 모든 백성을 타일렀다.(느헤미야서 8:8-9).

왕정 시대에 율법은 월요일과 목요일마다 해설되었는데, 이 날은 집회가 열리곤 하던 장날이었다. 그 후 계속하여 3년 주기의 율법집 낭독이 행해졌다. 그리하여 성인교육의 주요 프로그램이 시작되었다.

이스라엘에 있어서 에스라 시대 이 후 서기관들은 성경학자, 주석가, 공직 교사, 정신적 지도자의 특수계급이었다. 서기관은 마카비 시대로부터 AD 200년에 이르는 시기의 율법박사의 선조였다. 서기관들과 율법학자들은 시대의 요구를 충족시키기 위해 성경 주

석을 채용하였다. 이들의 가르침으로부터 미쉬나가 발전했다.

이들 교사의 목표는 그들의 유산을 그 수가 끊임없이 증가하는 제자들에게 넘겨주는 것이었다. 모세가 제사장직의 원천이었던 것과 같이 서기관들은 모세를 '위대한 이스라엘의 서기관'으로 회상했다.

학사 에스라가 돌아오자 제사장들은 서기관 학교를 발전시키기 시작하였는데, 이 조직체는 이스라엘 교육에 어떤 조직체보다 많은 영향을 끼쳤다.

5) 부르심을 받은 사사들

사사들의 이야기는 "주님께서 이스라엘을 돌보신 일도 알지 못하는 새 세대"(사사기 2:10)로부터 시작된다. 여호수아 시대에는 하나님의 위대하심을 체험하며 살았던 세대였던 반면에, 이들은 무지한 세대였다. 이들이 바알을 숭배함으로 하나님 앞에 범죄 행위를 했다.

〈사사기〉 기자는 가나안 땅에 이방 민족들을 징계의 목적(사사기 2:20-21), 시험의 목적(2:22-23), 교육의 목적(3:1-2)으로 남겨두었다고 말한다.

> 그러므로 주님께서 이스라엘 백성에게 크게 노하셔서, 이렇게 말씀하셨다.
> "이 백성이, 내가 그들의 조상과 세운 언약을 어기고, 나에게 순종하지 않았다.
> 그러므로 나도, 여호수아가 죽은 뒤에도 남아 있는 민족들 가운데 어

느 하나라도 더 이상 몰아내지 않겠다.(사사기 2:20-21).
이렇게 하여서, 이스라엘 백성이 나 주가 가르쳐 준 길을 그들의 조상처럼 충실하게 걸어가는지 가지 않는지를 시험하여 보겠다.
그래서 주님께서는 다른 민족들을 얼른 몰아내지 않고, 그 땅에 남아 있게 하셨으며,
여호수아에게도 그들을 넘겨 주시 않으셨던 것이다.(사사기 2:22-23).
가나안 전쟁을 전혀 겪어 본 일이 없는 모든 이스라엘 백성을 시험하시려고,
주님께서 그 땅에 남겨 두신 민족들이 있다.
전에 전쟁을 겪어 본 일이 없는 이스라엘 자손의 세대들에게, 전쟁이 무엇인지 가르쳐 알게 하여 주려고 그들을 남겨 두신 것이다.(사사기 3:1-2).

가나안 전쟁을 전혀 겪어 본 일이 없는 모든 이스라엘 백성을 시험하시려고,
주님께서 그 땅에 남겨 두신 민족들이 있다.
전에 전쟁을 겪어 본 일이 없는 이스라엘 자손의 세대들에게, 전쟁이 무엇인지 가르쳐 알게 하여 주려고 그들을 남겨 두신 것이다.(3:1-2).

하나님은 이스라엘 백성들은 죄를 범함으로 인해 이방인들을 들어 징계했다. 고난 받은 백성이 이방인들의 압제 가운데 하나님께 부르짖고 하나님은 사사를 보내어 구원했다.

하나님은 사사들에게 부르실 때에 사사 기드온을 제외하고는 나머지 사사들에게는 나타나시지 않았다. 다만 하나님의 신이 그들에게 임하므로 그들은 부르심을 인식하고 감당할 수 있었다.

사사 기드온의 등장

기드온은 사사들 가운데 분명한 부르심을 경험했다.(사사기 6:11-24). 이스라엘 백성들은 미디안의 압제로 인해 농작물과 가축들을 빼앗기고 산과 동굴로 숨는 등 가난과 궁핍한 삶을 살고 있었다.

이 때 하나님은 기드온을 부르신다. 기드온의 부르심은 모세의 부르심과 비슷한 유형을 가지고 있다. 다만 모세의 부르심의 장면에서는 하나님의 표징이 모세에게 주어지고 있지만 기드온의 경우는 부름을 받은 자가 요구하므로 주어진다.

기드온은 표징을 받고서야 소명을 위해 군사를 소집한다. 그러나 하나님의 명대로 군사들을 보내고 남은 삼백 명으로 미디안 진영으로 진격하기를 두려워한다. 하나님은 기도온을 미디안 진영으로 보내고 미디안 군사들의 꿈 이야기를 통해 다시 표징을 얻고서 부름의 자리로 나아간다.

이처럼 기드온의 부르심을 받는 장면에서의 표징이 갖는 의미가 크다.

기드온의 부르심의 장면이 다른 사사들과 다르게 하나님과의 만남, 신인대화神人對話가 전개되고 있다. 후에 다룰 예언자들은 하나님의 부르심을 본인들이 기술함으로써 자신들이 선포하는 말의 신적인 권위를 부여한다. 기드온도 부르심의 이야기를 드러냄으로 자신의 소명이 하나님으로부터 왔음을 분명히 하고 있다.

하나님이 사사들을 세운 것은 이스라엘 백성들이 회개해서가 아니라 하나님 자신의 성품에서 비롯된다. **이스라엘** 백성들이 대적에게 압박과 괴롭힘을 받아 슬피 부르짖으므로 하나님은 뜻을 돌이켰다는 것이다. 이는 하나님의 자비로운 행동으로 심판하실 때 마음을 아파하고 긍휼히 여기시는 하나님의 성품에서 기인한 것이다.[47)]

하나님은 참을 수 없는 은혜로운 사랑으로 인해 사사들을 찾아오고, 그들에게 소명을 준다. 사사의 소명은 현재 당하고 있는 압제와 **이스라엘**의 부르짖음과 하나님의 성품 가운데 주어진 영靈으로 감당한다.

사사시대는 **이스라엘**이 지파체제에서 왕정시대로 바뀌는 전환기였다. 이러한 사회적 배경 가운데 등장하는 사사는 가족이나 지파 중심으로 활동하지는 않는다. 이들의 사역에 **이스라엘**이라는 이름이 반복되는 것으로 보아 온 **이스라엘**을 위한 것이었다.

사사직은 왕정의 시작으로 **이스라엘** 백성을 다스리는 왕과 하나님의 말을 대언하는 예언자로 나누어 나타난다.

주변인이었던 사사들의 다양한 과거

사사들은 부르심을 받기 전에는 주류 사회의 주변인에 불과했다. **옷니엘** 사사를 제외한 나머지 대 사사들은 소외받은 계층에 속한 사람들이라고 볼 수 있다. **에훗**은 오른손잡이 세계에서 왼손을 쓰는 사람, 오른손에 장애가 있는 사람이었다.

드보라는 남성들이 지배하는 세계에서 여성이었다. **기드온**은

47) 강성열 옮김(2005). **역사서 개론**. 고양: 크리스챤다이제스트. 140-141.

장자가 기득권을 가지고 있는 세계에서 막내 아들이다. 입다는 적법한 아들이 있는 상황 가운데 창녀의 아들로 언급된다.

삼손은 일반적이고, 보편적인 세계에서 금욕적인 나실인Nazirite으로 삶을 살고 있었다.

이런 주변인들이 하나님의 부르심을 받고 사사가 된다. 이들은 이방민족과 전쟁을 통해 이스라엘 백성들을 구원해야 하는 민족과 같은 운명 공동체이다.[48)]

사사들은 카리스마적 군사지도자로서 대사사大士師major judge와 재판의 기능을 담당한 것으로 알려진 소사사小士師minor judge로 구분된다. 소사사의 역할은 평상시 상황에서 사법적, 정치적 책임을 감당한다. 그러나 가나안 땅에 남겨준 이방 민족의 압제로 인해 백성들이 위험한 상황이 되었을 때 이스라엘을 구원할 인물을 찾게 된다.

사사들은 카리스마적이고, 종교적인 역할과 정치적이고 군사적인 역할을 담당했다.

사사 옷니엘, 에훗, 드보라, 기드온, 입다, 삼손 등과 같은 대사사들은 지파 공동체 시대에 지역의 영웅들로 이 영웅들의 이야기가 전래되었다. 이런 영웅들의 이야기가 시간과 공간을 상대화시켜 이스라엘 전체를 대표하는 인물의 이야기로 전래된다.[49)]

---

48) 조호진 옮김(2011). **WBC 주석–사사기**. 서울: 도서출판 솔로문, 522–523.

49) 박혜령(1992). 사사기의 구조와 신학적 경향. **신학논단**. 제20집, 연세대학교 신과대학 연합신학대학원, 359.

6) 선택된 왕들

왕도王道는 신앙교육 활동이 최우선

왕의 가르치는 기능은 이스라엘의 교육을 생각하는 데 있어서 흔히 간과되어 왔다. 그러나 왕의 가르치는 직무는 '이스라엘의 왕도王道'(신명기 17:14–20)에서 분명하게 제시되어 있다.

그러므로 이스라엘 역사에서 왕의 치세를 평가하는 가장 중요한 기준은 그가 얼마나 하나님의 율법을 잘 수호했느냐는 것이었다.

> 왕위에 오른 사람은 레위 사람 제사장 앞에 보관되어 있는 이 율법책을 두루마리에 옮겨 적어, 평생 자기 옆에 두고 읽으면서, 자기를 택하신 주 하나님 경외하기를 배우며, 이 율법의 모든 말씀과 규례를 성심껏 어김없이 지켜야 합니다.
> 마음이 교만해져서 자기 겨레를 업신여기는 일도 없고, 그 계명을 떠나서 좌로나 우로나 치우치지도 않으면, 그와 그 자손이 오래토록 이스라엘의 왕위에 앉게 될 것입니다.(신명기 17:19-20).

그런데 왕의 가장 중요한 직무가 이스라엘 교육에 미치는 영향을 매우 컸다. 예컨대, 다윗의 노래는 상당한 교육적 효과를 가지고 있었다. 이스라엘의 왕인 다윗의 아들들은 다윗 왕권에 즉위하는 조건으로 율법 수호를 책임졌다.

> 만일 네 자손이 나와 더불어 맺은 언약을 지키고, 내가 가르친 그 법도를 지키면, 그들의 자손이 대대로 네 뒤를 이어서 네 보좌에 앉을 것이다.(시편 131:12).

여호사밧 왕은 그의 왕자들을 유다 땅 전역의 모든 성에서 그 백성들을 가르치도록 파견시켰다. 솔로몬의 지혜는 고대 세계 전체에 걸쳐 잠언이 되었고, 그 때문에 스바 여왕조차 그의 지혜를 시험하러 왔다.

때때로 왕들은 가르치는 직무에 적당하지 못했다. 많은 왕들은 곧잘 그들 자신의 삶에 있어서 율법을 무시했고, 국가를 하나님에 대해 죄 짓도록 이끌고 갔다.

왕에 대한 평가 기준

그러므로 이스라엘에서는 왕에 대한 평가 또는 선한 왕인가 아니면 악한 왕인가 하는 기준도 그가 하나님을 얼마나 잘 섬기는가 아니면 그렇지 않은가 하는 것에 두었다.

그런데 이것은 현대에서도 통하는 극히 어려운 문제를 제기한다. 말하자며 예언자는 항상 왕을 규탄하는 자세를 취하고 있는데, 순정치적으로 평가하며, 예언자에게 규탄을 받는 왕이 반드시 무능한 것이 아니라 정치적으로는 오히려 명군名君으로 불러도 좋을 왕들이 많기 때문이다.

이스라엘 왕국의 오므리(885–874), 아합(874–853) 이에 계속되는 아하시아(853–852), 요람(852–841)은 오므리 왕조라는 하나의 왕조로 그것은 북 이스라엘에서 가장 안정되고 번영한 시대였다. 앗시리아의 문서에는 이스라엘이라는 이름은 없고, '오므리의 집안'이라는 호칭이 나올 정도로 유력한 한 나라를 형성하고 있었던 시대였다.

오므리라는 왕은 배우 인덕도 있고 통치능력도 있으며, 동시에 선견자자적인 눈을 가지고 사마리아의 언덕을 구입하여 그 위에 수도를 건설했다.

그때까지는 북 이스라엘의 왕은 오프라, 또는 세겜에 있었는데, 오므리가 수도를 신설한 사마리아로 이전한 것은 거기가 전략상 요지였기 때문이다. 오늘날 보아도 역시나 할 정도로 좋은 장소에 도시를 세웠다고 할 수 있다.

조그마한 분지와 같은 지형에서 그 가운데에 조금 높은 곳에 성벽을 쌓은 도시가 있는데, 이것이 나중에 몇 번이고 앗시리아의 포위를 견딜 수 있었던 이유였다. 이처럼 그는 앗시리아가 아마 공격해 올 것을 예감하고 세운 도시였다.

그러나 이와 같은 것을 예언자는 평가하지 않는다. 오히려 오므리 왕이 페니키아와 외교관계를 세우고 아들 아합을 시돈의 왕녀인 이세벨과 결혼시켜 그 결과, 외국의 종교, 우상숭배와 이교의 풍습을 받아들여 주 하나님과의 계약을 무시하는 상태를 초래했다는 것에 예언자 엘리야는 규탄했다.

유일신에 대한 이스라엘의 종교를 순수 그리고 충실하게 섬기는 가 아닌가 하는 이 점으로만 예언자는 왕을 평가했다.

7) 율법 수호자, 현자(현인)들

모세는 〈구약성경〉의 '현자賢者, חכמים'의 원형이었다. 〈신약성경〉에서 모세를 현자(또는 현인)로 평가하는 기록이 스데반의 설교에서 나온다.

> 모세는 이집트 사람의 모든 지혜를 배워서, 그 하는 말과 하는 일에 능력이 있었습니다.(사도행전, 7:22).

이스라엘의 현자 계급은 그 기원에 있어서 다른 민족의 현자들과 관련된다. 예언자들이 하나님의 말씀을 영감어린, 파고드는 것 같은 방식으로 선언하지 않게 되었을 때, 일상생활에 지침을 줄 수 있는 자들이 필요하게 되었다.

이스라엘을 가르치는 데 있어서 현자들이 역할을 맡았던 곳은 바로 이 영역이었다. 그들은 율법을 실제적인 일상생활에 적용했다.

이 실제적인 지혜가 이스라엘 지혜문학으로 나타났다. 실제적이고 세상적인 지혜는 하나님의 경륜과 일치하지 않았다. 결국 구약성경에는 예언자들이 전문적인 현자들과 갈등을 일으켰던 시기가 있었다. 이러한 경우 실제적인 지혜로 제시된 것은 확실히 '세상적인 지혜'였다.

> 주님께서 말씀하신다.
> "이 백성이 입으로는 나를 가까이하고, 입술로는 나를 영화롭게 하지만,
> 그 마음으로는 나를 멀리하고 있다.
> 그들이 나를 경외한다는 말은, 다만, 들은 말을 흉내해는 것일 뿐이다.
> 그러므로 내가 다시 한번 놀랍고 기이한 일로 이 백성을 놀라게 할 것이다.
> 지혜로운 사람들에게서 지혜가 없어지고, 총명한 사람들에게서 총명이 사라질 것이다.(이사야서 29:13-14).

예언자들이 그들의 말을 들으려고 하지 않는 자들에게 설교해야 한다는 문제와 봉착했던 것처럼, 현자들도 백성들이 지혜의 생활을 따르기보다는 어리석은 생활을 추구하려고 한다는 것을 깨달았다.

비록 그들이 현자들의 지혜를 언제나 따르지 않았다 할지라도, 현자들은 효과적으로 교육철학과 교육체제를 형성시켰다. 이를 통해 전에는 거의 계획과 일관성없이 수행되었던 교육이 체계적인 전체로 발전하게 되었다.

오늘날까지 알려진 근세의 유명한 현자로는 **랍비 힐렐**과 그와 동시대의 **할라카** 학자인 **샴마이** 등이 유명하다.

Chapter 7
무엇을 가르치는가?

지혜에 네 귀를 기울이고
명철에 네 마음을 두어라
슬기를 외쳐 부르고
명철을 얻으려고 소리를 높여라.
은을 구하듯 그것을 구하고
보화를 찾듯 그것을 찾아라.
그렇게 하면,
너는 주님을 경외하는 길을 깨달을 것이며,
하나님을 터득할 것이다.(잠언 2:2-4)

1

토라

〈신명기〉 전체를 일컬어 "하나님 훈계의 책"이라고 하며, 그 중에서 모세를 통해 기록된 〈신명기〉의 율법 중 특히 "쉐마 이스라엘"로 시작하는 〈신명기〉 6장 4–9절은 긴 세월을 두고 구전으로 전승되어 온 '자녀교육의 헌장憲章'이라 할 수 있다.

자녀교육의 헌장憲章 쉐마

이른바 쉐마다. 쉐마는 "들어라"라는 뜻으로, 들은 말씀을 자자손손 전수하라는 것이다. 유대인 어린이가 세상에 태어나 말을 배우기 시작하면 제일 먼저 배우는 〈토라〉말씀이 쉐마다. 처음에는 간단한 두 문장을 외우기 시작하는데 〈신명기〉 6: 4–9절까지의 말씀이다.

> 이스라엘은 들으십시오.
> 주님은 우리의 하나님이시요 주님은 오직 한 분뿐이십니다.
> 당신들은 마음을 다하고 뜻을 다하고 힘을 다하여, 주 당신들의 하나님을 사랑하십시오.
> 내가 오늘 당신들에게 명하는 이 말씀을 마음에 새기고,

자녀에게 부지런히 가르치며, 집에 앉아 있을 때나 일어나 있을 때나, 언제든지 가르치십시오.
또 당신들은 그것을 손에 매어 표로 삼고, 이마에 붙여 기호로 삼으십시오.
집 문설주와 대문에도 써서 붙이십시오.(신명기 6:4-9).

쉐마는 〈성경〉의 기본으로 절대적이 계율이라 할 수 있으며 하나님의 절대명령이다.[50] **유대**인은 최소한 하루에 두 번 이 말씀을 외운다. 특히 아동들은 자기 전에 외운다. **유대**인 어린이들로 하여금 쉐마를 자기 전에 외우게 하는 것은 만약 아이가 자다가 갑자기 죽을 경우라도 이 **쉐마**가 그 아이의 마지막 유언이 되게 하기 위해서이다.

유대인들은 어른이 되어 나이 들어 죽을 때에도 **쉐마**를 마지막 유언으로 남기며 자식들이 여호와의 말씀을 맡은 자로서 사명을 영원히 감당하도록 한다.

〈신명기〉 6장 4–9절이 **쉐마**로 불리기 시작한 때는 BC 1세기 무렵으로 추정하고 있다. 그 내용은 **야웨**는 유일하신 하나님이시라는 **유대**인 종교의 근본적인 진리와 전 존재가 하나님께 헌신해야 할 의무를 포함하고 있다.[51]

---

50) 현용수(2010). 구약의 지상명령과 그의 구속사적 위치. **인성과 쉐마**. 제1권 제1호. 쉐마교육학회. 13–47.

51) W. Berclay(1997). *Educational Ideals in the Ancient World*. Grand Rapids: Baker Book House. 88.

필락테리Phylacterids와 메주자Mezuzah

이 쉐마를 교육하는 방법은 다음과 같은 두 가지가 있다.

첫 번째, 필락테리Phylacterids다. 신명기 6장 8절에 나오는 손목과 미간에 붙인 표를 필락테리 혹은 테펠린이라고 한다. 필락테리를 한다는 뜻은 계명을 가장 가치있는 것으로서 사람이 가지고 있는 가장 비싼 보석을 지키는 것처럼 해야 한다는 뜻이다.

깨끗한 동물가죽으로 작은 상자를 만들고 가죽 끈을 달아서 끈의 표면과 통의 표면에 검은 칙을 하고 그 속에 〈성경〉 구절을 양피지에 써서 넣고 하나는 이마에, 다른 하나는 왼손에 각각 부착시켰다.[52)]

두 번째는 메주자Mezuzah다. 메주자는 히브리어로 문설주를 뜻하는데 〈신명기〉 6장 9절에 근거하여 두 구절을 기록한 양피지를 넣은 통으로 세탁장과 창고 등을 제외한 모든 방의 문설주에 부착하는 것이다. 유대인들은 문을 지날 때마다 **"주님께서는, 네가 나갈 때나 들어올 때나, 이제부터 영원까지 지켜 주실것이다."**(시편 121:8)라고 외우고 나서는 그것에 입을 맞추곤 했다.

이와 같은 **필릭테리**와 **메주자**는 유일신 하나님에 대한 **"경험의 재구성"**으로서 반복에 의한 교육 방법의 한 형태였고, 결국 **쉐마**는 자녀들로 하여금 하나님의 말씀을 연상케 하여 반복을 통한 상징 교육을 시켰던 것이다.

---

52) 테필린이란 무엇인가(2013.05.31). *blog.daum.net/kss39279182/15541201* **미납**

이스라엘의 신앙교육은 삶의 현장에서 일어나 경험하도록 하는 교육이었다.[53)]

유대인이 만든 인터넷 사이트 '통곡의 별'에는 하루 약 2,500만 명이 방문하고 있다. 적어도 800만 명 이상의 유대인들이 하루 세 번 이상씩 접속하여 기도하는 삶을 살고 있다.

유대인 자녀교육의 특성

유대인 자녀교육의 목적은 하나님의 사람을 교육하는 것이고, 그 분의 명령을 마음에 두고 지키고 삶을 통하여 실천하는 것이었다. 이것은 오늘날까지도 변하지 않고 지켜오고 있는 교육의 핵심이다.

이 근간을 토대로 유대인 자녀교육의 특성을 다음과 같이 몇 가지로 정리할 수 있다.

(1) 창조주 하나님을 기억하게 하는 교육

안식일을 통하여 감사와 축제를 보내면서 온 가족이 음식을 나누는 시간을 가지며 하나님을 기억한다. 매 절기 때마다 저녁 식탁에서 교제하며 하나님에 대한 기억을 새롭게 하는 계기로 삼는다.

---

53) 서영준(2015). 개혁주의 관점에서 살펴 본 쉐마교육. **개혁논총**. 제35권, 개혁신학회, 327-364.

(2) 고난의 민족 교육

유대인들은 고난의 역사를 지닌 민족에 대한 자부심과 '선택된 민족'이라는 긍지를 심어주고 기회가 있을 때마다 조상들의 위대한 역사를 일깨워 준다. 그러기 때문에 고난의 역사도 중요한 교육 내용의 하나다.

어린 시절에 적절한 고난의 역사를 인식하는 것은 사람을 정신적으로 성숙하게 하는 큰 역할을 한다. 유대인들은 승리의 날보다는 패배의 날을 더 기념한다. 유대인은 조상들이 겪었던 참혹한 고난의 역사를 일일이 밝혀서 자녀들에게 반드시 자손 대대로 기억하도록 교육시킨다.

유대인의 큰 명절 중의 하나인 유월절 제사 책 〈하기다Hagadah〉도 "우리는 이집트 파라오의 종이었다."로 시작한다.

(3) 실제적인 경제교육

유대인은 물질을 철저하게 관리하도록 가르친다. 모든 물질은 하나님으로부터 온다고 믿는다. 다만 자신은 하나님이 주신 물질을 관리하고 있다고 여긴다. 따라서 유대인은 하나님이 주신 물질을 인간이 낭비할 수 없다는 강한 삶의 철학을 갖고 있다.

그들은 조국애와 도덕심을 가지고 비즈니스를 한다. 비즈니스를 하면서도 반드시 '키두쉬 하셈'을 생각한다.

키두쉬 하셈은 유대인이 거의 날마다 사용하는 단어다. "하나님의 이름이 거룩히 여김을 받으소서"란 의미다. 유대인은 아우슈비츠 수용소에서 사형집행을 당할 때 키두쉬 하셈을 외치며 죽었다. 하나님의 이름을 위해서라면 핍박도 즐거이 받겠다는 뜻이다.

유대인이 하나님의 이름을 거룩하게 하는 방법은 무엇인가? 하나님의 이름을 욕되게 하지 말아야 한다. 하나님의 이름을 욕되게 하지 않으려면 이방인에게 선행을 보여야 한다. 자신의 신앙의 아름다운 모습을 보여주는 것을 말한다.

이방인에게 거짓말을 하거나 부당한 이익을 얻음으로 유대인이 욕을 먹어 하나님의 이름이 욕되게 해서는 안 된다. 바른 장사를 하는 것은 하나님께 바른 일을 하는 것과 같다.

다른 사람의 강요에 의해서가 아니라 자기보다 위대한 하나님을 위해 행하는 선행은 하나님을 찬양하는 것이 된다. 하나님의 이름을 거룩하게 하는 것은 유대인 윤리의 지고의 표준이다.

유대인은 자신의 영광을 위해서 사는 것이 아니라 하나님의 영광을 위해서 산다. 유대인은 개개인이 **키두쉬 하셈**을 지키며 유대인다운 유대인이 된다.

(4) 부모의 직업 전수 교육

유대인은 노동을 강조하며 신성시한다. 유대인의 현자들은 **"생업이 수반되지 않는 모든 토라 연구는 헛된 것이다."**라고 강력히 말하였다. 이들은 인간 생업의 중요성에 대하여 **"빵이 없는 곳에 토라가 없다."**고 말한다. 〈탈무드〉는 **"가난한 것은 집안에 50가지 재앙이 있는 것보다 더 나쁘다."**고 가르친다.[54)]

고대의 유대인 아버지는 자녀에게 양치는 법, 전투하는 법, 노래 부르는 법 등을 토라와 함께 가르쳤다. 오늘날 유대인 부모들은 자신의 직업이나 사업을 자녀들에게 계승한다. 역사적으로 많은

---

54) 원용순 · 김선애 옮김(1980). **탈무드**.(Abraham Cohen 지음). 서울: 한국기독교문화연구소 출판부. 16.

고난을 겪은 유대인들은 언제, 어떻게 재산을 잃고 살던 곳에서 추방을 당할지 모른다.

그 때를 대비해서라도 언제 어느 곳에서든 먹고 살 수 있는 기술을 배우도록 가르친다.[55)]

〈탈무드〉는 "아들에게 직업을 안 가르치면 자식을 강도로 키우는 것과 같다."고 강력하게 경고하고 있다.

이처럼 유대인의 교육 순서는 마음을 지키는 하나님의 말씀 교육이 먼저이고, 그 말씀 교육이 세상에서의 직업 교육으로 연장되고 있다.

(5) 독서전통

유대인의 독서전통은 어제오늘에 세워진 것이 아니다. 예로부터 유대인은 책의 민족이라 일컬어져 왔다. 세계에서 가장 독서를 많이 하는 민족은 유대인이다. BC 6세기부터 쓰이기 시작한 〈탈무드〉에는 독서에 관한 수많은 경구가 수록되어 있다.

유대율법 가운데 안식일법을 보면 일상생활에서 그렇게도 많은 행위에 제한을 가하면서도 안식일에 책읽는 행위는 허용될 뿐만 아니라 권장했다.

---

55) 윤화석(2007), **기독교교육 역사 및 철학**. 서울: 혜본, 65.

2
생활교육지침서 〈잠언〉

잠언箴言으로 번역된 히브리어 '마샬'은 '경계의 말씀'이란 뜻을 지니고 있으며, 비교를 통해 어떤 사물의 속성을 나타낸다.

예언자들의 사상을 용광로라고 한다면 잠언이란 것은 어디에서도 유통되는 화폐와 같은 것이라고 어떤 학자는 말했다. 잠언은 많은 말 대신에 지혜로운 원리들을 짧은 문장으로 기록하여 읽는 이들을 가르친다. 잠언이란 책 이름은 히브리 성경의 첫 낱말인 '솔로몬의 잠언'이란 말에서 유래되었다.

잠언이란 우리 생활에 광범위하게 침투되어 있다. 그 반면, 일상생활 교훈이 되어 사상의 힘은 상실되어버린다.

우리나라에서도 이 잠언형식의 속담이나 격언이 수록된 책으로 '명심보감明心寶鑑'이란 책이 있다. 인생이 어떻게 살아야 할지를 가르쳐 주는 짧은 말로 백성에게 가르쳐 주었다.

이런 경우, 기본이 되어 있는 것은 그것이 어떤 사상이든 그 어려운 사상을 그대로 가르치는 것이 아니라 짧은 시나 훈계로 암기시킨다. 이것이 민중교화民衆敎化의 가장 간편한 수단이어서 이것이 침투하면 자기는 왜 그렇게 하는지를 모르지만 그것을 극히 당연한 것으로 받아들이게 된다. 잠언은 그러한 효과를 지니고 있다.

동시에 그 기본적인 사상이 이해되지 않게 되는 부정적인 측면도 있다. 예컨대, 현재의 우리들 한국인의 도덕률에 대해서도 대체로 유교적인 잠언이 극히 당연한 것으로 받아들여지는 사고방식 위에 성립되어 있지만, 그것이 왜 당연한 것인가에 대해서는 사람들은 의문시하지 않는다.

잠언화箴言化에는 사상으로서의 힘을 상실시킨다는 뜻에서 큰 마이너스 면이 있다.

본래 **유대교**에서는 주 1회, 안식일마다 회당에서 〈**토라**〉와 그 외의 문서들을 읽고 들려주고 하였기 때문에 단순히 잠언화箴言化된 것은 아니었을 것이다. 그리고 〈**토라**〉와 〈잠언〉이 병행해 있는 동안은 별로 문제가 없었을 것이다.

그러나 잠언이 민중사상이 되어 지배하게 되면 이것은 일종의 응보사상으로 변하게 된다. 즉, "이러한 것을 하게 되면, 하나님은 이렇게 보응해 주실 것이다."로 연결이 된다.

이것은 이미 **에스라** 사상에도 보이는 것으로 우리들은 이러한 상태에 있는 것은 언약을 파기했기 때문이라는 것은 언약을 지킨다면 이러한 상태로부터 탈출할 수 있을 것이라는 역발상으로 될 수 있다.

이것이 교훈화, 잠언화되면 한층 더 철저하게 되어 그 하나하나를 지키면 하나님은 이렇게 은혜롭게 해 주실 것이라는 발상이 등장한다. 그리하여 그것을 역으로 하면 그렇게 은혜롭지 못한 인간은 하나님의 가르침을 지키지 못하였다. 그러므로 그 대가를 치른 것이라는 생각으로 바뀌어도 별로 이상하지 않다.

그러나 이러한 생각에는 보다 신중하게 접근해야 할 필요가 있다. 예컨대, 정의는 반드시 보상을 받는다는 생각을 한다면, 그러면 보상받지 못한 사람은 모두가 불의한 자들인가 하는 생각에 빠지게 된다. 의는 반드시 이긴다 하면 패한 사람은 전부가 불의하다는 말인가?

〈잠언〉의 주제: '하나님을 경외하라'

잠언화에는 이와 같은 사정을 단순하게 구분하여 판정해버리는 면이 있다.

그러나 〈구약성경〉에는 그러한 잠언적 발상에 대하여 철저하게 비판하며, 반항하고 있는 문서가 있다. 그것이 〈욥기〉이다.

여기에서 생각하려고 하는 것은 우선 이 〈잠언〉이 교육서로 따라서 교육서라고 하는 한계가 있다는 것이다.[56] 다음에 이 상반되는 것 같이 보이는 양자가 '지혜문학'으로서 총칭되는 바, 그 외에 〈전도서〉나, 〈시편〉의 일부도 이에 포함되어 있다.

〈잠언〉 전체의 주제는 1:7에 나타나 있다.

> 주님을 경외하는 것이 지식의 근본이어늘, 어리석은 사람은 지혜와 훈계를 멸시한다.

〈잠언〉 전체를 꿰뚫어 흐르는 주제는 삶의 지혜, 여기에는 어

---

56) 장일선(2000). **삶을 위한 지혜: 히브리 지혜문학 연구**. 서울: 대한기독교출판사. 134-141.

리석음, 죄, 선함, 재물, 가난, 말하는 것, 자만심, 겸손, 공의, 복수, 싸움, 사랑, 색욕, 게으름, 친구, 가정, 삶과 죽음에 대한 특별한 교훈이 포함되어 있다. 인간관계에서 대두되는 거의 모든 것이 언급되어 있으므로, 이 책의 교훈은 세계 도처의 모든 사람에게 적용되어질 수 있다.

이 잠언집의 본질은 윤리의 기준에 대한 교훈이다. 잠언의 문학적 특색은 대조법에 의하여 주고자 하는 교훈을 선명하게 제시하는 점이다.

이 책은 여러 시대에 걸쳐 여러 명의 저자들과 편집자들에 의해 기록된 여덟 부분으로 구성되어 있다. 이 책에 있는 말씀들은 어떻게 경건한 삶을 살아야 하며, 오는 세상에서 받을 그 상을 확신하며 살아가려는 어떻게 할 것인가에 대해 수집해 놓은 교훈의 총서다.

그러므로 이 잠언들은 하나님의 율법을 알고 있는 현인들의 지혜의 정수이기 때문에 통속적인 흥미를 자극하지는 않는다.

이처럼 얼핏 보기에는 그것이 '세상적인 접근'을 하는 것처럼 보이지만, 인간사에 빛을 비추시는 하나님의 계시에 대한 인식임이 분명하다.

솔로몬과 잠언에 나오는 그 밖의 다른 지혜서 저자들은 이 잠언에서 단순히 자신들의 사사로운 의견들을 피력하는 것이 아니라, 하나님을 모든 지혜의 근원이 되시는 분으로 간주하며, 그리고 실로 거의 인격적인 의미에서 나오는 지혜를 혹시는 하나님의 신의 현현顯現manifestation으로 간주하는 것인지도 모른다.

아이들아, 건전한 지혜와 분별력을 모두 잘 간직하여 너의 시야에서 떠나지 않게 하여라.
그것이 너의 영혼에 생기를 불어넣으며, 너의 목에 우아한 장식물이 될 것이다.
그 때에 너는 너의 길을 무사히 갈 것이며, 너의 발은 걸려 넘어지지 않을 것이다.
너는 누워도 두렵지 않고, 누우면 곧 단잠을 자게 될 것이다.
너는 갑자기 닥치는 멸망을 보고 무서워하지 말아라.
주님께서 네가 의지할 분이 되셔서 너의 발이 덫에 걸리지 않게 지켜 주실 것이다.(잠언 3:21-26).

3
공의를 가르치는 〈욥기〉

이 책은 주인공 '욥'의 이름을 따라 제목이 정해졌다. 그는 역사적 실재 인물이었으며(에스겔서 14:14; 야고보서 5:11), BC 20세 무렵의 비성경 문헌에도 그의 이름이 기록되어 있다.[57)]

그의 이름을 히브리식으로 표기하면 '이욥איוב'으로 2음절이지만 라틴어 성경인 〈불게이트〉 성경에서 단절음인 '욥'으로 표기하기 시작했다.

전개되는 신의론神義論

잠언적인 의미에서의 하나님의 계명을 완전하게 지킨 인간, **"그는 흠이 없고 정직하였으며, 하나님을 경외하며 악을 멀리하는 사람이었다."**(욥기 1:1). 나아가서 그는 은혜를 받은 재산가, 그 위에 많은 자녀가 있었고, 가정도 행복했다.

〈잠언〉의 발상에서 볼 때, 이것은 당연한 것이었고, 그는 평생에 걸쳐서 보상을 받을 것이지만 어느 날, 아무런 이유없이 모든 고난에 부딪친다는 이야기로 되어 있다. 거기에 잠언적 세계관에

---

57) 윤창열 옮김(1984). **구약성경고고학**. 서울: 한국기독교교육연구원. 205-206.

대한 통열한 비판이 숨겨져 있어 거기에서부터 신의론神義論이[58] 전개되어 간다.

욥기의 주제와 목적

인간의 비참한 상황과 고통 혹은 '고통 받는 의인'에 대한 〈욥기〉의 상황이나 내용은 고대 근동 문헌에서도 다루고 있던 문제였다. 곧 인간의 역사만큼이나 오래 전부터 이어져 온 문제라는 것이다. 〈욥기〉는 성문서聖文書에 해당하는 책으로서 하나님의 연단練鍛과 인생의 고통 그리고 전능자의 섭리와 의인 욥의 신앙을 주제로 삼고 있다.

〈욥기〉의 목적은 몇 가지로 나누어 볼 수 있다.

첫째, 인생고人生苦의 문제를 취급하고 그 해결을 시도한다. 인생고란 단순히 인과적인 것이 아니라, 고난이 하나님의 섭리 아래에 있다는 것을 말해 주는 것이다.

둘째, 〈욥기〉는 고난 가운데 특히 의인의 고난을 다룬다. 의인은 고난을 통하여 연단을 받으며, 종국에 가서는 하나님의 능력과 은총의 손길을 통하여 더욱더 큰 축복을 받는다는 사실을 밝히고 있다.

셋째, 〈욥기〉는 대화의 의미와 효능을 보여준다. 특히, 하나님과 사탄의 대화, 욥과 세 친구의 대화, 욥과 하나님과의 대화를 통하여 원인을 알 수 없는 의인의 고통 문제를 풀어나간다.

---

58) 또는 신정론神正論, theodicy, 변신론辯神論, 호신론護神論이라 한다. 신의 정당함을 주장하는 이론을 가리킨다. 이 이론은 신이 전능하면서도 선하다고 한다면 왜 이 세상에 고통이 존재하는가를 묻는 물음에 대한 다양한 대답이라 할 수 있다.

넷째, 욥의 인내가 모든 문제 해결의 실마리가 된다는 것을 보여준다.

다섯째, 엘 사다이(전능자 하나님)가 완전한 해결의 열쇠를 쥐고 있다는 사실을 분명히 언급한다.

또한 〈욥기〉에서 사용되고 있는 문학 양식들은 당시 알려져 있던 것들이었다. 이러한 특성은 고대 근동의 문학 작품에서 다양하게 발견된다.[59]

〈욥기〉는 고대 히브리인의 고난신학에 깊이 뿌리를 박고 있다. 이스라엘 백성들이 광야의 고난을 통하여 야웨에게 의지하는 신앙을 배웠고, 바벨론의 포로생활을 통하여 시온의 향수를 갈망하게 된 것처럼, 〈욥기〉는 고난을 통하여 하나님과 더욱 깊은 교제를 갖는 것이 신앙의 바른 길임을 말하고 있다. 즉 전통적 응보사상이나 인과론은 인간을 절망의 늪으로 몰아넣는 결과를 낳지만, 하나님의 섭리를 믿는 신앙과 인내는 반드시 행복한 결과를 가져온다는 것을 보여주는 것이다.[60]

특히, 〈욥기〉는 전통적인 히브리 문학의 형식을 철저히 고수하고 있다. 고대 그리스 문학의 특징은 희극에서 시작하여 인본주의를 거쳐 비극으로 끝나는 것이 통례이지만, 히브리 문학은 비극에서 시작하여 야웨 신앙을 거쳐 해피엔딩에 이르는 것이 특징이다.

〈욥기〉는 예수 그리스도의 십자가 고난과 직결되는 사상을 독자들에게 심어준다. 원인을 알 수 없는 고난, 이 고난을 극복하기 위

---

59) 김혜윤(2010). **시서와 지혜서**. 서울: 생활성서사. 127.

60) 강성두(2006). **욥기의 삶과 고난 이해**. 서울: 대한기독교서회, 10-11.

해서는 한편으로는 '어찌하여'라는 탄원을 하나님께 드리지만, 동시에 전능자 하나님을 전적으로 신뢰한다.

예수께서도 욥처럼 "어찌하여 나를 버리셨나이까?"라고 탄원하면서도, "아버지, 내 영혼을 부탁하나이다."라면서 하나님을 믿고 그분께 모든 것을 맡겼다. 이러한 신앙을 통하여 비로소 부활이라는 해피엔딩을 얻게 된 것이다.

이처럼 〈욥기〉는 고통이라는 현실 앞에서 절대 신앙으로 인내하는 참 성도의 모습을 보여주는 교과서라고 할 수 있다. 이 책을 통하여 '섭리', '시험', '신앙', '인내', '인생'을 배운다.

결론적으로, 〈성경〉 밖의 다른 고대 근동 문헌들 또한 인간이 겪게 되는 고통에 대해 묘사하고 있지만, 〈욥기〉야말로 그 어느 작품과도 비교할 수 없을 만큼 탁월하게 이를 표현하고 있다. 다른 작품들에 비해 더 깊게 이 문제를 다루고 있으며, 구성의 복잡성, 마지막 순간까지 지속되는 극적인 특성, 전혀 새로운 모티브 등만을 생각해 보아도 이 점을 충분히 알 수 있다.[61]

〈욥기〉의 구성은 분명히 일종의 극시劇詩로, 모두는 지상에서의 하나님과 사탄과의 다음과 같은 문답으로 시작한다.

> 하루는 하나님의 아들들이 와서 주님 앞에 서고, 사탄도 그들과 함께 주님 앞에 섰다.
> 주님께서 사탄에게 "어디를 갔다가 오는 길이냐?"하고 물으셨다. 사탄은 주님께 "땅을 이리저리 돌아다니다가 오는 길입니다"하고 대답

61) 박요한 영식(2002). **고통은 왜: 욥기 해설**. 서울: 성바오르. 84-85.

하였다.
주님께서 사탄에게 말씀하셨다. "너는 내 종 욥을 잘 살펴 보았느냐? 이 세상에 그 사람만큼 흠이 없고 정직한 사람, 그렇게 하나님을 경외하고 악을 멀리하는 사람이 없다.
네가 나를 부추겨서, 공연히 그를 해치려고 하였지만, 그는 여전히 자기의 온전함을 굳게 지키고 있지 않느냐?"
사탄이 주님께 아뢰었다.
"가죽은 가죽으로 대신할 수 있습니다. 사람은 자기 생명을 지키는 일이면, 자기가 가진 모든 것을 버립니다. 이제라도 주님께서 손을 들어서 그의 뼈와 살을 치시면, 그는 당장 주님 앞에서 주님을 저주하고 말 것입니다!"(욥기 2:1-5).

이 기묘한 문답에는 흥미로운 점이 몇 가지가 있다.

하나는 **사탄**악마이 하나님과 대립하지 않고, 하나님 앞에 나와서 **욥**을 고발하고 있다는 점이다. 구약성경, 특히 그 오래된 자료에서 **사탄**은 결코 '하나님과 **사탄**의 대립'이라는 모양이 아니라 **사탄**은 하나님의 앞에서 사람의 죄를 고발하는 것으로 되어 있다.

그러므로 마치 '정의의 편'이 된 것인가 아니면 왜 그것이 '악'인가? 그것은 고발은 정의를 부르짖으면서 그 동기가 증오이고 증오를 죄악의 근원으로 보기 때문이다.

이 전통은 성경에서 일관되게 나타내고 있는데, 후대에 이르러 얼핏 보기에는 '선악2원론'처럼 보이지만 선악의 대립은 도리어 종교심리학적인 것으로 선한 충동과 나쁜 충동의 대립으로 보고 있다.

〈성경〉은 결코 '정의 대 악'과 같은 단순한 입장을 취하지 않고,

이 세상 속에 '정의의 편'과 '악의 근원'으로 보는 단락적 발상은 하지 않는다. 또 인간을 '착한 사람', '나쁜 사람'과 같은 식으로 나누어서 두 종류의 인간이 있다고도 생각하지 않는다.

이것은 〈에스겔서〉의 예에서도 보듯이 인간이란 증오가 동기로 정의를 입에 담기도 하고 행하기도 하는 것으로 보는 것을 말한다.

말하자면, '나쁜 충동'에 근거를 둔 '의에 의한 고발'인 것이다. 이사야 예언자도 "인간의 정의는 더럽힌 바지"라는 유명한 말을 입에 담지 않았던가?

〈욥기〉에 묘사된 사탄은 바로 그와 같은 존재이다.

〈잠언〉사상을 비판하는 욥

사탄의 말을 들은 하나님은 욥을 알아보려고 사탄의 손에 맡긴다. 때문에 욥에게는 이유를 알 수 없는 재앙을 만나게 되고 모든 재산을 상실케 되고, 자식들은 모두 불의의 사고로 죽음을 당하게 된다. 그러나 욥은 하나님을 원망하지 않고 다음과 같이 말한다.

> "모태에서 빈손으로 태어났으니, 죽을 때에도 빈손으로 돌아갈 것입니다.
> 주신 분도 주님이시오, 가져가신 분도 주님이신, 주님의 이름을 찬양할 뿐입니다."(욥기 1:21).

거기에서 사탄은 욥을 병들게 하고 온 몸을 악성 종기로 괴롭힌다. 이것을 본 아내가 "이래도 당신은 여전히 신실함을 지킨 겁니까? 차라리 하나님을 저주하고서 죽는 것이 낫겠습니다."(욥 2:8)고 하지만, 욥은 "우리가 누리는 복도 하나님께로부터 받았는데, 어찌 재앙이라고 해서 못 받는다 하겠소?"한다. 여기에 세 사람의 친구가 위로하러 등장한다. 여기까지가 서막序幕이다.

이 주제는 "인간은 구할 것이 없이는 하나님을 경외하지 않는다"는 인지상정人之常情에 대한 사탄의 고발이다. 사탄이 인간들은 '응보' 즉 '보답을 받는 것'이 절대적이어서, 하나님도 그 수단이기 때문에 욥이 그러한 생활을 하고 있는 것은 바로 하나님께 구하는 것이 없었기 때문으로 보았다.

그것은 인간에 대한 고발인 동시에 하나님의 절대성에 대한 도전이기도 하다. 하나님도 욥도 이 도전에 응답했다.

거기에 3명의 친구들이 위로하러 등장한다. 그러나 이 친구들의 말은 위로가 되지 않는다. 말하자면 그들은 〈잠언〉의 사상을 대표하고 있는데 그 주장을 요약하면 다음과 같이 되기 때문이다.

> 즉 "하나님은 전능하시고 의義롭기 때문에 아무런 이유없이 사람을 심판하고 고통을 주지 않는다. 인간의 고뇌는 그 사람에게 원인이 있다. 간단히 말하자면 인간은 죄를 범하고 그것 때문에 고통을 당하지 않으면 안 된다.
> 따라서 인간이 괴로워하는 것은 죄를 범하기 때문이다." 말하자면, 응보의 신학이다. 이것으로부터 본다면, 욥에게는 숨겨진 죄가 있었기 때문에 오늘 이와 같은 상태가 된 것으로 되어 버린다.

그러나 욥은 이에 승복하지 않는다. 정말 "정의는 반드시 승리한다"든가 "정직한 사람은 반드시 보응을 받는다"고 하는 발상은 역전되면 무섭다. 말하자면, 욥이 "보응을 받지 못한 것은 정직하지 못한 증거"가 된다. 거기에서 3명의 친구들은 그 숨기고 있는 불의를 고백하여 죄를 인정하라, 그러면 구원을 받을 것이라고 한다.

다음과 같이 욥을 재촉한다.

> 언제까지 네가 그런 투로 말을 계속할 테냐? 네 입에서 나오는 말 거센 바람과도 같아서 걷잡을 수 없구나.
> 너는, 하나님이 심판을 잘못하신 분께서 공의를 거짓으로 판단하신다고 생각하느냐?
> 네 자식들이 주님께 죄를 지으면, 주님께서 그들을 벌하는 것은 당연한 일이 아니냐?
> 그러나 네가 하나님을 간절히 찾으며 전능하신 분께 자비를 구하면, 또 네가 정말 깨끗하고 정직하기만 하면, 주님께서는 너를 살리시려고 떨치고 일어나셔서, 네 경건한 가정을 회복시켜 주실 것이다.(욥기 8:2-6).

일체를 상실한 중병에 걸린 욥에게 이와 같은 정말 교조주의적이지만, 오늘날에도 중병인을 "신심이 부족해서다"라고 책망하는 신흥종교도 있기 때문에 동서양을 막론하고 응보사상은 반드시 이러한 모양을 띈다.

물론 이 경우, 동양인이라면 '전생의 인과'라든가 "부모의 인과가 자식에게 미쳤다"고 하는 자기 책임 이외에다 그 원인을 전가하여 심리적으로 해결하는 방법이 있겠지만, 앞에서도 언급한 바와 같이 그러한 발상이 거의 없는 구약성경에서는 도망갈 길이 없다.

그리하여 히브리 사상은 항상 이 도망갈 길이 없는 극한상태를 철저하게 추급해 간다. 따라서 욥과 세 명의 친구들 간에는 여전히 거듭되는 논쟁이 반복될 뿐이다.

'고난의 종'의 암시

마지막으로 욥은 친구들을 '무능한 의사', '겉만 치장하는 사람들'로 말하면서 논쟁을 끝맺고는 마침내 하나님에게 직접 논쟁을 시도하는데, 이 계속되는 논쟁 속에서 제2이사야의 '고난의 종'과 함께 후에 그리스도교에 큰 영향을 미친 것은 19장의 다음 구절이다.

> 나는 확신한다. 내 구원자가 살아 계신다.
> 나를 돌보시는 그가 땅 위에 우뚝 서실 날이 반드시 오고야 말 것이다.
> 내 살갗이 다 썩은 다음에라도, 내 육체가 다 썩은 다음에라도,
> 나는 하나님을 뵈올 것이다.
> 내가 그를 직접 뵙겠다.
> 이 눈으로 직접 뵈올 때에,
> 하나님이 낯설지 않을 것이다.(19:25-27).

그리스도 신자들은 후에 이것을 예수 그리스도 출현의 예고로 받아들였다. 물론 원문의 작자가 그 의미를 포함하고 있다는 증거는 없다.

그러나 이 '구원하는 자'-그를 그 고뇌로부터 해방하고 구원하는, 비판하는 친구들과 공격하는 하나님에 대하여 욥의 편에 서서 변호해 주는 자 덕택에 '후 일에', 그리고 욥이 '반드시 땅 위에 우

뚝 선다'는 말은 그렇게 받아들여 예수를 그와 같이 보는 근거가 되고 있다.

그런 의미에서 그는 역사적 미래에 기대를 걸고 있다고도 볼 수 있다.

또 "육체가 떠나 하나님을 본다"를 "육체가 없는 영뿐인 상태"에서로 의미를 찾아 이것을 사후의 세계에서 하나님을 직접 본다는 의미로 해석하는 사람도 있는데, 이는 지나친 해석이다.

오늘날은 이것을 "육체로부터", 또는 "육체 그대로"로 번역하는 것이 적절하다는 견해가 설득력을 얻고 있다.

일체의 논쟁에 실망한 욥은 앞서 언급한 바와 같이 하나님에게 논쟁을 시도한다. 말하자면 "하나님이 바른지, 자기가 옳은지 결론을 내려고" 한다. 흥미로운 것은 이러한 생각에는 하나님을 믿는다는 것은 곧 하나님에게 논쟁을 시도하는 것이란 점이다.

이것은 욥만이 아니라 사무엘도 그의 말 가운데에 있는데, 이러한 생각은 우리들이 말하고 있는 '신심'과는 전혀 다른 별개의 것이다.

하나님은 폭풍 가운데로부터 큰 소리로 욥에게 대답하신다. 이 대답이 우리들에게는 실로 기묘하게 들린다. 그것은 한 마디로 해서 "너는 피조물이 아닌가?"하는 것이다. 창조주는 피조물의 위에 절대의지를 갖고 있다. 이것도 〈구약성경〉의 근본적인 사상, 〈창세기〉 1, 2장에서 볼 수 있는 생각이다.

이사야는 이것을 도자기를 굽는 사람과 도자기의 관계로 비유한다. 도자기는 도자기를 굽는 사람에게 항의를 할 수 없다. 욥은 그것을 자각하지 못하고 있다. 그것을 자각하지 않는 것이 욥의 죄며, 하나님은 그의 무지를 책망하신다. 욥은 그것을 자기의 죄로 참회하고 여기에서 하나님과의 화해가 이루어진다.

'피조물의식'이라는 말이 있는데, 이것은 우리들에게는 이해하기 힘든 '감정'일 것이다. 그러나 이와 같은 하나님의 '절대성'은 이익, 응보의 모양으로 하나님을 협상의 대상으로 삼는 '상대성'을 배제한다. 이른바 절대적인 것은 하나님이지 응보가 아니다. 하나님은 응보의 보증인도 아니다.

이 〈욥기〉의 사상은 칼빈의 예정설을 상기시키는데 그렇게 보면 이 '욥 개인과 하나님과의 대결'도 현대사회의 사상의 하나의 기초가 되어 있다고 할 수 있다.

제2의 이사야 '고난의 종'의 노래

제2이사야는 바벨론 포로 시절에 포로들에게 희망의 메시지를 선포한 무명의 예언자 자신을 가리키거나 그가 선포한 예언인 〈이사야서〉 40–55장을 나타내고 있다. 제2이사야의 예언은 바벨론의 마지막 왕인 나보니두스(BC 556–539) 재위 말인 BC 540년 무렵의 상황을 반영하고 있다.

그래서 그의 예언에는 바벨론의 내부 혼란과 그 세력의 약화,

페르시아 고레스 왕의 세력 강화라는 외부의 위협, 바벨론으로의 귀환 열망 등이 곳곳에 나타나고 있다.[62)]

그런데 제2이사야의 예언은 포로 상황이라는 특수성 때문에 이미 멸망을 체험하고 위축되어 있는 하나님의 백성들에게 심판의 예언보다는 희망의 예언을 선포한 특징이 있다. 이러한 제2이사야 예언의 특징은 BC 8세기의 정황에서 심판을 선포한 예루살렘의 이사야의 메시지와 큰 차이를 보이고 있다.

첫 번째 '고난의 종'의 노래

"나의 종을 보아라. 그는 내가 붙들어 주는 사람이다.
내가 택한 사람, 내가 마음으로 기뻐하는 사람이다.
내가 그에게 나의 영을 주었으니, 그가 뭇 민족에게 공의를 베풀 것이다.
그는 소리치거나 목소리를 높이지 않으며, 거리에서는 그 소리가 들리지 않게 할 것이다.
그는 상한 갈대를 꺾지 않으며, 꺼져 가는 등불을 끄지 않으며, 진리로 공의를 베풀 것이다.
그는 쇠하지 않으며, 낙담하지 않으며, 끝내 세상에 공의를 세울 것이니, 먼 나라에서도 그의 가르침을 받기를 간절히 기다릴 것이다."(이사야서 42:1-4).

62) 오택현(1999). 제2이사야와 신명기 역사에 반영된 바벨론 제국의 상황. **구약논단**. 26집, 한국구약학회, 401-419.

나머지 '고난의 종'의 노래(49:1-6; 50:4-9; 52:13-53:12)

너희 섬들아, 내가 하는 말을 들어라.
너희 먼 곳에 사는 민족들아, 귀를 기울여라.
주님께서 이미 모태에서부터 나를 부르셨다.
내 어머니의 태 속에서부터 내 이름을 기억하셨다.(49:1).

나를 의롭다 하신 분이 가까이에 계시기 때문이다.
누가 감히 나와 다투겠느가! 함께 법정에 나서보자.
나를 고소할 자가 누구냐?
나를 고발할 자가 있으면 하게 하여라.(50:8).

그러나 그가 찔린 것은 우리의 허물 때문이고, 그가 상처를 받은 것은 우리의 약함 때문이다.
그가 징계를 받음으로써 우리가 평화를 누리고, 그가 매를 맞음으로써 우리의 병이 나았다.(53:5).

소통의 회복, 하나님 체험

신앙인과 하나님 사이의 단절된 소통이 회복되는 계기가 되는 것은, 바로 '하나님 체험'이다. 고통 속에서 하나님의 부재를 느끼게 되는 신앙인에게 있어서 하나님의 현존을 체험하는 것만큼 중요하고 절실한 것은 없다.

신앙인의 하나님 체험은 다양한 방법으로 이루어지는데, 이는 하나님께서 각 사람에게 필요한 방식으로 다가오시기 때문이라 할 수 있다.

하나님께서 고통에 대한 응답을 촉구하는 욥에게 직접 나타나셔서 말씀하신다. 하나님의 말씀(38:1-40:2; 40:6-41:34)을 들으면서, 점점 자신의 잘못을 깨닫게 된 욥은, 마침내 그 분께 대한 저항과 비난을 포기하고 신앙고백적인 응답(42:1-6)을 하게 된다.

욥은 이제 하나님의 진정한 관계성을 지니게 되었다.

> 주님이 어떤 분이시라는 것을 지금까지는 제가 귀로만 들었습니다.
> 그러나 이제는 제가 주님을 제 눈으로 주님을 뵙습니다.
> 그러므로 저는 제 주장을 거두어들이고,
> 티끌과 잿더미 위에 앉아 회개합니다.(욥기 42:5).

"주님을 뵙습니다(ראתך)"라는 표현은 욥의 하나님 체험이 직접적이고 인격적인 만남이었음을 말해준다.

4
종교적 경험을 체험하는 〈시편〉

성경의 다른 어떤 책에서도 이처럼 선명하고 아름다운 종교적 경험이 다양하게 표현되지는 않았다. 아 다양한 신앙의 표현 속에서 이스라엘인들의 심경을 적나라하게 읽을 수 있다.

이스라엘 민족의 깊은 지혜(통찰력)는 이 〈시편〉들에서 제사의식과 연결됨으로써 그 영원성을 갖게 되었다. 여기에서는 각 개인의 삶이 이스라엘 민족의 운명과 상징적으로 연결된다. 수세기에 걸쳐 다양한 삶의 상황에서 얻어진 인간의 영적 체험이 한데 모아진 것이다.

이 〈시편〉들은 순수하고 벅찬 감동의 자발적인 표현들이다. 영적 체험의 실상이 일상 생활의 어려움을 통하여 표현되었다. 어떤 학자는 〈시편〉을 "역사 속에 행하시는 하나님과 이스라엘의 반응"[63]이라고 할 정도로 〈시편〉은 이스라엘 민족의 정서를 표현하고 있다.

---

63) 이성혜(2016). 역사 속에 행하시는 하나님과 이스라엘의 반응. **성경과 신학**. 제79집, 한국복음주의신학회, 1-25.

시편의 제목, 테힐림찬양

유대인의 찬송이기도 한 〈시편〉의 히브리어 제목은 '찬양'을 의미하는 테힐림이다. 실제로 이 '찬양'의 사상은 〈시편〉 전체에 흐른다. 그러나 이 〈시편〉의 내용은 노래와 비탄함과 찬양 등 다양하므로 본래 〈구약성경〉에서는 이름이 붙여지지 않았다. 유대인들이 그것을 '테힐림', 즉 찬양의 책이라고 부른 반면 〈70인역〉에서는 '시가詩歌의 책'이라고 기록되었다.

각 시詩의 표제문

각 시 위에 있는 표제문에는 저자의 이름이 직접 언급되거나 때로는 암시 정도로 끝나는 우의도 있다. 또 어떤 경우에는 각 시편이 쓰어진 동기가 적혀 있으며 공적公的 제사를 위한 용도를 밝히고 있는 것도 있다. 한편 표제 중 일부는 음악효과나 배경의 요구를 지시하고 있으며, 그 시의 기본성격(미스올: 노래를 위한 가사문, 쉴: 노래, 마스길: 선곡집, 믹담: 애가) 등을 나타내는 표제도 있다.

각 시의 표제문은 ① 그 시의 형태를 지칭하는 기술적 명칭, ② 음악 용어, ③ 찬양의 선율, ④ 전례典禮의 표기, ⑤ 역사적 사실 중 하나 또는 일부의 내용을 포함한다. 이 표제문은 히브리어 원문의 첫 절에 상응하는 것으로 34편을 제외한 모든 시의 서두에 나와 있다.

물론 표제들은 후대에 와서 편집 과정 중에 붙여진 것이지만 그 역사적 내용은 정확하다.

가장 많이 사용된 기술적 용어는 '셀라'와 '영장(지휘자)으로'라는 말이다. 〈시편〉에서 71회, 〈하바국서〉 3장에서 3회 사용된 '셀라'라는 말은 아마도 반주부의 막간이나 변화를 알리는 음악적 표기일 것이다.

〈시편〉의 분류

〈시편〉을 유형으로 분류할 때는 다음과 같은 네 가지 유형,

① **신앙공동체의 시**: 하나님 백성 전체가 그 주체가 되는 시이다. 당연히 주어가 복수로 나타난다. 공동체의 애가와 공동체의 감사시로 다시 나눌 수가 있다.

② **개인적인 신앙 고백의 시**: 대부분의 시들이 이 유형에 속한다. 신앙공동체의 시와 같이 애가와 감사시로 나뉜다.

③ **찬양의 시**: 찬미의 대상에 따라서 분류된다. 창조주 하나님의 위대하심을 찬양하는 시(8, 19, 29, 104편), 시온의 아름다움을 찬미하는 시(46, 48, 76, 84, 122, 137편), 구속의 역사를 찬미하는 시(78, 81, 105, 106 등), 하나님의 왕국을 찬미하는 시(24, 27, 68, 93, 99편 등), 하나님의 율법을 찬미하는 시(1, 19, 119편), 이러한 것들이 혼합되어 있는 시(33, 103, 145−150편 등).

④ **그리고 왕의 시**(Royal Psalm): 왕의 시(메시아 시)는 물론 직접적으로는 왕에 대한 찬양이지만 여호와의 기름부음을 받았다는데에 찬양의 의미를 부여하므로 결국 이러한 시들은 메시아를 내다보는 예언적 성격을 지니게 된다.

또는 주제에 따라 분류하기도 한다. 예컨대, 창조(8, 19편), 출애굽(78편), 저주(7편), 회개(6편), 순례자의 시(120편), 메시아에 관한 중요한 예언들을 포함하는 시(2, 8, 16, 22, 118편 등)이다.

① 창조

주 우리 하나님, 주님의 이름이 온 땅에서 어찌 그리 위엄이 넘치는지요?
저 하늘 높이까지 주님의 위엄가득합니다.
어린이와 젖먹이들까지도 그 입술로 주님의 위엄을 찬양합니다.
주님께서는 원수와 복수하는 무리를 꺾으시고, 주님께 맞서는 자들을 막아 낼 튼튼한 요새를 세우셨습니다.
주님께서 손수 만드신 저 큰 하늘과 주님께서 친히 달아 놓으신 저 달과 별들을 내가 봅니다.
사람이 무엇이기에 주님께서 이렇게까지 생각하여 주시며, 사람의 아들이 무엇이기에 주님께서 이렇게까지 돌보아 주십니까?(8:1-4).

주님께서 크게 노하시니, 땅이 꿈틀거리고, 흔들리며, 산의 뿌리가 떨면서 되틀렸다.
그의 코에서 연기가 솟아오르고, 그의 입에서 모든 것을 삼키는 불을 뿜어 내시니,
그에게서 숯덩이들이 불꽃을 튕기면서 달아올랐다.
주님께서는 그룹을 타고 날아오셨다.
바람 날개를 타고 높이 솟으셨다.
어둠을 장막삼아 두르시고 빗방울 머금은 먹구름과 짙은 구름으로 둘러서 장막을 만드셨다.
주님 앞에서는 광채가 빛나고, 짙은 구름은 불꽃이 되면서, 우박이 쏟아지고, 벼락이 떨어졌다.(18:7-12).

② 출애굽

하나님이 이집트에서는 여러 가지 징조를 보이시고, 소안 평야에서는 여러 가지 기적을 보이셨다.
강물을 피로 변하게 하셔서, 시냇물을 마실 수 없게 하셨다.
파리를 쏟아 놓아서 물게 하시고, 개구리를 풀어 놓아 큰 피해를 입게 하셨다.
농작물을 해충에게 내주시고, 애써서 거둔 곡식을 메뚜기에게 내주셨다.
포도나무를 우박으로 때리시고, 무화과나무를 된서리로 얼어 죽게 하셨으며,
가축을 우박으로 때리시고, 양 떼를 번개로 치셨다.
그들에게 진노의 불을 쏟으시며, 분노와 의분과 재앙을 내리시며,
곧 재앙의 사자를 내려 보내셨다.(78:43-49).

③ 저주

주 나의 하나님, 내가 주님께로 피합니다.
나를 뒤쫓는 모든 사람에게서 나를 구원하여 주시고, 건져 주십시오.
그들이 사자처럼 나를 찢어 발기어도, 나의 목숨 건져 줄 사람이 없을까 두렵습니다.
주님, 진노하며 일어나시고, 내 대적들의 기세를 꺾어 주십시오.
하나님, 깨어나셔서 판결을 내려 주십시오.
주님께서는 그 높은 법정으로 돌아오십시오.
주님께서는 뭇 백성들을 판단하시는 분이시니, 내 의와 내 성실함에 따라 나를 변호해 주십시오.
악한 자의 악행을 뿌리 뽑아 주시고 의인은 굳게 세워 주십시오.
주님은 의로우신 하나님, 사람의 마음 속 생각을 낱낱이 살피시는 분이십니다.(7:6-9).

④ 회개

나는 탄식만 하다가 지치고 말았습니다.
밤마다 짓는 눈물로 침상을 띄우며, 내 잠자리를 적십니다.
사무친 울화로, 내 눈은 시력까지 흐려지고,
대적들 등쌀에 하도 울어서 눈이 침침합니다.
악하 일을 하는 자들아, 모두 다 내게서 물러가거라.
주님께서 내 울부짖는 소리를 들어 주셨다.
주님께서 내 탄원을 들어 주셨다.
주님께서 내 기도를 받아 주셨다.
내 원수가 모두 수치를 당하고, 벌벌 떠는구나.
낙담하며, 황급히 물러가는구나.(6:6-10).

⑤ 순례자의 시

내가 고난을 받을 때에 주님께 부르짖었더니,
주님께서 나에게 응답하여 주셨다.
주님, 사기꾼들과 기만자들에게서 내 생명을 구하여 주십시오.
너희, 사기꾼들아, 하나님이 너희에게 어떻게 하시겠느냐?
주님이 너희를 어떻게 벌하시겠느냐?
용사의 날카로운 화살과 싸리나무 숯불로 벌하실 것이다.
괴롭구나! 너희와 함께 사는 것이 메섹사람의 손에서 나그네로 사는 것이나 다름없구나.
게달 사람의 천막에서 더부살이하는 것이나 다름없구나.(120:1-5).

⑥ 메시아에 관한 예언

어찌하여 뭇 나라가 슬렁거리며, 어찌하여 뭇 민족이 헛된 일을 꾸미는가?
어찌하여 세상의 임금들이 전선을 펼치고,
어찌하여 통치자들이 음모를 함께 꾸며 주님을 거역하고,
주님과 그의 기름 부음 받은 이를 거역하면서 이르기를 "이 족쇄를

벗어 던지자.
이 사슬을 끊어 버리자" 하는가?
하늘 보좌에 앉으신 이가 웃스신다.
내 주님께서 그들을 비웃으신다.
마침내 주님께서 분을 내고 진노하셔서, 그들에게 호령하시며 이르시기를
"내가 나의 거룩한 산 시온 산에 '나의 왕'을 세웠다" 하신다.(2:1-6).

가장 일반적인 〈시편〉의 분류는 다음과 같다.

① 개인 혹은 공공의 애가 혹은 간구의 시

그러나 주님, 주님은 나를 에워싸주는 방패, 나의 영광,
나의 머리를 들게 하시는 분이시니, 내가 주님을 바라보며 소리 높여 부르짖을 때에,
주님께서는 그 거룩한 산에서 응답하여 주십니다.
내가 누워 곤하게 잠 들어도. 또다시 깨어나게 되는 것은,
주님께서 나를 붙들어 주시기 때문입니다.(3:3-5).

주님, 깨어나십시오.
어찌하여 주무시고 계십니까?
깨어나셔서, 영원히 나를 버리지 말아주십시오.
어찌하여 얼굴을 돌리십니까? 우리가 고난과 억압을 당하고 있음을 어찌하여 잊으십니까?
아, 우리는 흙 속에 파묻혀 있고, 우리의 몸은 내동댕이쳐졌습니다.
일어나십시오. 우리를 어서 도와주십시오.
주님의 한결같은 사랑으로, 우리를 구하여 주십시오.(44:23-26).

② 개인 혹은 공공의 감사, 찬양시

주님께서는 내 통곡을 기쁨의 춤으로 바꾸어 주셨습니다.

나에게서 슬픔의 상복을 벗기시고, 기쁨의 나들이 옷을 갈아입히셨기에
내 영혼은 잠잠할 수 없어서, 주님을 찬양하렵니다.
주, 나의 하나님, 내가 영원토록 주님께 감사를 드리렵니다.(30:11-12).

주님께서 큰 복을 내리시어, 한 해를 이렇듯 영광스럽게 꾸미시니,
주님께서 지나시는 자취마다, 기름이 뚝뚝 떨어집니다.
그 기름이 여울져 흐르고, 언덕들도 즐거워합니다.
목장마다 양 떼로 뒤덮이고, 골짜기마다 오곡이 가득하니,
기쁨의 함성이 터져나오고, 즐거운 노랫소리 그치지 않습니다.(65:11-13).

③ 하나님을 신뢰하는 시

수많은 사람이 기도할 때마다 "주님, 우리에게 큰 복을 내려 주십시오."
"누가 우리에게 좋은 일을 보여줄 수 있을까?" 하며 불평하는 사람이 많이 있습니다.
그러나 주님, 주님의 환한 얼굴을 우리에게 비춰 주십시오.
주님께서 내 마음에 안겨 주신 기쁨은
햇 곡식과 새 포도주가 풍성할 때에 누리는 기쁨보다 더 큽니다.
내가 편히 눕거나 잠드는 것도,
주님께서 나를 평안히 쉬게 하여 주시기 때문입니다.(4:6-8).

④ 하나님의 왕권에 관한 시

만백성아, 손뼉을 쳐라. 하나님께 기쁨의 함성을 외쳐라.
주님은 두려워할 지존자이시며, 온 땅을 다스리는 크고도 큰 왕이시다.
주님은 만백성을 우리에게 복종케 하시고,
뭇 나라를 우리 발 아래 무릎 꿇게 하신다.
주님은 우리에게 땅을 선택해 주셨다.

이 땅은 주님께서 사랑하시는 야곱의 자랑 거리였다.(셀라)
환호 소리 크게 울려 퍼진다.
하나님의 보좌에 오르신다. 나팔 소리 크게 울려 퍼진다.
주님이 보좌에 오르신다. 시로 하나님을 찬양하여라.
시로 찬양하여라. 시로 우리의 왕을 찬양하여라. 시로 찬양하여라.
하나님은 온 땅의 왕이시니, 정성을 다하여 찬양하여라.(47:1-7).

⑤ 교훈적 지혜를 담은 시

복 있는 사람은 악인의 꾀를 따르지 아니하며, 오만한 자의 자리에 앉지 아니하며,
오로지 주님의 율법을 즐거워하며, 밤낮으로 율법을 묵상하는 사람이다.(1:1-2).

그 행실이 온전하고, 주님의 법대로 사는 사람은, 복이 있다. 주님의 증거를 지키며 온 마음을 기울여서 주님을 찾는 사람은, 복이 있다. 진실로 이런 사람들은 불의를 행하지 않고, 주님께서 가르치신 길을 따라 사는 사람이다.(119:1-3).

주님의 인자하심을 따라 나를 맞아 주시고, 주님의 율례들을 내게 가르쳐 주십시오.
나는 주님의 종이니, 주님의 증거를 알 수 있도록 나를 깨우쳐 주십시오.
그들이 주님의 법을 짓밟아 버렸으니, 지금은 주님께서 일어나실 때입니다.
그러므로 내가 주님의 계명들을, 금보다, 순금보다 더 사랑합니다.
그러므로 내가 매사에 주님의 모든 법도를 어김없이 지키고, 모든 거짓행위를 미워합니다.(119:124-128).

역사시 〈시편〉 105편과 106편이 주는 교훈

이성혜(2016)는 이처럼 다양한 정서를 표현하고 있는 〈시편〉 가운데 역사시 105편과 106편을 집중적으로 비교연구하면서 〈시편〉이 갖는 역사적 교훈을 시사하고 있다. 〈시편〉 105편과 106편은 이스라엘이 남북으로 나뉘어져 바벨론 포로생활 속에서 이전 조상들에게 주신 하나님의 구원의 역사와 행하심을 찬양하며, 이전 세대와 같이 하나님께서 언약을 기억하셔서 구원하여 주시기를 간구한다.[64]

특히, 105편은 족장시대부터 이스라엘이 가나안 땅에 정착하는 역사적 내용을 담고 있고, 106편은 출애굽부터 바벨론 포로기까지 행하신 하나님의 구원을 나타내고 있다. 시편 기자는 이 두 시편을 통해서 포로기와 포로 후의 역사적 상황 속에 있는 이스라엘이 지난 조상대와 같이 하나님을 배역하였음을 말한다. 그럼에도 불구하고 하나님께서 언약과 인자를 베푸심을 찬양한다.

> 주님께 감사하여라. 그는 선하시며, 그 인자하심이 영원하다.
> 주님의 능력으로 이루신 일을 누가 다 알릴 수 있으며,
> 주님께서 마땅히 받으셔야 할 영광을 누가 다 찬양할 수 있으랴?
> 공의를 지키는 이들과 언제나 정의를 실천하는 이들은 복이 있다.
> 주님, 주님의 백성에게 은혜를 베푸실 때에, 나를 기억하여 주십시오.
> 그들을 구원하실 때에, 나를 기억하여 주십시오.
> 주님께서 택하신 백성의 번영을 보게 해주시며, 주님 나라에 넘치는 기쁨을 함께 누리게 해주시며, 주님의 기업을 자랑하게 해주십시오.(106:1-5).

---

64) 이성혜(2016). **앞의 책**, 3-8.

그러면서도 이전 세대 가운데 하나님께서 인자와 소망을 주시고, 구원하셨던 것처럼 하나님께서 언약을 기억하사 구원하여 주시기를 간구한다. 자신들의 조상의 죄를 다시 확인하면서 주님의 구원을 다시 간구한다.

> 우리의 조상이 이집트에 있을 때에,
> 주님께서 일으키신 기적들을 깨닫지 못하고,
> 주님의 그 많은 사랑을 기억하지고 못한 채로,
> 바다 곧 홍해에서 주님을 거역하였습니다.
> 그러나 주님께서는 주님의 명성을 위하여,
> 주임의 권능을 알리시려고 그들을 구원해 주셨습니다.
> 주님께서 홍해를 꾸지어 바다를 말리시고
> 그들로 깊은 바다를 광야처럼 지나가게 하셨습니다.
> 미워하는 자들의 손에서 그들을 건져내시고,
> 원수의 손에서 그들을 속량해 주셨습니다.
> 물이 대적을 덮으므로, 그 가운데서 한 사람도 살아남지 못하였습니다.
> 그제서야 그들은 주님의 말씀을 믿었고, 주님께 찬송을 불렀습니다.(106:7-12).

이 두 〈시편〉들에 나타나나는 주요한 이스라엘 역사적 현장은 〈시편〉 105:7-45절과 106:6-46절에 집중되어 있다. 〈시편〉 구절에서 이스라엘 역사를 노래하고 있다. 노래 속에는 여호와 우리 하나님이 되셔서 택한 사람과 그의 백성들을 위하여 일하신 '하나님의 행하심'이 나타나 있다.

아울러 106편은 이스라엘이 하나님의 행하심에 대한 이스라엘의 반응은 죄라하여 어떠한 범죄를 저질렀는지를 고백하고 있다. 그러나 하나님의 이스라엘의 죄악으로 말미암아 여호와께서 백성으로 심판을 겪게 하시고, 원수들의 나라에 포로로 잡혀가게 하였지만, 언약을 기억하시고, 백성들이 포로에서 회복되는 긍휼을 베푸심으로 나타난다.

이렇게 역사 속에 일하신 하나님의 행하심은 이스라엘의 역사로 기록하는 것만이 목적이 아니다. 이 〈시편〉들은 이스라엘 예배에서 '하나님의 행하심'과 '백성들이 악을 행함'도 기억되고 낭독되었다.

이것은 하나님께서 여전히 백성을 위해 일하심을 잊지 않도록 하기 위함이었다. 그리고 하나님의 일하심을 이스라엘 백성만이 아니라 만민 중에 알게 하기를 원한다고 기록한다.

> 너희는 주님께 감사하면서,
> 그의 이름을 불러라.
> 그가 하신 일을 만민에게 알려라.
> 그에게 노래하면서, 그를 찬양하면서,
> 그가 이루신 놀라운 일들을 전하여라.
> 그의 거룩하신 이름을 찬양하여라.
> 주님을 찾고, 그의 능력을 힘써 사모하고,
> 언제나 그의 얼굴을 찾아 예배하여라.
> 주님께서 이루신 놀라운 일을 기억하여라.
> 그 이적을 기억하고, 내리신 판단을 생각하여라.
> 그의 종, 아브라함의 자손아! 그가 택하신 야곱의 자손아!
> 그가 바로 주 우리의 하나님이시다.
> 그가 온 세상을 다스리신다.
> 그는, 맺으신 언약을 영원히 기억하신다.
> 그가 허락하신 약속이 자손 수천 대에 이루어지도록 기억하신다.

그것은 곧 아브라함과 맺으신 언약이요,
이삭에게 하신 맹세요, 야곱에게 세워 주신 율례요,
이스라엘에게 지켜 주실 영원한 언약이다.
"내가 이 가나안 땅을 너희에게 줄 것이다.
이것은 너희가 대대로 물려줄 기업이다." 하고 말씀하셨다.(105:1-11).

이성혜(2016)는 〈시편〉 105편과 106편에 대한 연구에서 다음과 같은 세 가지 교훈을 얻는다.

첫째로, 우리의 역사 속에 친히 행하신 하나님의 구원을 기억하고, 감사하고 찬양함으로 나아갈 것을 제시한다. 이들 시편들이 사용되었던 이스라엘의 역사적 상황이 남북으로 나뉘진 역사적 아픔과 바벨론 포로기를 겪으면서도 하나님을 찬양하고 있음을 알 수 있었다. 이런 역사적 상황 속에서 시편기자는 이 두 시편의 처음과 끝에 하나님을 영원부터 영원까지 찬양할 것을 명하고 있다.

두 번째로 하나님께서 언약을 따라 큰 인자하심을 베푸심으로 구원을 반드시 이루신다는 것이다. 하나님께서 백성들의 고통을 보시고, 부르짖음을 들으시고, 언약을 기억하셔서 구원을 베푸실 것을 우리에게 전하고 있다.

세 번째로는 이 두 시편은 민족적, 사회적, 개인의 구원과 회복이 이루어지기 위해 하나님께 순종함으로 반응하라고 교훈하고 있다.

〈시편〉의 영원한 가치

〈시편〉은 이스라엘 역사의 전시대에 걸친 민족 신앙의 고백이다. 여기에는 하나님이 택하신 백성의 역경과 투쟁이 담겨 있다. 또한 험난한 시대를 인도하시는 하나님에 대한 회의에서 확신까지 그 순례의 여정이 그려져 있다. 각 노래들은 살아계신 하나님을 믿음으로써 어떠한 절망도 극복할 수 있다는 것을 묘사하고 있다.

〈시편〉은 예배를 위한 필수 요소였다. 전세계의 성도들은 하나님과 친밀한 교제를 갖기 위하여 이 〈시편〉에 큰 도움을 받았다. 또한 〈시편〉은 예배의 기본요소일 뿐만 아니라 갈급한 개인의 심령을 더욱 풍부한 체험으로 채워준다. 〈신약성경〉에서 이 〈시편〉보다 더 많이 인용된 구약의 책은 없다.

5

'모든 것이 헛되다'는 〈전도서〉

〈전도서〉라고 하는 것은 조금은 이상한 번역으로 '집회에서 말하는 사람' 또는 '전도자'라고 번역해야 할 것으로 내용은 '집회에서 설교자의 말'이다. 히브리어 제목은 '코헬렛קהלת'인데, 이 단어는 '사람이 모인 곳에서 말하거나 전달하는 사람'을 말한다.

또 헬라어 성경의 본서 제목은 '에클레시아스테스ecclesiastes'로서, 이 역시 '설교자'를 의미하는데, 이 말은 집회essembly라는 말에서 나왔다.

우리나라에서는 일반적으로 전도서의 기자를 '전도자'로 표현하고 있는데, 이 책에서는 원어 그대로 '코헬렛'으로 부른다.

코헬렛과 그의 시대

고대와 현대 사이에는 어느 정도로 차이가 있는가? 인간의 역사에서 과거와 현재 사이에는 본질적인 차이가 있는 것인가? 자기 스스로를 코헬렛이란 펜네임으로 부르고, 〈구약성경〉 속에서 지혜문학의 하나인 '전도의 책'을 집필한 고대 히브리인 현인은 의문을 제기한다.

과거는 모든 것이 현재가 낡은 것에 지나지 않고, 고대는 멀리가버린 현대에 지나지 않는 것이 아닌가? 실제, 인간이 살아가는 이 세계에서 현재 일어나고 있는 현상 거의 대개가 사실 지난 시대에서도 일어난 것으로, 현대인이 자기들이야말로 최초의 체험자라고 착각하고 있는 일이 대부분은 사실은 이미 먼 고대에 살아간 사람들이 체험한 것이 아닌가? 코헬렛은 말한다.

> 한 시대가 가고, 또 한 세대가 오지만, 세상은 언제나 그대로다.
> 해는 여전히 뜨고, 또 여전히 져서, 제자리로 돌아가며, 거기에서 다시 떠오른다.
> 바람은 남쪽으로 불다가 북쪽으로 돌아가며, 이리 돌고 저리 돌다가 불던 곳으로 돌아간다.
>
> 이미 있던 것이 훗날에 다시 있을 것이며,
> 이미 일어났던 일이 훗날에 다시 일어날 것이다.
> 이 세상에 새 것이란 없다.(전도서 1:4-6, 9).

코헬렛이 산 시대는 BC 3세기 후반, 〈구약성경〉의 시대가 점차 마치어 갈 때쯤이었다. 알렉산드 대왕의 동방원정의 결과, 페르시아 제국이 멸망하고, 팔레스티인을 포함한 전 오리엔트 세계는 이미 헬레니즘 문명의 지배하에 들어가 있었다.

그러나 그것은 또 알렉산드의 사후, 그의 제국을 분할한 이집트의 프톨레마이오스 왕조와 시리아의 세레우코스 왕조가 양자 사이에 누워 있는 팔레스티인의 지배를 둘러싼 전쟁을 반복하던 시대였다. 그 땅의 이주민들에게 있어서는 새로운 고난의 시작이었던 것이다.

이스라엘 땅에 왜 이다지도 많은 고난이 계속해서 일어나는 것인가? 히브리 민족으로서 볼 때 왜 이러한 고뇌와 어려움이 끊임없이 계속되는가? 앞서 2장에서 살펴 본 바와 같이 히브리 민족의 역사는 고통과 질고의 역사다. 아마도 코헬렛도 자신들의 민족의 역사를 한 번 생각해보지 않을 수 없었을 것이다.

리얼리스트 코헬렛

〈전도서〉를 펴보면 '헛되고 헛되니'로 시작하여 "모든 것이 헛되다"(전도서 1:2)고 한다. '헛되다'는 관념이 주제로 등장하는 것은 구약, 신약성경을 통해서 이 책뿐으로 성경 가운데서도 이색적인 책이다.

이 저자는 철저한 리얼리스트다. 그는 부富, 즉 경제력 등 조금도 가치를 두지 않는데 예컨대, 다음과 같이 말한다.

> 재산이 많아지면 돈 쓰는 사람도 많아진다.
> 많은 재산도 임자에게는 다만
> 눈요기에 지나지 않으니,
> 무슨 소용이 있는가?(전도서 5:11).

인간이란 아무리 많은 금전을 가져도 먹는 분량은 한정되어 있다. 그러므로 부자가 대연회를 베풀어도 자기가 먹는 것은 매우 소량이고 타인이 먹고 있는 것을 보는 것으로 공허하고 무의미한 일을 하고 있다는 것이다.

또 그는 정치에도 기대를 하지 않는다. "한 왕이 다스리는 백성의 수가 셀 수 없이 많다 하여도, 그가 물러나면 어느 누구도 그의 업적을 찬양하지 않으니 왕으로서 통지하는 것도 헛되며 바람을 잡으려는 것과 다를 바 없다."(전도서 4:16).

나아가서 그는 '정의'에도 기대하지 않는다.

헛된 세월을 사는 동안에, 나는 두 가지를 보았다.
의롭게 살다가 망하는 의인이 있는가 하면, 악한 채로 오래 사는 악인도 있더라.
그러니 너무 의롭게 살지도 말고, 너무 슬기롭게 살지도 말아라.
왜 스스로를 망치려 하는가?
너무 악하게 살지도 말고, 너무 어리석게 살지도 말아라.
왜 제 명도 다 못 채우고, 죽으려고 하는가?(전도서 7:15-17).

나아가 그는 미래에도 희망을 갖지 않는다.

말이 많으면 빈 말이 많아진다.
많은 말이 사람에게 무슨 도움을 주는가?
그림자처럼 지나가는 짧고 덧없는 삶을 살아가는 사람에게, 무엇이 좋을 지를 누가 알겠는가?
사람이 죽은 다음에, 세상에서 일어날 일들을 누가 그에게 말해 줄 수 있겠는가?(전도서 6:11-12).

그는 지혜에게도 지식에게도 기대를 하지 않고 "지혜가 많으면 번뇌도 많고, 아는 것이 많으면 걱정도 많더라."(전도서 1:18)라고 한다.

이처럼 이 세상에서 흔히 생각하고 행하고 있는 모든 것을 부정하고, 조소하고 있으며, 읽으면 읽을수록 흥미롭게 된다. 그런데 어찌하여 이런 책이 성경 속에 포함되었을까 하고 의문을 표현하는 사람도 없지 않다. 그 전체에서 볼 때, 받는 인상은 이른바 '성경'이라는 말에서 받는 인상과는 전혀 다른 별개의 것으로 느껴지기 때문이다.

앞서 정경성립에 대해서 언급하였지만, 이 책이 성경 속에 포함시킬 것인가 하는 문제는 끝까지 문제가 되었다고 한다. AD 140년 무렵, 갈릴리 우시아에서 모인 회의에서 이 〈전도서〉가 최종적으로 성경전서에 포함되었다.

교조적인 사람들에게는 상당한 저항이 있었다고 하는데 놀랄 일은 아니다. 그러나 〈성경〉을 통독해보면, 이 〈전도서〉가 성경의 흐름에서 벗어나고 비성경적이라고 생각하는 사람은 〈성경〉에 관하여 잘못된 고정관념을 갖고 있다고 말하지 않을 수 없다.

그러면 이 책에서 도대체 무엇을 말하려고 하고 있는가?

"헛되다 헛되다. 모든 것이 헛되다"

히브리인의 역사는 고난과 고통이 연속되는 역사다. 그렇게 고난과 비극을 체험한 민족의 역사에 어떠한 의미가 있는 것인가? 코헬렛는 스스로 반복해서 자문했을 것이다.

인간이 아무리 고생했다고 해도 가는 길이 모두 같은 것이 아닌가? 제아무리 힘을 써도 그 노동에 의해 얼마나 많은 부를 획득하고 명성을 얻어도 그것을 묘지에까지 가지고 갈 수 있는 것은 아니지 않는가?

> 어떤 사람은 재난을 만나서, 재산을 다 잃는다.
> 자식을 낳지만, 그 자식에게 아무것도 남겨 줄 것이 없다.
> 어머니의 태에서 맨몸으로 나와서, 돌아갈 때에도 맨몸으로 간다.
> 수고해서 얻은 것은 하나도 가져 가지 못한다.(전도서 5:14-15).

죽어버리고 나면 현자도 우자도 관계가 없다. 그러니 또 다음 세대의 사람이 와서 똑같은 일을 반복할 뿐이다. 인간의 역사는 모든 것이 이렇게 반복하고 인간 세계에 일어나는 것은 모두 같다. 도대체 이것은 헛된 것이 아니고 무엇인가?

> 평생 어둠 속에서 먹고 지내며, 온갖 울분과 고생과 분노에 시달리며 살 뿐이다.(5:17).

헛되다. 실로 헛되다. 가장 행복한 것은 결국, 이 세상에 태어나지 않았던 사람이 아닌가?

> 나는 또 세상에서 벌어지는 온갖 억압을 보았다.
> 억눌리는 사람들이 눈물을 흘려도, 그들을 위로하는 사람이 없다.
> 억누르는 사람들은 폭력을 휘두르는데, 억눌리는 사람들을 위로하는 사람이 없다.
> 그래서 나는, 아직 살아 숨쉬는 사람보다는, 이미 숨이 넘어가 죽은 사람이 더 복되다고 말하였다.그리고 이 둘보다는, 아직 태어나지 않아서 세상에서 저질러지는 온갖 못된 일을 못 본 사람이 낫다고 하였다.(4:1-3).

코헬렛은 자기도 모르게 불평하였다.

그러니 산다는 것이 다 덧없는 것이다.
인생살이에 얽힌 일들이 나에게 괴로움 뿐이다. 모든 것이 바람을 잡으려는 것처럼 헛될 뿐이다.(2:17).

하지만 이미 이 세상에 태어난 사람은 지금부터 되돌릴 수가 없다. 자살? 그것은 안 된다. 안된다고 하는 것은 자살이 히브리인의 종교윤리관에 반하기 때문만이 아니라 진정한 의미에서의 문제의 해결을 가져오지 못하기 때문인 것을 **코헬렛**도 충분히 알고 있었기 때문이다.

그러면 **코헬렛**은 어떻게 했는가? 출구는 있었던 것인가?

한 가지 분명한 것이 있다. 인간은 자기 자신의 의지로 이 세상에 온 것이 아니라 하나님이 섭리에 의해 태어난 것이다. 그러므로 **코헬렛**은 자기 나름으로 도달한 결론을 말한다.

살아 있는 한, 인생을 즐기는 것은 어떤가? 그 이외의 길은 없지 않은가?

그렇다. 우리의 한평생이 짧고 덧없는 것이지만, 하나님이 우리에게 허락하신 것이니, 세상에서 애쓰고 수고하여 얻은 것으로 먹고 마시고 즐거워하는 것이 마땅한 일이요, 좋은 일임을 내가 깨달았다!이것이 곧 사람이 받은 몫이다.(5:18).

나는 생을 즐기라고 권하고 싶다.
사람에게, 먹고 마시고 즐기는 것보다 더 좋은 것이 세상에서 없기 때문이다.

> 그래야 이 세상에서 일하면서, 하나님께 허락받은 한평생을 사는 동안에, 언제나 기쁨이 사람과 함께 있을 것이다.(8:15).

거기에는 그리스인도 히브리인도 없다. 녹색의 에게해의 여러 섬들에 내리쬐는 햇볕, 먼지만 휘날리는 이스라엘 광야를 비추는 해도, 같은 해인 것은 변함이 없다.

그리스에도 이스라엘에도 태양은 뜨고 진다. 또 본래의 장소로 되돌아간다.

헛되다 헛되다. 모든 것이 헛되다? 정말 이 세상은 헛된 것인가? 우리들의 인생은 정말 헛된 것인가? 선조들이 경험한 고난, 고통, 히브리 민족의 역사는 모두가 헛된 것인가? 코헬렛이 외치는 말을 듣고 동시대의 히브리인들은 다시 한 번 의문을 품었다.

분명히 코헬렛이 말하는 대로 인간은 태어나서는 또 죽어간다. 지혜로운 사람도 어리석은 자도 사람들의 기억에 남는 것은 정말 한 순간에 지나지 않고 해가 지나면 아무도 더 이상 기억하지 않는다.

> 사람이 지혜가 있다고 해서 오래 기억되는 것도 아니다.
> 지혜가 있다고 해도 어리석은 사람과 함께 사람들의 기억에서 영원히 사라져 버린다.
> 슬기로운 사람도 죽고 어리석은 사람도 죽는다.(2:16).

히브리인들에게 있어서 이것은 아무런 새로운 사상이 아니다. "모태에서 빈손으로 태어난 자가 빈손으로 본래의 장소로 되돌아간다." 이것은 코헬렛보다도 2세기 정도 전에 살아 간 히브리 지혜문학자에게 있어서도 그 작품의 중요한 테마의 하나였다. 욥의 주요한 신앙고백이었다.

모태에서 빈 손으로 태어났으니, 죽을 때에도 빈 손으로 돌아갈 것입니다.(욥기 1:21).

이보다도 훨씬 오래 전에 살았던 현인으로 생각되는 어떤 사람도 말하고 있다.

사람들이 땅을 차지하여 제 이름으로 등기를 해 두었어도 그들의 영원한 집, 그들이 영원히 머물 곳은 오직 무덤뿐이다.(시편 49:11).

비록 사람이 이 세상에서 흡족하게 살고 성공하여 칭송을 받는다 하여도, 그도 마침내 자기 조상에게로 돌아가고 만다.
영원히 빛이 없는 세상으로 돌아가고 만다. 사람이 제아무리 위대하다 해도, 죽음을 피할 수는 없느니, 미련한 짐승과 같다.(시편 49:18-20).

코헬렛의 보편성

실제로 코헬렛이 말하고 있는 언어 하나 하나를 두고 보아도 어느 것도 틀린 말은 없다. 그가 말하는 대로 이 세상은 화가 치밀뿐만 아니라 그 모든 것에 신경을 썼다가는 몸이 성치 못할 정도이다.

급하게 화내지 말아라. 분노는 어리석은 사람의 품에 머무는 것이다.(전도서 7:9).

오히려 "좋은 때는 기뻐하고, 어려운 때에는 생각하여라."(전도서 7:14)고 마음을 먹으면 이외로 인생이 즐겁게 될지 모른다.

코헬렛이 말하는 언어에는 시대나 민족의 벽은 존재하지 않는다. 그의 말에는 모든 인간에게 통하는 '고전적인 보편성'이 있다. 그것이 또 코헬렛의 사상의 뛰어난 점이다. 맹목적으로까지 편협된 민족주의의 함정 속에 빠지는 사람들이 많았던 시대에 있어서 코헬렛의 마음은 넓게 외부로 열려져 있다. 히브리 이외의 문화에도 눈을 돌리는 여유를 갖고 히브리인 이외의 타민족이나 인종과의 사이에 인간으로서의 공통점을 찾아내려고 노력하고 있다. 코헬렛은 주위 국가의 사람들과도 대화를 할 수 있는 마음을 가지고 있었다.

'때'와 히브리인

또 코헬렛은 '때'에 대해서 말한다.

모든 일에는 다 때가 있다.
세상에서 일어나는 일마다 알맞은 때가 있다.
태어날 때가 있고, 죽을 때가 있다.
심을 때가 있고, 뽑을 때가 있다.
죽일 때가 있고, 살릴 때가 있다.
허물 때가 있고, 세울 때가 있다.
울 때가 있고, 웃을 때가 있다.
통곡할 때가 있고, 기뻐 춤출 때가 있다.
돌을 흩어버릴 때가 있고, 모아들일 때가 있다.
껴안을 때가 있고, 껴안는 것을 삼갈 때가 있다.

찾아나설 때가 있고, 포기할 때가 있다.
간직할 때가 있고, 버릴 때가 있다.
찢을 때가 있고, 꿰맬 때가 있다.
말하지 않을 때가 있고, 말할 때가 있다.
사랑할 때가 있고, 미워할 때가 있다.
전쟁을 치를 때가 있고, 평화를 누릴 때가 있다.(전도서 3:1-8).

인생의 다양한 단면과 그 순간을 지켜주는 '때'의 존재에 대해서 말하는 코헬렛. 이 코헬렛의 말에 정면으로부터 반대하는 사람이 있을까? 그가 말하는 때는 모든 인간이 가지고 있는 때이다. 울 때, 웃을 때 그 때는 코헬렛의 시대 히브리 사람에게도 있었고, 코헬렛보다도 훨씬 전 시대의 사람들에게도 있었다.

사랑할 때, 미워할 때, 그 때는 히브리 사람도 알고 있었고, 그리스인들도 알고 있었다. 전쟁할 때도 있고, 그것은 고대에 대해서도 말할 수 있는 것이고 현대에 있어서도 해당되는 말이다.

코헬렛은 이 이상으로 때에 대해서 말하지 않는다. 그러나 실은 훨씬 이전 고대시대부터 히브리인은 때를 보다 깊게 이해하고 있었던 것이다. 그것은 단편으로서의 시간이 아니라 복합으로서의 때이다.

히브리인이 반복해서 체험한 전쟁의 때를 한 예로 들어 보아도 그것을 알 수 있다. 전쟁의 때의 배후에는 사랑할 때와 증오할 때가 서로 격렬하게 충돌하고, 거기에 나아가서 죽일 때, 파괴할 때가 얽혀간다. 드디어 전쟁의 때가 피곤해지면, 그것은 평화의 때, 건설의 때로 전환될 것이다.

그것은 어떤 사람에게 있어서는 즐거움의 때, 웃을 때인지 모르지만 전쟁에서 사랑하는 사람을 잃어버린 사람에게는 슬픔의 때, 분노의 때, 전화戰火를 피하는 도중에서 부모로부터 떨어져 버린 자에게는 울 때, 찾을 수 없는 것을 찾는 때가 된다.

이때와 때의 교차와의 복잡한 관계가 얽혀 설키는 것이 개인으로서의 인간의 역사를 만들고, 민족의 역사를 형성한다. 그것은 개성을 지닌 개인의 역사, 개성을 가진 민족의 역사다. 밤에 희미한 불빛 아래에서 볼 때에는 어떤 것이든 같은 것으로 보이지만 백주 훤한 햇빛 아래에서 보면 분명히 달라져 보인다.

이 세상에는 2개의 동일한 역사는 존재하지 않는다. 코헬렛이 뛰어난 사상가였던 것은 누구도 부인하지 않았다. 그러나 그의 사상에는 때로는 얼굴을 내비치는 '비히브리적'인 것이 완전히 동조할 수 없는 히브리인들도 적지 않았다.

코헬렛은 말한다. "모든 강물이 바다로 흘러가도, 바다는 넘치지 않는다. 강물은 나온 곳으로 되돌아가, 거기에서 다시 흘러내린다."(1:7). 이스라엘에는 풍부한 수량을 가지고 대해로 흘러들어가는 항상 큰 흐름이 하나도 없다. '시냇물나할'이라고 해봤자 동부의 요르단협곡을 남북으로 가로지르는 강, 출구없는 호수, '사해'에서 모습을 감추는 요르단강을 제외하면 거의가 긴 여름에 내린 비가 건조한 바위뿐인 '계곡와시'뿐이다.

히브리인은 이 계곡을 '건조기의 시냇물'이라 불렀다. 일반 히브리인이 '시냇물'로부터 받은 이미지는 우선 자신의 사정에 맞추어서 그 때까지 친하게 지내던 사람을 아무런 주저함이 없이 배반해 버리는 가까운 사람이나 친우들의 잔혹하다고 할 만큼 건조한 마음이었다.

친구라는 것들은 물이 흐르다가도 마르고 말랐다가도 흐르는 개울 물처럼 미덥지 못하고 배신감만 느끼게 하는구나.(욥기 6:15).

어찌하여 저의 고통은 그치지 않습니까?
어찌하여 저의 상처는 낫지 않습니까?
주님께서는, 흐르다가도 마르고 마르다가도 흐르는 여름철의 시냇물 처럼,
도무지 믿을 수 없는 분이 되셨습니다.(예레미야서 15:18).

'영원'을 생각하게 할 만한 강은 히브리인들이 산 시대의 이스라엘에는 없었고 지금도 없다.

나일강은 영원불변을 생각하게 할 만한 충분한 강으로 그것도 이스라엘에서 멀지 않다. 옛날 코헬렛의 선조인 히브리인들도 나일 강변에 거주하고 있었으며, 코헬렛의 시대에는 특히, 나일의 땅과 이스라엘과의 정치적, 문화적 결합이 강했다.

코헬렛은 오랫동안 예루살렘에 거주한 것 같은데(전도서 1:12; 2:7, 9), 코헬렛과 같은 사상가가 당시의 헬레니즘 문화의 중심지의 하나였던 알렉산드리아를 방문했을 지도 모른다.

코헬렛의 자화상

코헬렛은 사람들을 향해 중용中庸의 덕을 말하고, 의인이 그 의義 때문에 멸하고 악惡 때문에 오래 살기 때문에 인간에 있어서 중요한 것은 "의義에 지나치지 말고, 현명한 것이 지나치지 말 것"을 설교하였다.

그러나 코헬렛이 설파하는 중용의 덕은 결국, 이 세상의 권력자인 왕의 명령을 대항하지 말고 현상現狀에 안주하라는 것에 지나지 않는다. 왜냐하면, "사람은 자기보다 강한 이와 다툴 수 없기"(전도서 6:10) 때문이다. 그래서 그는 말한다.

> 왕의 말이 곧 최고의 법인데, 누가 감히 그에게 "왜 그렇게 하십니까?"하고 말할 수 있겠는가?
> 왕의 명령을 지키는 이는 안전하다.
> 지혜있는 사람은 언제 어떻게 그 일을 하여야 하는지를 안다.(8:4-5).

때문에 코헬렛의 말투는 점차 명령조로 되어간다.

> 마음 속으로라도 왕을 욕하지 말며, 잠자리에서라도 존귀한 이를 저주하지 말아라.
> 하늘을 나는 새가 네 말을 옮기고, 날짐승이 네 소리를 전할 것이다.(10:20).

이렇게 되면 코헬렛의 말은 보통 지식인의 말과 같다기보다는 권력자의 편에 선 지식인의 말이다. 사실 코헬렛은 "자기는 예루살렘에서 왕이었다"(1:12). 그러나 코헬렛이 산 BC 3세기 무렵의 이스라엘에는 왕국도 없고 왕이 없었다. 그러면 코헬렛은 자기는 단순한 상류계급의 출신이 아니라, 옛적 예루살렘을 지배한 다윗왕가의 혈통을 이어받은 사람이었음을 말하고 싶어 한 것인지도 모른다.

어느 쪽이든 코헬렛이 그 작품 속에서 묘사하는 '자화상'을 보면, 그는 이 세상의 모든 것을 손에 넣을 수가 있었다. 광활한 삼림이나 저수지가 있는 있는 궁전, 사용해도 끝이 없는 금은보화,

무수한 가축, 남녀 종들, 아름다운 무용수, 언제나 먹고 싶은 것을 먹을 수 있고, 입고 싶은 것을 입을 수 있었다. 부에 있어서도 권력에 있어서도 코헬렛은 부족한 것이 하나도 없었다.

그러나 코헬렛은 자신이 얻은 쾌락도, 그 때문에 사용한 많은 노력도, 모든 것이 헛되고 헛된 것으로 "마치 바람을 잡으려는 것"이었다고 한다.

원하던 것을 나는 다 얻었다.
누리고 싶은 낙은 무엇이든 삼가지 않았다.
나는 하는 일마다 다 자랑스러웠다.
이것은 내가 수고하여 얻은 나의 몫인 셈이었다.
그러나 내 손으로 성취한 모든 일과 이루려고 애쓴 나의 수고를 돌이켜보니,
참으로 세상 모든 것이 헛되고, 바람을 잡으려는 것과 같고,
아무런 보람도 없는 것이었다.(2:10-12).

코헬렛이 허무하다고 생각한 것은 사치스러운 장식이 거의 벗겨진 자화상을 쳐다 볼 때만이 아니라 일반 서민의 삶을 볼 때 허무함을 느꼈던 것이다.

동료도 없고, 자식도 없고, 형제도 없던 독신남이 이윤추구만을 인생의 목적으로 매일을 악착같이 살아가는 사람을 본다.

나는 세상에서 헛된 것을 또 보았다.
한 남자가 있다.
자식도 형제도 없이 혼자 산다.
그러나 그는 쉬지도 않고 일만 하면 산다.
그렇게 해서 모은 재산도 그의 눈에는 차지 않는다.

그러면서도 그는 가끔, "어찌하여 나는 즐기지도 못하고 사는가?
도대체 내가 누구 때문에 이 수고를 하는가?" 하고 말하니,
그의 수고도 헛되고, 부질없는 짓이다.(4:7-8).

그러나 전 에너지를 다 쏟아 일에 투구하던 것이 허무하게 생각되는 것은 어디까지나 코헬렛의 해석이지 일하고 있는 본인은 그렇게 특별히 고통스럽고 허무한 것이라고 생각하지 않는다. 오히려 일하는 것이야말로 그 자체에 삶의 의미를 느끼고 있는지도 모른다. 처자나 형제가 없기 때문에 타인에게 불편을 끼치지 않는다면 어떠한 삶을 살아도 아무런 관계가 없는 것이다.

코헬렛은 많은 사람들에 둘러싸여 모든 것을 자신의 손에 가지면서도 인생을 허무하다는 결론에 도달하였다. 그 결론이 코헬렛 자신의 것으로 멈추고 있는 한 문제가 없었지만, 그는 그 결론을 다른 모든 사람들의 인생에까지 적용하려고 하였다. 문제는 거기에 있었다.

부유한 가정에서 태어난 덕분에 여유로운 생활을 보낸 코헬렛도 과거에는 다양한 고난을 맛보았다고 한다. 그러나 그것이 가난한 환경 속에서 살기 위해서 할 수 없이 필사적으로 일하지 않으면 안 되는 많은 사람들의 고생과 똑 같은 것이라고는 말할 수 없는 사실을 깨닫지 못한다.

그러나 한편에서는 코헬렛은 "적게 먹든지 많이 먹든지, 막일을 하는 사람은 잠을 달게 자지만, 배가 부른 부자는 잠을 편히 못잔다."(5:12)는 것을 아마도 자신의 체험에 비추어서 진술하고 있다. 즉 일에 열을 내는 것은 코헬렛의 하나의 입장에서 본다면 쓸데없

는 고생이지만, 그의 또 하나의 입장에서 볼 때는 매우 건강한 것이 된다.

코헬렛의 사물에 대한 견해는 명확한 원칙이 보이지 않는다. 그것이 없기 때문에 모든 것이 허무하게 보이는 것이 아닐까? 모든 것이 불확실하고 허무한 것이기 때문에 코헬렛 자신의 사물에 대한 견해까지도 선이 희미해져 버린다. 코헬렛과 같은 애매성은 예언자 예레미야나 그 외의 히브리인의 사상에서는 보이지 않는다.

코헬렛은 분명히 세세한 점까지 신경을 쓰는 사상가였다. 그는 말한다.

> 나는 또 세상에서 벌어지는 온갖 억압을 보았다.
> 억눌리는 사람들이 눈물을 흘려도, 그들을 위로하는 사람이 없다.
> 억누르는 사람들은 폭력을 휘두르는데, 억눌리는 사람들을 위로하는 사람이 없다.(4:1).

코헬렛의 말 가운데 한 구절만을 취하면 어느 것도 정말 틀린 말이 없다. 그러나 이것이 또한 다른 히브리인을 고민하게 한 것이었다.

지식인과 예언자

코헬렛은 왕으로서의 자기의 이미지를 강조하고, 모든 권력을 자유롭게 휘두를 수 있는 지위에 있는 자라는 것을 사람들을 향해 말한다. 그런데 그는 그 권력의 아래에 학대를 받고 있는 무력한 사람들에 대해서는 그 현실을 해설할 뿐이다. 실제로 권력을 가진 자로서 그들의 고뇌와 고통을 해소하는 일에는 어떻게 하면 좋을지 등에 대한 문제에 대해서는 전혀 언급하지 않고 있다.

여기에 **코헬렛**으로 대표되는 일반 지식인의 태도와 예언자의 태도와는 근본적으로 다른 점이 있다.

현실 생활 속에서 실제로 고생하고 학대를 당하는 사람들이 정말 필요로 하고 있는 것은 그 고뇌, 문제에 대한 논의가 아니라 해결이다. 그들의 고민이나 고통에 대해서 지식인 들이 의논하거나 평론하거 하는 것이 아니라 문제 해결을 위한 구체적인 길을 가르쳐 주는 것이다.

이스라엘의 역사의 각 시대에 등장한 예언자들은 '거짓을 예언하는 예언자'(예레미야서 23:25)는 제외하고 모두가 민중의 고생을 자신의 고생으로 생각하고 함께 고민하고 고통을 나누었다. 사회적으로 전적으로 무력한 고아, 과부, 이주민이나 빈자들의 인간으로서의 권리와 존엄을 옹호하기 위하여 자신의 목숨의 위험을 무릅쓰고 감히 권력자에게 호소하고 학대하는 자들을 격렬하게 탄핵했다.

이에 비해 **코헬렛**은 마치 사회의 불의, 부정을 시정할 수 있는 입장에 있으면서도 – 적어도 그러한 입장에 있는 자로서 자기를 소개하면서도 – 실제로는 방관자의 입장에서 한 발자국도 나서지 않고 있다. **코헬렛**은 이 세상에서의 암투, 슬픔, 질병, 고민에 대해서 반복하면서 말하고 있지만 그 언어에는 설득력이 없다.

코헬렛 자신은 그렇게 인생의 쓴맛, 비참을 체험하고 있지 않기 때문이다. 모든 것은 지식으로 획득한 타인의 이야기이다.

그러나 많은 히브리인은 코헬렛의 언어에 가끔 무엇인가 마음에 걸리는 것을 느끼면서도 이 헬레니즘 시대의 이스라엘에서 지극히 우수한 사상가가 말하는 것에 대해 전혀 귀를 막아버리는 일을 하지 않았던 것이다. 코헬렛은 말한다.

> 슬픔이 웃음보다 나은 것은, 얼굴을 어둡게 하는 근심이 마음에 유익하기 때문이다.(7:3).

그렇게 말하면 사람들은 의문을 제기할 것이다. 그 근심은 무엇을 위한 근심인가? 마음이 유익하기 위해서라지만 도대체 누구의 마음을 위한 것인가? 실제로 고민, 고통, 슬퍼하고 있는 사람의 마음 때문인가? 아무래도 그렇지는 않은 것 같다.

예언자들은 사회의 구석에 주위의 사람들로부터 버려지고 고생하고 있는 사람이 있는 것을 보면 그 곁에까지 가서 함께 울었다. 외쳤다. 그리고 호소했다.

코헬렛은 "보라 억눌리는 사람의 눈물을"이라 하였다.(4:1). 그러나 코헬렛은 억눌린 자와 함께 울지 않았다. 그들을 대신해서 외치지도 않았고 호소도 하지 않았다. 그렇다면 슬픔이나 근심을 외친 얼굴이 마음에 좋다고 코헬렛이 말하는 것은 코헬렛 자신에게 해당되는 것이었던가?

사실 다른 곳에서 코헬렛은 "슬픔을 마음으로부터 멀리하라"고 마치 앞서 말한 것을 취소하도 하는 것처럼 말하고 있다.(전도서 11:10). 코헬렛이 일반 서민의 걱정과 고통을 입에 담은 것은 애당초 평론가적인 포즈였던 것인가?

모든 것은 **코헬렛**이 자신의 사상을 쓰기 위하여 이용한 재료에 지나지 않았던 것인가? 실제, **코헬렛**이 진정으로 걱정한 걱정이라고 하면 그 자신의 연구나 저작에 필요한 지식이나 정보를 필사적으로 모았던 일(전도서 12:9–10)이 아니었던가?

> 전도자는 지혜로운 사람이기에, 백성에게 자기가 아는 지식을 가르쳤다.
> 그는 많은 잠언을 찾아내서, 연구하고 정리하였다.
> 전도자는 기쁨을 주는 말을 찾으려고 힘썼으며, 참되게 하는 길을 가르치는 말을 찾으면 그것을 바르게 적어 놓았다.(12:9-10).

그는 지식인답게 "**슬기로움이 어리석음보다 더 낫다**"(2:13)고 **코헬렛**은 사람들에게 가르쳤다. 물론 **코헬렛**은 그 지혜를 손에 넣었다. 그 모든 것을 "**책은 아무리 읽어도 끝이 없을**"(12:12) 정도로 많은 지혜를 얻었다. 지혜를 얻은 결과, **코헬렛**은 무엇을 공부하였는가? "공부만 하는 것은 몸을 피곤하게 한다." 그리하여 그 결과, 그의 입에서 나온 것은 무엇인가?

기쁨의 음성인가? 충족감으로부터 서서히 뿜어내는 깊은 한숨인가? 아니다. 어리석음이다. **코헬렛**이 차원이 낮은 것으로 싫어했던 어리석음이었던 것이다.

코헬렛은 그가 오랫동안 고생하면서 추구한 배움, 지식 수집, 기록해 놓은 지혜와 지식을 주요하게 자신만의 보물로서 두지 않았다. 그런데 곰곰이 생각해보면 그 보물은 그대로 마침내 다음 세대 사람 손에 넘겨 가는 것이 아닌가?

세상에서 내가 수고하여 이루어 놓은 모든 것을 내 뒤에 올 사람에게 물려줄 일을 생각하면, 억울하기 그지없다.
뒤에 올 그 사람이 슬기로운 사람일지, 어리석은 사람일지, 누가 안단 말인가?
그러면서도, 세상에서 내가 수고를 마다하지 않고 지혜를 다해서 이루어 놓은 모든 것을, 그에게 물려주어서 맡겨야 하다니, 이 수고도 헛되다.
세상에서 애쓴 모든 수고를 생각해보니, 내 마음에는 실망뿐이다.
수고는 슬기롭고 똑똑하고 재능있는 사람이 하는데, 그가 받아야 할 몫을 아무 수고도 하지 않은 다른 사람이 차지하다니, 이 수고 또한 헛되고, 무엇인가 잘못된 것이다.(2:18-21).

정말 이렇게 비예언자적 소심小心한 생각인가? 정말 학자적 에고이즘, 그리고 질투로 가득 차 있는가? 코헬렛의 이야기를 듣고 있자면 그렇게 생각하지 않을 수 없을 것이다. 그러나 "온갖 노력과 성취는 바로 사람끼리 갖는 경쟁심에서 비롯되는 것임을 나는 깨달았다."(4:4)고 분명히 선을 긋는 코헬렛은 비록 그가 그러한 비판이 귀에 들어와도 아무렇지도 않게 특히 반론을 하려고는 하지 않았을 것이 틀림없다.

개인과 민족

코헬렛은 분명히 그리스 사상을 접함으로서 그때까지의 히브리즘 사상에는 별로 보이지 않았던 개인주의의 좋은 면을 배우려고 했을 것이다. 히브리인의 전통적인 사고방식은 개인을 민족으로부터 완전하게 분리할 수가 없었다. 민족을 비판해도 민족에 대한 책임을 어딘가에서 느끼고 있었던 것이다. 개인으로서의 히브리인에게 있어서 좋은 것은 민족에게 있어서도 좋은 것이 되지 않으면 안 되었다.

개인이 노력하고 고생해서 생각해 만든 위대한 작품은 개인의 소유물로 멈추지 않고 히브리 민족 전체의 공동유산으로서 다음 세대에로 전달되어야 하는 것이다. 코헬렛의 작품이 문제로서 거론되었다는 것은 우선 그 사색思索의 깊이, 날카로운 통찰洞察에 매료되었던 히브리인의 지식인이 적지 않았음을 말한다.

때문에 코헬렛의 사상을 히브리인 전체의 유산으로서 중요하게 여기려고 하는 노력이 결코 적지 않았음을 증명해 준다.

그러나 그렇기 때문에 코헬렛이 외치는 말은 다양한 각도에서 검토되었다. 그리하여 코헬렛이 말하고 있는 사상에는 때때로 얼굴을 내미는 비히브리적인 것에 마음이 느낀 사람들이 있었다. 코헬렛의 사상에는 히브리 특유의 강한 공동체적 의식이 결여되어 있었다. 적어도 민족이나 공동체에 대한 코헬렛은 전부라고 해도 좋을 만큼 전적으로 흥미를 보이지 않았다.

코헬렛 정도 지적 능력과 자산을 보유한 자라면 당시의 헬레니즘 세계의 대도시라면 어디에도 생활할 수 있었을 것이다. 코스모폴리탄으로서 그리고 히브리인으로서 긍지를 어딘가에 가지면서 도살아갈 수 있는 것이 가능했을 것이다.

그러나 코헬렛과 같은 가능성을 가지고 있었던 사람이 당시에 얼마나 있었을까? 조국을 상실하고, 피정복민으로서 타문화의 지배 아래에 있었던 대부분의 사람들이 매일 매일 근근이 살아가는 것이 최대의 숙제였다.

그러한 상황 속에서 그들이 자신들의 체내에 흐르는 히브리적인 것을 귀중하게 여기면서 살아가려고 한다면 그것은 하나하나 떨어진 개인으로서가 아니라 공동체, 그것도 외부로부터의 압력에 대해 어떤 형태로 자기의 존재를 주장하고, 자기방어가 가능한 힘을 가진 공동체에 연결하지 않고서는 불가능하였다.

공동체는 히브리 민족이 독립국가를 유지하고 있을 때나, 타국에 정복되어 있을 때도, 조국 이스라엘의 땅위에 발을 딛고 살아가고 있는 시대나, 조국으로부터 추방되어 타국 땅에서 살아가지 않으면 안 되는 때에도, 민족을 민족으로서 정신적으로 버텨주고 이끄는 강력한 힘이었다.

코헬렛의 사상에는 그 힘이 없었다. 곤고한 시대를 살아가려는 사람들을, 민족을 격려하고 이끄는 힘이 없었다. 코헬렛은 히브리 사상의 일부에 연결되는 가지, 그것도 아름다운 꽃을 피우는 가지였는지는 모르지만, 그 외에도 있는 무수한 가지를 붙들어 주는 줄기는 아니었다. 코헬렛에게는 "나"는 있을지 몰라도 "우리들"은 없었다.

히브리인들은 곤고 처할 때마다 생각했다. 히브리 민족이 탄생한 이래, 지금까지 얼마나 많은 민족이 이 지상에 등장하여 소멸해 갔는가? 우리들 히브리 민족이 오늘까지 민족으로서 살아 온 것은 무엇 때문일까? 우리들은 나라를 잃어버려도 하나의 공동체로서의 의식을 상실하지 않고, 우리들의 정신적 유산에 긍지를 갖고 살아가고 있다. 그것은 무엇 때문인가? 우연인가?

히브리인과 '또 하나의 자기' 코헬렛

우연일지 모르지만 그것은 전부가 아니었다. 지금까지 히브리 민족의 여정을 지켜 준 힘, 그것은 그들이 어떠한 경우에도 민족의 장래에 대해서 희망을 상실하지 않았던 그 마음이었다. 다시 말하자면 그것은 부유한 생활을 보내던 사람이 만개滿開한 아몬드 꽃에 노인의 백발과 인생의 허무함을 논하는 사람이 아니라, 역경 속에서 인생을 보낸 사람이 겨울의 차가운 광야에 홀로 핀 아몬드 꽃에 살아가는 용기와 민족의 장래에 희망을 품는 사람의 삶이다.

사실, 후에 히브리인이 히브리 민족의 생존과 희망의 상징으로 본 예루살렘 성전의 대촛대, 메노라mrnorah는 일곱 가지의 아몬드를 새겨 놓았다.(출애굽기 25:33). 그 촛대를 매일 꺼지지 않도록 관리하고 있던 성전제사장들의 선조 아론의 지팡이에는 어느 날 "움이 돋았을 뿐 아니라, 싹이 나고, 꽃이 피고 열매까지 맺은" 이야기(민수기 17:8)는 히브리인이 개인으로서 또는 민족으로서 고난에 부딪쳤을 때, 눈앞에 캄캄하게 되었을 때에 마음의 빛으로 마음을 굳게 지켜 주었던 것이다.

하누카 촛대
Jewish Museum of New York

아몬드의 촛대는 후에 유대인과 전쟁을 일으켜 예루살렘을 완전히 파괴한 로마군이 전리품으로서 로마에 가지고 돌아갈 때까지 예루살렘 성전 속에 놓여 있었다. 예루살렘의 지식인 코헬렛은 물론 아몬드의 모양을 한 성전의 촛대의 것도 낡은 나무 아몬드였던 아론의 지팡이에 꽃이 피었던 옛 이야기도 모두 알고 있었을 것이다.

히브리인은 백색 아몬드 꽃을 보고 2가지의 대립된 생각이 때때로 같은 자신들 마음속에 자리잡고 있는 것을 알고 있었다. '정통파'를 자임하는 히브리인에게도 코헬렛은 결코 전적으로 타인이 아니었다. 코헬렛은 모든 히브리인에게는 '또 하나의 자기'[65]였던 것이다.

그러므로 코헬렛의 책은 〈구약성경〉의 일부에 들어간 것이었다. 그것은 허약한 자신이며, 히브리인의 마음에 현실로서 존재하던 언제나 있는 자기였다. 다만 살아가기 위해서는 민족이 직면한 곤난을 극복해 가기 위해서는 가끔 그 '허약한 자신'을 '또 하나의 자기'에 의해 억제하지 않으면 안 되었던 것이었다.

히브리인은 '또 하나의 자기' 코헬렛의 존재를 결코 경시하지 않았다. '또 하나의 자기'인 코헬렛과의 대화를 피하지 않았다. 그러나 히브리인은 최종적으로는 그 '또 하나의 자기' 코헬렛을 극복하지 않으면 안 된다는 것을 마음에 결정한 민족이다. 적어도 히브리인은 '또 하나의 자기' 코헬렛를 극복하는 것이야말로 보다 히브리적이란 것을 알고 있었던 민족이라 할 수 있다.

야웨는 어디 갔는가?

〈전도서〉의 하나의 큰 특징으로서 '야웨'라는 말이 한 번도 나오지 않는다는 사실이다. 하나님이라고 하는 언어는 나오지만 야웨란 말은 없다.

〈전도서〉가 작성된 것은 BC 250년에서 200년 무렵까지로 추정

---

65) 박아청(1984). **아이덴티티의 탐색**. 서울: 정민사, 102–106.

된다. 유대인이 큰 고난을 당한 시대이고 그러한 시대적 배경 속에서 이루어졌던 것이다. 〈전도서〉의 '헛되다'사상이었다.

〈전도서〉를 처음부터 끝까지 통독해보면 짐작할 수 있듯이 일체를 '헛되고 헛된 것'으로 부정하고 있는데, 마지막에 "**그러면 도대체 인간에게 남는 것은 무엇인가?**"하면 그것은 "**인간은 하나님에 의하여 창조된 것**"이란 것, 말하자면 '피조물'이란 것으로 〈**욥**기〉에서 최후로 하나님께서 **욥**에게 말씀하시고 있는 것과 동일하다.

인간은 하나님에 의해 만들어진 이것 이외는 모든 것이 헛되다는 것이다.

거기에서 결국 율법으로 되돌아간다. 창조주이신 하나님을 경외하고 그 율법을 지키는 것 이외는 무엇을 하더라도 모든 것이 헛되다는 것이다.

학자에 따라서는 마지막 이 부분은 후에 가필된 것이라고 주장하는 사람들이 있으나,[66] 이것이 정경으로서의 〈전도서〉의 결론인 만큼은 변화가 없다. 이 결론은 또 "**너는 피조물이 아닌가?**"는 하나님의 말과 그것에 대한 무지를 죄로 여기는 **욥**의 참회에서 끝을 맺고 있다.

---

66) 이상훈 옮김(1989). **성서해석학**. 서울: 소망사.

지혜의 의인화擬人化

〈욥기〉, 〈잠언〉, 〈전도서〉, 이 세권을 지혜문학이라고 총칭한다. 이 지혜문학에서는 하나님이 주신 것으로 세속의 질서가 있고, 한편에서는 절대적인 신성한 질서가 있다. 이 두 가지를 연결시키는 것이 '지혜'라는 것으로 지혜문학의 기본 사상을 이루고 있다.

인간의 지혜는 무엇을 위하여 있는 것일까? 두 개의 질서를 묶어서 세속의 질서를 신성의 질서에 가까이 가기 위한 것으로 본다. 역사적 미래의 어디에선가 세속의 질서를 신성의 질서에다 완전하게 일치시키는 것이 가능하다는 기대에서 종말론이 나온다.

또 '지혜'는 의인화擬人化된다. 우선 자기 스스로의 중심에 있어서 스스로를 대립하는 것으로서 인격화되어 나아가 그 인격화된 것이 무엇에 의해 이루어진 것인가 하는 발상을 가져온다.

거기에서 지혜는 하나님으로부터 와서 하나님은 지혜 바로 그것으로 동시에 인격화된 지혜가 하나님 앞에 있다고 하는 생각이 나온다.

〈신약성경〉의 〈요한복음〉의 서두에 등장하는 유명한 구절,

> 태초에 말씀이 계셨다. 그 '말씀'은 하나님과 함께 계셨다.(요한복음서 1:1).

이 '말씀(로고스)'이란 지혜(호크마)의 그리스어화이고 이 생각은 〈잠언〉의 말과 동일한 생각에 근거를 두고 있는 것이 분명하다.

〈요한복음〉의 저자는 예수를 하나님의 옆에 있는 의인화된 지혜가 그대로 사람이 된 것, 즉 "언어λόγος는 육체가 되어 우리들 속에 머물렀다." 성육신incarnation을 이룬 것이다.

이와 같이 지혜문학은 신약성경의 '예수 그리스도'라는 개념의 하나를 구성하는 중요한 기본이 되어 있다.

여성 불신에 빠진 코헬렛

코헬렛에 있어서 헛된 이 세상에 살아가는 한 인간에게 나무라는 '심정의 즐거움'은 술이고, 여인도 그 기대에 충분히 미치지 못했다. 그 자신이 말하는 바에 의하면 그는 솔로몬 왕처럼 세계 각처로부터 은과 금을 모으고 각지에서 아름다운 여인들을 데려와서 자신의 주위에 두기도 했다.(전도서 2:7-8).

그러나 솔로몬 왕은 '날이 갈수록' 점차 여인의 사랑에 빠졌다고 말하는데 비해 전도자가 만년에 술회한 것은 무엇이었던가? 말하자면 그것은 여성에 대한 극단적일 만큼 불신이었던 것이다. 코헬렛은 말한다.

아직도 얻지 못하였지만,
다만 찾으면서 깨달은 것은 오로지
천 명 가운데서
남자 하나는 찾을 수 있어도,

천 명 가운데서
여자 하나는 찾지 못한다는 것이다.(전도서 7:28).

여성이 진실된 사람인가 아닌가, 전도자는 무엇으로 판단했을까? 전도자는 여성에게 무엇을 기대한 것일까?

코헬렛은 자신은 진리탐구에 전력을 투구했지만 매우 피곤해서 그런지 혹시 그가 추구한 것이 무엇보다도 그의 신경을 피곤치 않게 하는 여인, 오히려 그의 마음의 피로를 제거해 주는 여인이었을지도 모른다.

그런데 그러한 여성을 **코헬렛**은 만나지 못했다. 단 한 번도. "여자가 도대체 무엇인가를 나는 깨달았다" – 자신의 체험으로부터 얻은 '지혜'를 전도자는 확신을 가지고 말한다 – **"여자란 죽음보다도 더 쓰다. 여자는 마음이 덫과 같고, 손이 쇠사슬 같다."**(전도서 7:26–28).

양처와 악처

허무주의자 **코헬렛**에 있어서는 해 아래에 있는 만물이 허무한 것이기에 타인에게 있어서는 '마음의 즐거움'이었던 여인이 그에게는 역시 허무한 것이었다고 해도 이상하지 않다.

또는 이야기의 순서가 거꾸로 된 것으로 사실은 **코헬렛**의 아내는 – 적어도 **코헬렛**의 눈에 보기에는 – 지독한 악처로 **코헬렛**은 그 **'죽음보다도 쓴'** 여성을 위해 매일 안달하면서도 생활하고 있었기 때문에 그의 염세철학厭世哲學이 태어난 것이 아니었던가?

실제로 코헬렛과 거의 동시대에 산 한 사람의 히브리 현인賢人 벤 시라[67]도 말하고 있다.

악처를 맞이하면 기가 죽고 안색은 어둡고, 가슴은 아프다.
양처를 만난 남편은 행복하여 그의 수명은 2배로 늘어난다.
빈자이든 부자이든 (양처로 은혜를 입게 되면) 마음은 신바람나게 되고 항상 얼굴이 밝다.(집회서 25:23).

히브리적인 현모양처상賢母良妻像

물론 무엇이 '양처'인가 하는 것은 각각 히브리 사람에 따라 생각이 다르겠지만, 히브리인의 지혜를 모은 〈잠언〉이 정리한 것을 보면 히브리적인 현모양처상賢母良妻像이 묘사되어 있다.

날이 밝기도 전에 일어나서
식구들에게는 음식을 만들어 주고,
여종들에게는 일을 정하여 맡긴다.
밭을 살 때에는
잘 살펴본 다음에 사들이고,
또 자기가 직접 번 돈으로
포도원을사서 가꾼다.
허리를 단단히 동여매고,
억센 팔로 일을 한다.
사업이 잘 되어가는 것을 알고,
밤에도 등불을 끄지 않는다.

---

67) 외경 중에서 가장 방대하며 초대 교회 사람들이 애독한 문서, 〈집회서Ecclesiasticus〉를 기록한 현인이다.

한 손으로는 물레질을 하고,
다른 손으로는 실을 탄다.
한 손은 펴서 가난한 사람을 돕고,
다른 손을 펴서
궁핍한 사람을 돕는다.
온 식구를
홍색 옷으로 따스하게 입히니,
눈이 와도
식구들 때문에 걱정하는 일이 없다.(잠언 31:15-21).

한편, '악처'를 특별히 상세하게 기술한 것은 〈잠언〉에는 없는데, 겨우 "다투기를 좋아하는 여자와 넓은 집에서 함께 사는 것보다, 차라리 다락 한 구석에서 혼자 사는 것이 더 낫다"(잠언 21:9)라든가, "다투며 성내는 아내와 함께 사는 것보다, 광야에서 혼자 사는 것이 더 낫다."고 하는 정도이다.

그 대신에 〈잠언〉은 자신의 목숨이 위험에 처해 있음을 모르고 여인의 달콤한 유혹에 끌려 들어가는 것에 대해서 "도살장에 끌려가는 소와도 같이", "어수룩한 젊은이"의 이야기(잠언 7:7-23)를 사용하여 히브리 젊은이들에게 여인의 유혹의 무서움을 반복해서 말한다.

아이들아,
아버지의 명령을 지키고,
어머니의 가르침을
저버리지 말아라.
그것을 항상 네 마음에 간직하며,

네 목에 걸고 다녀라.
네가 길을 갈 때 그것이
너를 인도하여 주며,
네가 잠잘 때에 너를 지켜 주고,
네가 깨면
너의 말벗이 되어 줄 것이다.
참으로 그 명령은 등불이요,
그 가르침은 빛이며,
그 훈계의 책망은 생명의 길이다.(잠언 6:20-23).

그러나 "왕조차 파멸로 이끄는"는 여인의 유혹(잠언 31:3)은 한 사람 〈잠언〉의 현인만의 관심사는 아니었다. 그것은 고대 오리엔트 세계의 각지에서 태어난 지혜문학이 각각 어떤 형태로든 반드시 거론한 보편적인 문제였으며, 많은 점에서 삶의 방식이나 사고방식을 달리한 히브리인과 그 주변의 국가의 백성들이 본 공통적인 테마의 하나였다.

요셉과 보디발의 아내 이야기

실은 이것과 매우 유사한 이야기를 히브리인들은 듣고 알고 있었다. 요셉과 보디발의 아내와의 이야기다. 형들로부터 미움을 당하여 외국 상인에게 팔린 요셉은 이집트로 끌려와 거기에서 파라오의 신하 시위대장 보디발에게 팔렸다. 요셉은 거기서 능력을 발휘하여 나중에는 주인집의 가사경영을 위임받았다.

그런데 어느 날, 용모단정한 요셉에게 눈독을 들인 보디발의 아내가 요셉의 옆에 와서 "나와 동침하자"고 유혹했다. 요셉은 그 유혹에 넘어가지 않고 단호히 거절했다.

> 주인께서는, 모든 것을 나에게 맡겨 관리하게 하시고는, 집안 일에는 아무 간섭도 하지 않으십니다. 주인께서는, 가지신 모든 것을 나에게 맡기셨으므로, 이 집안에서는, 나의 위에는 아무도 없습니다. 나의 주인께서 나의 마음대로 하지 못하게 한 것은 한 가지뿐입니다. 그것은 마님입니다. 마님은 주인 어른의 부인이시기 때문입니다. 그런데 내가 어찌 이런 나쁜 일을 저질러서, 하나님을 거역하는 죄를 지을 수 있겠습니까?(창세기 39:8-9).

보디발의 아내는 매일 매일 추근거리며 요셉에게 접근을 했지만 그녀의 요구를 완강하게 응하지 않았다. 그러나 어느 날, 요셉이 일로 집안에 들렀을 때, 보디발의 아내는 요셉을 보자 그의 옷을 붙잡고 "나와 동침하자"고 달려들었다. 요셉은 그 손을 뿌리치고 여인으로부터 도망하여 나갔다.

요셉을 유혹하는 보디발의 아내

그 때, 요셉의 옷이 벗겨졌다. 여인은 집 사람들을 불러서 그들에게 큰 소리로 외쳤다. "이것 좀 보아라. 주인이, 우리를 웃음거리로 만들려고 이 히브리 녀석을 데려다 놓았구나. 그가 나를 욕보이려고 달려들기에, 내가 고함지르는 소리를 듣고, 제 옷을 버리고, 바깥으로 뛰어나갔다."(창세기 39:14).

여인은 주인 보디발이 집에 돌아오자 이렇게 일러바쳤다. "당신이 데려다 놓은 저 히브리 사람이, 나를 농락하려고 나에게 달려들었어요. 내가 사람 살리라고 고함을 질렀더니, 옷을 내 앞에 버려두고, 바깥으로 뛰어나갔어요."(17-18).

이야기는 계속해서 요셉은 간수장과 죄수들의 신망을 얻고 마침내는 옥으로부터 해방되어 파라오의 재상의 자리에까지 오르게 된다. 그런데 요셉에게 재앙을 가져다 준 장본인 보디발의 아내에 대한 보복 또는 처벌 같은 것은 전혀 찾아 볼 수 없다.

하나님께 뒤처리를 떠맡기는 인간

실제로, 히브리인의 지혜는 이 세상에서의 악이라든가, 인간의 일상생활에서 예외적인 것에 대해서는 관심이 없었다. 히브리인들은 인간 사회를 좀먹는 악이 간단하게 없어지는 종류의 것이라고는 생각하지 않았다. 현실 세계에서는 한 사람의 악인惡人이나 악녀惡女를 처벌한다고 해서 곧 선이 사회를 지배한다고는 생각하지도 않았다.

히브리인의 생각은 많은 점에서 극히 현실적이었다. 대담한 말로 남자를 유혹하고 그리고는 책임은 전적으로 상대방 남성에게 책임을 뒤집어씌우는 여인은 어느 시대에도 있다. 여인만의 이야기가 아니다.

여인에 대한 남자들의 되먹지도 않은 행동을 묘사한 이야기들이 〈구약성경〉에는 적지 않다.(창세기 38: 사무엘하 11, 12장 그 외).

히브리적인 사고방식에서 본다면, 그러한 종류의 여인이나 남성이 처벌받는 이야기를 듣고서 즐거워하거나, 단지 악이 없는 세계를 꿈꾸듯이 보기보다는 악이 존재하는 현실의 세계에서 지지 않고 살아가도록 노력해야 한다는 것이 된다.

히브리인의 지혜는 보디발의 아내가 그 행위에 대한 보응을 받았는가 아닌가 하는 것보다도 보디발의 아내와 같은 여인이 여기저기에도 있을 것이라는 이 현실의 세계를 요셉처럼 용감하게 살아 갈 것을 가르치고 있는 것이다.

최종적으로는 인간이나 인간사회에 대한 죄보다도 "하나님을 거역하는 죄"(창세기 39:9)로서 이해하고 있기 때문이다.

사실 '요셉의 이야기'에서는 주인공 요셉조차 결코 완전무결한 인간으로서는 묘사되어 있지 않다. 아버지 야곱이 나이가 들어서 가진 아들이라 해서 아버지의 편애를 받고 자란 난 요셉은 어리광이 많고 형들에게 미움을 받아도 당연한 면이 없었던 것은 아니었다(창세기 37:3–11).

히브리인은 인간세계에서의 다양한 모순이나 인간의 지혜나 지식만으로는 좀처럼 이해할 수 없는 악의 문제의 처리에 관하여, 궁극적으로는 모두 하나님에게 처리를 떠맡기는 것으로 한다.

자신의 이성과 지식을 가지고 이 세계의 배후에서 움직이고 있는 사리事理, 도리道理를 모두 이해하려고 시도한 결과, 결국, 피곤에 지쳐 최후에는 두 손에 문제를 가진 채, 바람과 같은 허무감만 남았다는 것이 코헬렛의 한숨이다.

또는 코헬렛의 허무는 그가 비非히브리적인 완전함을 추구해서 얻은 결과이었는지도 모른다. 히브리인은 모든 도덕적인 완전주의

자는 아니었다. 벌거벗은 자신의 모습을 철저하게 보려고 한 히브리인에 있어서 '완전完全'이란 '건전健全'의 다른 말이다.

히브리인적 건전이란 무엇보다도 우선 공동체로서의 히브리 민족 및 거기에 연결되는 개인이 인격적인 히브리 신 야웨와의 평화샬롬 즉, 대화의 관계를 보존하고 계속해가는 것이었다. 그러기 때문에 인간이 자기가 생각하는 규정척도에 비추어 완전무결한 도덕적 인간이 되는 것이 아니었다.

히브리 사람만큼 자기통찰을 철저하게 행한 민족은 아마도 이 세상에서 어디에서도 찾기가 그렇게 쉽지 않을 것이다. 히브리 사람은 민족 또는 개인으로서의 자기가 건전하고 완전한가 아닌가를 판단하는 데 그들과 그들의 하나님과의 사이에 인격적 대화관계 ―그것이 하나님과 인간의 철저한 논의가 되어도 괜찮다― 가 부서지지 않고 지속하고 있는가 아닌가를 바로메타로 삼았다.

때문에 그들은 자기를 엄격하게 관찰하는 것으로 점점 더 도덕적으로 불완전한 약하고 깨지기 쉬운 도자기와 같은 존재로서의 자기를 발견했어도 최종적으로는 그것을 부정적인 의미에서 조르지는 않았다.

히브리적인 자기통찰은 히브리적인 의미에서 건강건전성을 회복유지하는 것이 목적이어서 인간을 자기파멸 또는 자살로 밀어붙이는 일을 하지 않았다.

히브리 사람은 '자살'이라는 하나님의 무시한 인간의 제멋대로

하는 행위에 어떠한 의미나 지혜 또는 아름다움을 두지 않았던 것이다.

성인聖人과 성녀聖女

히브리 사람들은 건전한 히브리인이 될 것을 기대하였지만, 그러나 '사람의 아들בן אדם'의 개념을 초월한 '성인聖人'이나 '성자聖者'로는 생각하지 않았다. 그리고 히브리인들에게 '사람의 아들'로서 인간이 '성인'이 된다고 하는 생각은 아예 없었다.

"주님으로부터 나와서 흙으로 돌아가는" 피조물로서의 인간은 성인이 될 필요도 없고, 또 '성인'이 되지 않을 것이라고 생각했다.

히브리인에게 있어서 '카도슈קדוש' 즉, '거룩한 자'는 이스라엘의 하나님이고 동시에 우주의 창조주創造主인 하나님을 설명할 때에야말로 사용해야 할 말이었다. 히브리 하나님 야웨가 "이스라엘의 거룩한 자"인 것이다.(시편 71:22; 78:41; 이사야서 1:4; 5:19; 예레미야서 50:29; 51:5).

> 내가 거문고를 타며,
> 주님께 감사의 노래를 부르렵니다.
> 나의 하나님,
> 나의 성실하심을 찬양하렵니다.
> 이스라엘의 거룩하신 주님,
> 내가 수금을 타면서
> 주님께 노래를 불러 올리렵니다.(시편 71:22)

그들은
하나님을 거듭거듭 시험하고,
이스라엘의 거룩하신 분의 마음을
상하게 하였다.(시편 78:41).

슬프다!
죄 지은 민족, 허물이 많은 백성,
흉악한 종자, 타락한 자식들!
너희가 주님을 버렸구나.
이스라엘의 거룩하신 분을
업신여겨서,
등을 돌리고 말았구나.(이사야 1:4).

너희는 활 쏘는 사람들을 불러다가
바벨론을 쳐라.
그들이 이스라엘의 거룩한 하나님,
주 앞에서 오만하게 행동하였으니
너희는
바빌론 도성을 포위하고 쳐라.(예레미야서 50:29).

히브리인은 하나님과 인간, 또는 거룩한 창조주와 흙으로부터 와서 흙으로 돌아가는 피조물과 결코 혼동하지 않았다. 적어도 그 혼동이야말로 히브리인의 안목에서 볼 때, 인간이 하나님에 대하여 범하는 최대의 죄였던 것이다.

'사람의 아들'이 '성인카도슈'이 되기도 하고, '성인'을 '인간의 아들'의 이상상理想像으로 하는 관습이 아예 없었던 히브리인에게는 당연한 일이지만, '성녀聖女'를 이상으로 하는 생각도 없었다.

용어상으로 볼 때 '카도슈קדוש'라는 어근을 같이 공유하고 있는 '케데샤קדשה'라는 말이 있는데, '거룩한 여인'이라고 번역할 수 있다.

그러나 실제로는 이것은 길바닥에서 손님을 부르는 보통의 '창녀'(창세기 38:21) 또는 '성창聖娼' 즉, 이스라엘의 예언자들이 신랄하게 비판한 오래된 이방의 풍습– – 지방의 성소에서 일하는 신전창부神殿娼婦를 의미한다(신명기 23:17; 호세아서 4:14). 히브리어의 '성녀케데샤'에는 소극적인 의미밖에 없다.

히브리 사회와 '남자'

코헬렛이 문제로 한 것은 물론, 창녀라든가 성창과 같은 특수한 직업을 갖고 있던 여성에 대한 것은 아니었다. 그러나 그가 "여자란 죽음보다도 더 쓰다. 여자는 마음이 덫과 같고, 손이 쇠사슬 같다."(전도서 7:26–28)고 심한 말을 토한 그 근저에는 전도자 코헬렛의 비非히브리적인 완전주의가 깔려 있다.

헬레니즘 문명의 세례를 받고 그리스적인 '완전'을 추구한 코헬렛은 여성에 대해서도 완전을 추구하다보니 실망한 것이 아닌가? 사실 코헬렛의 여성비판은 그의 진리추구에 관한 말이 곧 나중에 계속하고 있다.

나는 이 모든 것을
지혜로 시험해 보았다.
내가
"지혜있는 사람이 되어야지"하고
결심해 보았지만,
지혜가 나를 멀리하더라.
지혜라는 것이 무엇인지,
너무도 멀고 깊으니,
누가 그것을 알 수 있겠는가?

....

아직도 얻지 못하였지만,
다만 찾으면서 깨달은 것은 오로지,
천 명 가운데서
여자 하나는 찾지 못한다는 것이다.
그렇다.
다만 내가 깨달은 것은 이것이다.
하나님은 우리 사람을
평범하고 단순하게 만드셨지만,
우리가 우리 자신을
복잡하게 만들어 버렸다는 것이다.(전도서 7:23-29).

또는 당시 **팔레스타인**을 포함하는 동지중해 세계에 성난 파도 같이 밀려들어오는 **헬레니즘** 문명은 그 때까지 오랫동안 동방사회의 축 속에서만 생활해 온 **히브리** 여성들에게도 적지 않은 영향을 주었을 것이 틀림없다.

특히, 상류계급의 여성들 가운데에는 새로운 문명의 자유스러운 공기를 가능한 한 마음껏 쉬어 과거의 전통이나 관습으로부터 해방되어 살려고 하던 지적 여성도 적지 않았을 것이다.

그런데 히브리 남성들은 그것을 즐거워하지 않았다. 자기 자신은 헬레니즘 문명의 열매를 탐욕스러울 정도로 따 먹으면서도 히브리 전통으로부터 떨어져 살아가고 있었다. '진보적인' 히브리인도 이처럼 여성에 대해서는 '히브리적'일 것을 바랐었다.

도리어 헬레니즘 문명 속에 깊게 빠진 사람 중에는 그러한 자기 모순에 침몰되어 있었을 것이다.

오랫동안 '내장內臟'(=감정)으로 사물을 생각해 온 히브리인이 돌연히 '머리'(=이성)를 중심으로 생각하기 시작해서 비로소(전도서 2:14), 거기에서 새로운 지식이나 가치를 추구한 결과, '소화불량'을 일으키고 말았던 것이다. 이것은 그 이전의 시대에 살았던 히브리인들에게는 발견할 수 없었던 새로운 현상이었다.[68]

부계사회 중근동 지방

본래 히브리인의 사회는 부계사회였다. 거기에서는 여성보다도 남성 쪽이 사회적으로 중요하고, 부친을 중심으로 한 남자가 있어야 비로소 '가문家'을 세울 수가 있었다. 남자가 없는 것은 가문이 없는 것과 같았다.

고대 히브리법은 이주하는 타국인의 보호와 함께 고아나 과부

68) 池田 裕(1982). **舊約聖書の世界**. 東京: 三省堂, 257-272.

의 보호의 필요성을 강조한 것은 그 때문이었다. 부친 또는 그것을 대신하는 남자가 없으면 그들은 살아나갈 수가 없었던 것이다.

따라서 한 집안에 남자가 태어나는가, 여자가 태어나는가는 마치 그 가족의 존망을 결정하는 일대 중요한 일이었다. 여자가 아니라 남자의 탄생을 기대한 것은 남자뿐 아니라 여자들도 그러하였다. "사내아이가 태어났다"고 하는 소식 이상으로 가족들에게 기쁨과 축복을 주는 것이 없었다.

남자인가 여자인가의 큰 차이는 산후 모태의 청결에 관한 히브리법의 규정[산모를 깨끗하게 하는 예식](레위기 12:1–8)에도 명확하게 나타나 있다.

남아가 태언 난 경우에는 7일간, 여아탄생의 경우는 2주간. 부정不淨의 기간이 지나면 정결淨潔의 기간이 시작되는데 남아가 탄생한 경우는 33일, 여아의 탄생에서는 그 배, 즉 66일을 지나지 않으면 안 되었다.(레위기 12:1–5).

남의 출생을 기원하고 남아의 탄생을 여아의 탄생 이상으로 기뻐한 것은 보는 견해에 따라서는 차별이지만, 그 차별은 히브리사람이 살아 간 세계의 사회적 · 경제적 현실에서 태어난 어쩔 수 없는 차별이기도 했다.

고대 히브리 사회에서 남자가 얼마나 중요한 위치를 차지하고, 씨족이나 가족에 대한 지대한 책임을 지고 있었다는 것을 암시하는 것으로, 나아가서 경건한 유대 교도가 지금도 기도 속에서 암송하는 기도 – "찬양할지어다. 우리를 여자로 만들지 않으신 우리들의 하나님"을 추가할 수도 있을 것이다.

고대 히브리인 사회의 남자우선에 대한 입장은 현대 중근동에 살고 있는 일반 사람들의 사이에서도 충분히 통용되고 있다. 누군가의 집에 남아가 출생하면 마치 "축하합니다"하는 인사만으로 충분하지만, 여아일 경우에 "축하합니다"라고 말하는 사람 쪽에는 음성에 힘이 없고, "다음에는 반드시 남자를"이란 위로와 격려의 말을 추가하지 않으면 안 된다.

아브라함과 사라

그것은 아랍 여인이 어린이에게 들려주는 '자장가'를 들으면 보다 분명하게 그 이유를 알 수가 있다.

'어린이'라는 중성명사는 없고, 남자인가 여자인가 분명하게 하지 않으면 안 되는 지역이기 때문에 자장가에도 당연히 남아를 위한 자장가가 있고 여자아이를 위한 자장가가 따로 있다. 남아를 위한 자장가는 축복하는 노래요, 여아를 위한 자장가는 남아의 탄생을 절망하고 기도하는 한숨이다.

고대 히브리 여인들이 어떠한 자장가를 불렀는지는 알 수 없으나, 어린아이의 탄생을 둘러싼 비애悲哀에 대해서는 그녀들은 현대 근중동의 여자들보다도 훨씬 더 잘 알고 있었다. 결혼해서도 자신의 태胎에 남아를 잉태하지 않는 한, 여종을 남편에게 주어서라도 남아를 얻지 않으면 안 되었다. 여종에게서 남아가 태어나면 그 아이는 그 가문의 장長으로서 재산상속권을 가진다.

당연히 그 아이의 모친이 된 여종은 기뻐하고 노예로서의 지위는 변하지 않는다고 하더라도 자신을 얻게 되어, 점차 주인에게 대해서도 깔보게 된다.

사라는 아브라함의 품으로 시집을 왔지만, 언제까지도 아이가 없었다. 때문에 사라는 굳게 결심하고 하녀로서 자기 집에 일하고 있던 이집트 여종 하갈을 남편에게 주었다.

얼마 되지 않아 하갈은 임신하였다. 그러자 하갈의 태도는 급변하였다. 아무리 주인의 자식을 임신했다고 하더라고 곧 노예의 지위가 없어지는 것은 아니었는데도 마치 곧 자기는 사라를 대신해서 아내의 자리에 앉는 것이 확실해진 것처럼 "하갈은 자기가 임신한 것을 알고서, 자기의 여주인을 깔보았다."(창세기 16:4).

그리하여 하갈의 배가 나날이 불러옴에 따라 이 이집트 출신의 하녀의 행동은 점차 여주인에게 멸시하는 쪽으로 되어 갔다.

사라는 분개하였다. 아이를 임신한 적이 없는 그녀는 점차 분노로 가득차게 되었다. 결코 용서할 수 없다! 실제 "꺼림을 받는 여자가 시집을 가는 것과, 여종이 그 안주인의 자리를 이어받는 것이다."(잠언 30:23)는 말은 사라가 최초로 토한 말인지도 모른다.

그러나 여주인 사라가 어떻게 화를 내는지, 히브리 속담에 어떻게 나와 있는지, 주위 사람들은 어떠한 눈으로 보는 것인지 하갈은 태연했다.

남자의 세계만이 아니다. 여자의 세계라 해도 문제는 실력이다. 여자의 가치는 무엇보다도 우선 아이를 임신하고 출산하는 것이었다.

여주인이냐, 여종이냐가 아니다. 아이를 임신하는 힘을 가지고 있는가 없는가 하는 그것이 문제다. 아이를 임신하는 여인이 승리이다. 사라가 분노하고 분노할수록 하갈은 자신감을 가지고 한층 차갑게 여주인을 깔 볼 뿐이었다.

사라는 내다 버릴 수 없는 분노와 후회를 남편 아브라함에게 토로하였다.

> 내가 받는 이 고통은, 당신 품에 안겨 주었더니, 그 종이 자기가 임신한 것을 알고서, 나를 멸시합니다. 주님께서 당신과 나 사이를 판단하여 주시면 좋겠습니다.(창세기 16:5).

사라가 말한 그대로였다. 하갈의 짓은 분명히 하녀로서의 분을 초월한 허용될 수 없는 것이었다. 아이를 임신할 수 없다고 해서 여주인으로서의 사라의 지위를 무시하는 것은 있을 수 없었고 아브라함 자신도 사라를 버리고 하갈을 본처本妻로 삼을 생각이 없었을 것이다.

어떻게 두 여인을 동시에 만족시킬 수 있는 묘안은 없는가? 아브라함은 곤란해졌다. 그리하여 최후에 정말 어중간한 태도로 사라에게 말했다. "당신의 종이니, 당신 마음대로 할 수 있지 않소? 당신이 좋을 대로 그에게 하기 바라오."(창세기 16:6)라고 말했다.

그러자 이번에는 "사라가 하갈을 학대하니" 살 수가 없었던 하갈은 광야로 도망치지 않을 수 없었다.

'적敵'이라는 이름을 가진 여인들

여주인과 하녀 사이조차 주인을 둘러싼 경쟁이나 문제가 있다고 한다면 두 사람 이상의 아내가 있었던 가정에서의 여자들의 다툼은 보다 격렬한 것이었다.

> 다투기를 잘하는 아내는
> 새는 천장에서 떨어지는 물과 같다.(잠언 8:6).

보다 유리한 입장에 있는 처의 자리를 보다 강한 주인의 사랑을 받으려는 격렬한 싸움을 하는 여자들은 서로가 라이벌의 여자를 '짜라צרה'(敵)로 불렀다.

여인의 마음은 사랑으로 불타올라, 짜라의 마음은 질투 때문에 흔들렸다. 그리하여 **"사랑은 죽음처럼 강한 것, 사랑의 시샘은 저승 세올처럼 잔혹한 것"**(아가서 8:6)이다.

세올שאול이란 인간이 하나님과의 대화를 상실하고 다른 인간에 대하여 마음을 일체 열지 않게 된 세계다. 그것은 **히브리**적 의미에서의 건전한 인간성을 상실한 사람의 혼이 방랑하는 곳이다. 차가운 음부陰府의 세계다.

히브리인은 영원한 안식인 죽음 그것보다도 죽어서도 죽을 수 없는 혼이 안식을 추구하여 언제까지나 방황을 계속하는 **세올**의 쪽을 무서워하였다. 사랑하는 마음의 깊은 밑바닥에는 충족감이 남고, 안식이 있다. 시샘하는 마음에는 충족감이 없다.

본인에게만 아니라 타인이 충족하는 것도 허용치 않는다. 마치 질투의 세계는 **세올**이고 잔혹한 것이다.

히브리인은 사랑한다는 것이 인간에게 있어서 극히 자연스러운 일인 것처럼 "세올과 같이 잔혹"한 질투도 일상세계에서 끊으려고 해도 도저히 끊을 수 없는 극히 보통 감정이라 생각했다. 원인이 무엇이든 그 이유가 어떠하든 사랑과 질투를 제외하고서는 자신들의 인간생활도 지혜도 말할 수 없다는 것이다.

문제가 없는 것이 아니라 문제가 있는 것이 현실의 인간세계이고 사회다. 따라서 사랑과 질투의 문제에 대해서는 "바람을 다스리는 것과 같고, 손으로 기름을 움켜잡으려는 것과 같은"(잠언 27:16) 여자의 마음의 어려움을 감지하고, 하나의 부엌에 두 사람의 여인이 설 때에는 평화[샬롬]로운 공기보다도 세올과 같이 차가운 공기가 흐르는 것이 훨씬 많은 것을 깨닫게 한다.

짜라(적) 동지의 다툼을 진정시키는 것이 얼마나 어려운 일이란 것을 깨닫는 것이 바로 히브리적인 '지혜'였다.

그런데 이 '지혜'는 히브리인에 있어서 인간이 결혼하고 나서 세월이 지나가면서 알게 되는 지혜가 아니라, 이미 어릴 적부터 결혼하기 이전부터 알고 있어야 할 지혜였다. 히브리인은 선조의 이집트에서의 노예생활의 고난이나 어려운 광야생활의 고생을 자녀들에게 가르칠 뿐 아니라 조상이 지금의 히브리인과 같아서 내면의 문제 때문에 얼마나 고뇌에 찼던가를 가르쳤다.

조상 족장들이 특별난 천재나 영웅이 아니라 극히 당연한 인간이었음이야말로 일반 히브리인은 시대나 소속한 사회계층과는 관계없이 족장이야기에 흥미깊게 귀를 기우리고 배울 것은 배우려고 하였다. 이 히브리적 교육법은 현대의 유대인의 가정교육 속에서도 살아 움직이고 있다.

짜라와 짜라의 격렬한 다툼에 휘말려서 가장 애를 먹은 히브리 사람의 한 사람이 족장 야곱이었다.

지금도 변함이 없는 며느리와 시어머니

개성이 강하고 감정이 풍부한 야곱은 여성에 관해서도 그 취향이 뚜렷하였다. 그의 호불호好不好에 대한 격정은 어떤 의미에서 모친을 닮은 것이다. 야곱의 어머니 리브가는 장남 에서보다도 야곱을 더 사랑했다.

그 뿐만 아니었다. 리브가는 에서의 두 명의 며느리들을 싫어하여 그녀들과의 사이에는 사소한 다툼이 끊이질 않았다.

시어머니 리브가는 맏아들을 며느리들에게 빼앗겼다고 생각했다. 당시 타민족과의 결혼은 결코 흔한 것은 아니었는데도, 리브가는 에서의 부인들이 히브리인이 아니라 히타이트계 여인이란 것에 문제가 있다고 생각했다. 그것은 어머니의 에고이즘 이외의 어떤 것도 아니었다.

에서는 자신의 처들이 싫지가 않았고 그녀들이 히브리인이 아닌 것에 대해서도 특별히 문제를 느끼지 않았다. 도리어 에서는 동생 야곱을 익애하는 자신의 어머니의 모습을 매일 보면서 자아가 강한 히브리 여인들보다 외국의 여자도 좋으니 성격이 좋아 남자를 안달하게 만들지 않는 여자가 좋을 것으로 생각하여 히타이트의 여인을 취했는지 모른다.

그러나 모친에게 있어서 아들의 감정보다도 자신의 감정이 더 중요했다. 리브가에 있어서 좋은 여인인가 어떤가 하는 것을 결정하는 권리는 그 여인을 아내로 맞이하는 아들이 아니라 어머니 쪽에 있었던 것이다.

에서에 대해서는 어쩔 수가 없었다. 그러나 아직 결혼하지 않은 야곱에 관해서는 절대로 같은 과정을 반복하고 싶지 않았다. 타국의 여자는 더 이상 싫다.

리브가는 남편 이삭에게 말했다.

> 나는 헷 사람의 딸들 때문에, 사는 게 아주 넌더리가 납니다. 야곱이 이 땅에 사는 사람들의 딸들 곧 헷 사람의 딸들 가운데서 아내를 맞아들인다고 하면, 내가 살아 있다고는 하지만, 나에게 무슨 사는 재미가 있겠습니까?(창세기 27:46).

이삭은 아들의 며느리 때문에 더 이상 아내의 어리석음을 듣다가는 참을 수 없을 것이라 생각했다. 야곱을 불렀다. "너는 사람의 딸들 가운데서 아내를 맞이하지 말아라. 이제 곧 밧단아람에 계시는 브두엘 외할아버지 댁으로 가서, 거기에서 너의 외사촌 라반의 딸들 가운데서 네 아내가 될 사람을 찾아서 결혼하여라."고 명하였다.

어머니 형제의 딸, 즉 야곱의 사촌과의 결혼을 명했다. 분명히 사촌간의 결혼은 오늘날에서도 근중동 각지의 주민은 가족의 번영과 단결을 지키기 위한 이상적인 방법으로 보는 결혼형태이다.

야곱은 부친의 명령대로 리브가의 오빠 라반의 딸 가운데에서 장래의 아내를 선택하려고 나갔다. 라반은 먼 지역에서 일부러 찾아 온 야곱을 보자말자 "너는 나와 한 피붙이다."고 말하고 기뻐했다.

라반에게는 레아와 라헬이라는 두 딸이 있었다. 레아는 부드러운 눈매를 가진 여자였는데, 라헬은 몸매가 아름답고 용모도 예뻤다. 야곱은 라헬에게 홀딱 반하여 라반에게 7년간 라반 밑에서 일하니 반드시 라헬한테 장가들기를 원한다고 말하였다.

> 야곱은 라헬을 아내로 맞으려고 칠 년 동안이나 일을 하였지만, 라헬을 사랑하기 때문에, 칠년이라는 세월을 마치 며칠같이 느꼈다.(창세기 29:20).

라헬을 사랑하는 야곱

야곱은 약속대로 일했기 때문에 라헬을 아내로 맞이하고 싶었다. 라반은 이웃의 사람들을 모아서 야곱과 딸의 결혼을 축하하는 잔치를 베풀었다. 저녁이 되자 라반은 딸 레아를 야곱의 천막으로 들여보냈다. 야곱은 혼례의 아름다운 벨을 친채로 천막에 온 신부를 안으로 데리고 와서 초야를 보냈다.

아침이 되어서 야곱은 눈을 떠 사랑하는 신부 라헬을 보았다. 그리고는 놀랐다. 눈앞에서 자고 있는 신부는 라헬이 아니라 레아였다. "외삼촌께서 저에게 이러실 수가 있습니까? 제가 그동안 라헬에게 장가를 들려고 외삼촌 일을 해 드린 것이 아닙니까? 외삼촌께서 왜 저를 속이셨습니까?"

라반은 그렇게 속인 것이 아니다. 이 지역에서는 언니 앞서 동생을 시집보내는 습관이 없기 때문이다. 그래서 라반은 야곱에게 말했다. 일주일 후에는 라헬도 주니까 그 대신에 앞으로 7년 더 일

해주기를 바란다고 했다. 야곱은 매우 화가 났지만 타인을 속이는 것에 대해서는 야곱 자신도 역시 한 가닥 한 사람이 아니었던가?

그는 어떻게 해서든지 라헬을 아내로 하고 싶었기 때문에 라반의 말하는 새로운 조건을 받아들이기로 했다. 일주일 후, 라헬은 확실히 야곱의 제2의 아내가 되었다.

언니와 여동생의 다툼

라헬은 본래 매력적인 여자다. 야곱은 다시 새로이 생각했다. 그는 만족했다. 하나님의 축복을 느꼈다. 한편, 레아에게는 아무리 해도 매력을 느끼지 못했다. 레아의 얼굴에는 레아의 아버지의 얼굴이 비칠 뿐, 사람의 사랑 같은 것에는 손톱만큼도 관심이 없고 오로지 주판의 알만 튕기고 있는 라반의 얼굴이 보일 뿐이었다.

누가 보더라도 분명히 드러나는 것은 언니 레아는 자기는 야곱이 싫어한다는 것을 느끼고 있었다는 것이다. 레아는 자기가 동생 라헬보다도 사랑받고 있기 보다는 야곱에게 버림을 받고 있다고 생각하고 있었다. 레아에게는 동생 라헬은 남편의 사랑을 독차지하고 있는 짜라, '적敵'이었던 것이다.

그런데 레아는 고민을 말하지 않았다. 문제는 오히려 라헬의 쪽이었다. 사랑하는 라헬이 야곱의 머리를 고민하게 만들었다. 젊은 라헬의 아름다움과 매력의 포로가 되었던 야곱에게 라헬이 아름다운 라헬이 정말 어떠한 성격의 여인인가를 냉정하게 판단할 만큼 좋은 안목이 없었다.

부드러운 눈매를 가진 레아는 성격도 온화하였지만 동생 라헬은 반대로 매우 격정적인 여자였다. 라헬은 아름다웠지만 그러나 그의 언니 레아의 존재가 '적'인 것을 느끼지 않을 정도로 야곱의 사랑을 독차지하고 있었는데, 어떻게 해서 그렇게 되었는지는 알 수 없으나 매우 성난 여인으로 되어 있었다. 왜 그런가? 무엇이 라헬의 불만이었던가?

원인은 아이였다. 두 사람의 여인에 대해 하나님은 야곱보다도 공평하셨다. "주님께서는, 레아가 남편의 사랑을 받지 못하는 것을 보시고, 레아의 태를 열어 주셨다. 라헬은 임신을 하지 못하였으나, 레아는 마침내 임신을 하여 아들을 낳았다."(창세기 29:31).

라헬은 아름다운 기량과 남편의 편애라는 이중의 축복을 받았지만, 출산이란 은총을 입지는 못하였다. 레아는 르우벤, 시메온, 레위, 유다와 같은 네 명의 남아를 계속해서 출산하였지만, 라헬은 아이가 없었다.

아름다운 얼굴을 가지고 있다고 해도, 주인의 사랑을 듬뿍 받고 있다고 해도, 아이를 출산하지 않는 짜라의 입장은 적어도 '사회적으로' 약했다. 라헬은 자기는 출산을 할 수 없음을 알았을 때 그 때까지의 자신에 가득 찬 태도를 잃고 "언니를 질투하기 시작했다." 그러나 질투의 불길이 얼마나 타올랐기에 "나도 아이 좀 낳게 해주셔요. 그렇지 않으면, 죽어 버리겠어요."라고 했을까?

그것을 듣고 야곱도 화를 내었다. "내가 하나님이라도 된단 말이오? 당신이 임신할 수 없게 하신 분이 하나님이신데, 나더러 어떻게 하라는 말이오?" 야곱의 말에 놀란 라헬은 당황하여 야곱이 라헬의 여종 빌하와 동침하여 자식을 낳아서 자기의 무릎에 안겨주면 자기도 집안을 이어나가겠다고 말을 고쳤다.

라헬의 기대한 바와 같이 빌하는 야곱의 아이를 출산했다. 그러나 언니의 아이는 4명, 4대 1. 아직 이기지 못하였다. 라헬은 여종 빌하에게 또 한번 주인과 동침하여 '대리임신代理妊娠'을 하게 명했다. 이 경우도 빌하는 여주인의 명령을 완벽하게 수행했다. 빌하는 라헬의 두 번째 아이를 출산했다. 라헬은 기뻤다. 이겼다.

라헬은 "내가 언니와 크게 겨루어서, 마침내 이겼다"하면서 그 아이 이름을 납달리라고 하였다."(창세기 30:1-8).

한편, 레아는 4명의 사내아이를 출산했으므로 남편은 이제 보다 자기를 사랑해 줄 것으로 기대하지만 불안한 생각은 여전히 가시지 않았다. 특히, 장남이 태어날 때에는 이로서 남편이 나를 사랑해 주기를 바라는 심정을 가지고 일부러 르우벤("보아라, 아들이다!")이란 이름을 붙였다. 야곱의 레아에 대한 태도는 아이를 출산하기 전과 거의 다르지 않았다.

차남이 태어날 때도, 셋째가 태어날 때도 변하지 않았다. 넷째가 태어나도 같았다. 야곱의 눈은 역시 라헬의 방향으로 향하고 있었던 것이다.

야곱으로서는 비록 "고운 것도 거짓되고, 아름다운 것도 헛되지만"(잠언 31:30)이란 말이 진실이라고 해도 그것으로 자신의 취향이나 미각을 곧 바꿀 것은 아니었다. 야곱에게 있어서 여자는 다만 취사나 세탁을 잘하면 그것으로 족하다(잠언 31-10-27)는 것이 아니었다.

코헬렛과 같은 남자였더라면 또는 레아 쪽을 선택했는지도 모른다. 그러나 야곱은 기가 세든 약하든, 제멋대로 살든 말든 라헬을 좋아했다. 야곱에게는 가끔은 날뛰는 말과 같은 라헬을 도리어 예쁘게 생각했다.

레아에 있어서 상태는 훨씬 좋지 않았다. 네 번째의 아들을 출산하고는 레아의 태는 멈추었고 야곱의 발을 레아로부터 점점 멀어져 갔기 때문이다. 초조한 레아는 동생의 흉내를 내어 자기의 여종 실바를 야곱에게 주었다. 라헬의 여종 빌하에 결코 뒤지지 않는 실바는 여주인에게 충실하여 '대리임신'의 임무를 잘 감당하여 두 아이를 낳았다.

자매이면서 같은 남편을 섬기던 두 여인은 서로가 짜라(敵)로서 운명적으로 태어난 레아와 라헬의 다툼은 그 후에도 계속하였다.

사랑의 자귀나무

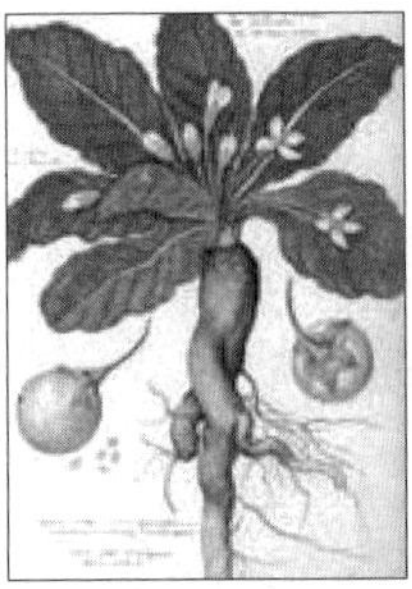

사랑의 자귀나무

보리를 거두어들일 때에 레아의 장남 르우벤이 들에 나갔다가 발견한 자귀나무를 집에 갖고 와서 어머니 레아에게 보였다. 자귀나무는 둥글고 작은 열매를 맺는데 우리나라 인삼처럼 사람의 모습과 비슷하여 두 부분으로 나누어지는 뿌리를 가진 약용식물로 사람들이 사랑의 묘약으로서 이용하였다.

레아 어머니와 아들 르우벤 간의 대화를 들은 라헬은 레아에게 르우벤이 갖고 온 것을 조금만이라도 나눠 달라고 하였다. 레아는 "내 남편을 차지한 것만으로는 부족하냐? 그래서 내 아들이 가져온 자귀나무를 가져가려는 것이냐?"고 하여 동생을 나무랐다. 그러자 라헬은 "언니 아들이 가져온 자귀나무를 나에게 주어요. 그 대신에 오늘 밤에는 그이가 언니하고 함께 자도록 하지요" 말했다.

저녁이 되어 야곱이 들에서 돌아오니 밖에서 레아가 먼저 말했다. "당신은 오늘 밤에는 나의 방으로 드셔야 해요. 나의 아들이 가져온 자귀나무를 라헬에게 주고, 그 대신에 당신이 나의 방으로 드시게 하기로 했어요. 그날 밤에 야곱은 레아와 함께 잤다.(창세기 30:14-16).

이렇게 해서 레아는 다시 아이를 출산케 되었다. 한편, 라헬은 이것도 사랑의 묘약 – 과학적인 근거는 없지만– 자귀나무를 먹은 덕택인지 오랫동안 마치 돌처럼 단단했던 태가 열려 난생 처음으로 '대리인'을 통하지 않고 자기의 피부에서 직접 아이를 임신하는 즐거움을 체험했다.

그 때로부터 라헬은 '적'으로서의 레아를 별로 의식하지 않게 되어 가슴에 품었던 언니에 대한 질투심도 점차 사라져 갔다.

그로부터 거의 1,700년 정도가 지난 후, 그리스도의 사도 한 사람이 제자에게 편지를 쓰면서 말하였다.

> 여자가 믿음과 사랑과 거룩함을 지니고, 정숙하게 살면, 아이를 낳는 일로 구원을 얻을 것입니다.(디모데전서 2:15).

그는 **라헬**의 일을 부각시키면서 기록한 것이 아닐까?

전도서에 나타난 '잠정적인 지혜'

전도서는 하나님을 경외하라는 지혜의 기초를 상실한 인간의 낙관적인 인간론에 공격을 취하고 있다. 전도서는 일부러 염세주의를 조장하는 것이 아니라 염세주의에 직면한 인간들이 염세주의를 극복하고 하나님을 경외하는 신앙의 출발점으로 인도하려는 목표를 갖고 있다.

결론적으로 말하자면 전도서는 완전한 염세주의를 다루는 것이 아니라, 전통적인 지혜에 풍미했던 낙관적인 인간론의 남용에 대항하기 위하여 염세적인 인간론을 다루고 있다고 할 수 있다.

전도서의 저자는 어떤 수정된 지혜를 제시하면서도 그것의 절대성을 인정하려고 하지 않는다. 왜냐하면 어떤 지혜든지 낙관적인 인간론의 남용아래 있으면 실패할 운명에 처하기 때문이다. 그러므로 전도서는 남용된 전통적인 지혜대신 수정된 지혜를 제공한다. 이 수정된 지혜는 염세적인 인간론의 그늘아래 있으므로 '잠정성'을 특징으로 한다.

코헬렛은 그가 제안한 지혜 역시 "지혜의 절대성을 인정하지 않고 죽음의 그림자를 인간의 한계 안에서 보기 때문에 잠정적이라"[69]고 보아 '잠정적인 지혜'라고 본다.

---

69) 배정훈(2011). 전도서에 나타난 잠정적인 지혜. **구약논단**. 제17권 4호 (통권 42집), 한국구약학회, 11.

6
'반전反轉'을 통한 사랑의 노래, 〈아가雅歌〉

오 나의 사랑,
나를 기쁘게 하는 여인아,
그대는 어찌 그리도
아리땁고 고운가?
그대의 늘씬한 몸매는
종려나무 같고,
그대의 가슴은 그 열매 송이 같구나.
"이 종려나무에 올라가
가지들을 휘어잡아야지."
그대의 가슴은 포도송이,
그대의 코에서 풍기는 향내는
능금 냄새,
그대의 입은 가장 맛 좋은 포도주.(아가서 6:6-9).

계속해서 노래하고 있는데, 도대체 이것이 어떤 노래인가? 이 노래가 정말 성경과는 무슨 관계가 있는가? 이 노래는 〈아가雅歌〉' 로서 원문은 '**쉬르 하쉬림**노래 중의 노래'이란 뜻으로 영역이 원뜻을 잘 표현하고 있다. 모르는 남자와 여자가 서로 깊이 사모하는 정을 나누는 '수수께끼와도 같은 것'을 노래하는 노래를 '노래 중의 노래'라고 부른 것이었다.

전승傳承에 의하면 〈아가〉를 솔로몬과 연결되어 있는데(아가 1:1), 실제로는 이 노래가 솔로몬 시대에 만들어진 것인가 아닌가는 많은 학자들의 견해는 오늘날에도 크게 나누어져 일치를 보지 못하고 있다. 〈아가〉가 정경에 들어 올 때 많은 논란이 있었던 것은 사실이다. 랍비 아키바가 이것을 하나님의 사랑에 비유하여 넣었다는 설이 있는데, 과연 그것이 사실인지는 분명치 않다. 정경에 들어오게 된 것은 그 후의 해석에 의해서일 것이다.

〈아가〉가 〈구약성경〉 안에 있다고 하는 '불가사의不可思議'에 대해서 오래전부터 다양한 설명이나 해석을 해왔다. 그 속에서 가장 대표적인 것은 〈아가〉란 인간의 남과 여 사이의 사랑을 노래한 노래가 아니라, 하나님과 인간과의 사이의 정신적인 교제를 묘사한 것이란 해석이다.

유대교의 입장에 의하면 남자는 하나님을 가리키고 여자는 이스라엘을 말하는 것으로 본다. 그리하여 그리스도교적인 해석에 의하면 남자는 그리스도를, 여자는 교회를 의미했다.

이러한 방식은 〈아가〉가 그 자체가 가지고 있는 문자적 의미보다는 신학적 의미를 강조하다보니, 자의적이고 비역사적인 해석이 주를 이룬다. 유대교 전통은 아가를 야웨 하나님과 인간 사이의 사랑의 대화로 이해하며, 이러한 비유적 해석은 더 나아가 아가에서 궁극적인 이스라엘의 구원역사를 찾는다.

그리스도교의 신학전통 속에서는 이 알레고리적 해석으로 〈아가〉를 예수님과 교회의 관계에 대한 이야기로 해석하였다. 유대역사에서 가장 위대한 구원의 순간인 출애굽을 보았다면 오리게네스(Origenes) 이후 그리스도교 해석 전통에서는 예수님의 삶과 죽음 그리고 부활이라는 그리스도교적인 구원의 순간을 〈아가〉에서 찾았다.

그러나 이와 같은 알레고리적 해석은 텍스트가 언급하고 있는 것과는 다른 그 이면의 의미를 찾기 때문에 자의적인 해석을 피할 수가 없게 된다. 또한 인간의 성性을 본질적으로 악한 것이라고 간주하는 사고방식 때문에, 〈아가〉에서 분명하게 나타나는 노골적인 인간의 사랑의 묘사에 대해서는 신학적 메시지로 얼버무려 버리는 문제점이 제기된다.[70]

〈아가〉의 재음미

BC 19–20세기에 걸쳐 진행된 중동지방의 고고학 발굴에서 얻은 수많은 고대문서들과 성경과 비교연구를 통해서 〈아가〉가 고대 이집트, 메소포타미아, 우가릿에서 발견되는 사랑시와 많은 유사점에 학자들은 주목하게 되었다. 이러한 새로운 관점과 새로운 발견을 통해 학자들은 좀 더 본문의 내용에 충실하게 해석할 수 있게 되었다.

〈아가〉는 분명히 인간의 사랑에 대한 노래이며, 동시에 가장 신학적이고 종교적인 노래이다. 그리고 이 책은 통일성을 지닌 작품이며, 그러므로 단순히 시들을 모아 놓은 시선집試選集이기 보다

70) 이유미(2014). 아가의 반전(反轉)의 신학. **구약논단**. 제20권 2호(통권 52집). 한국구약학회, 158.

는 명확한 목적을 지닌 하나의 문학이다.

〈아가〉는 인간 남녀의 사랑을 노래한다. 그러나 인간의 사랑을 노래하는 방식에 있어서 분명히 다른 성경과는 어울리지 않는 방식을 취하고 있다. 물론 〈아가〉에서 사용되고 있는 여러 가지 이미지들은 나머지 정경 속에서도 찾아 볼 수 있지만, 〈아가〉에서는 전혀 다른 방향으로 이를 사용하고 있다.

전통적 사고의 반전

보다 자연스러운 빛에 비추어 본 〈아가〉는 역시 인간의 남녀 간의 사랑을 노래한 노래이다. 그러므로 자연 빛 아래에서 일반 히브리인이라도 알 수 있을 방식으로 〈아가〉를 듣고 즐기는 편이 훨씬 히브리적일 것이다.

〈구약성경〉은 분명히 가부장적 사고가 지배하는 사회를 기반으로 기록되어 있다. 그렇기 때문에 대부분의 〈구약성경〉에서 남녀의 관계는 동등한 위치에서가 아닌 분명한 상하 관계에서 이해된다. 이러한 관계를 기반으로 사랑과 성에 대한 사고가 〈구약성경〉을 지배하고 있다.

〈구약성경〉 속에서 여성은 남성의 지배하에 있는 존재이며, 또한 정절과 순결에 대한 남성 중심의 요구가 여성에게 부과된다. 남성은 성적으로 다른 남성들의 권리를 침해하지 않는 한에서 자율성을 지닌 반면, 여성은 결혼 전에는 아버지나 형제들의 관리하에 순결을 유지해야 하며, 결혼 후는 자신의 남편에게만 헌신하고 복종해야 한다.

남녀 관계를 신학적이 **모티브**로 사용한 것은 예언자들을 통해서도 드러난다. BC 8세기 중반 북왕국에서 예언활동을 했던 **호세아**는 남녀 관계의 **모티브**를 최초로 신학적 비유로 사용하고 공식화했다. 그는 자신의 결혼 생활을 묘사함으로써 **이스라엘**과 하나님의 관계를 설명했다.

인간의 사랑과 성의 **모티브**는 〈구약성경〉에서 신학화 되어 사용된다. 따라서 〈성경〉 인간의 육체적인 사랑, 욕망에 가득한 성에 대해서는 죄악시하며 비판하는 경향을 지닌다. 인간의 육체, 특별히 여성의 육체를 드러내는 것은 음란함을 대변하는 비유적 표현이 되었다.

반전의 모티브

〈아가〉는 전통적인 신학적 **모티브**와는 전혀 다른 사랑과 성을 그리고 있다. 〈아가〉의 시인은 전통적인 사랑과 성 개념을 세족적으로 실체화하면서, 역설적으로 '**새로운 신학화 작업**'[71] 즉 기존의 신학에 문제제기를 하면서 새로운 신학을 제시하는 것이다.

〈아가〉저자는 아가를 거기에 기록되어 있는 그대로를 읽고 듣고 했던 일반 **히브리사람**들은 서로 사랑하는 인간의 남녀의 자연스러운 모습과 그 사랑에서의 참된 남녀의 평등을 보았다.

자연의 빛 아래에서 본 〈아가〉는 여성의 사회적 지위가 남자의 그것에 비해 여전히 낮았던 시대에 문자 그대로 개인으로서의 남

71) 이유미(2014). **앞의 책**. 167.

성에 대한 개인으로서의 여성의 권리와 가치를 인정한 것이었다. 그러나 그 〈아가〉를 솔로몬 왕이 썼다고 한다. 이미 솔로몬 왕조차 여자와 남자를 대등한 입장에 두고 사랑을 노래했던 것이다.

그 해석이 당시 히브리사람의 여성들의 의식을 고양시킨 것은 분명하다. 또 가나안 군대와의 전투에서 활약한 여선지자 데보라의 이야기 등과 함께 〈아가〉를 대대로 듣고 읽고 하면서 성장해 온 유대인 여성들의 사회적 지위와 의식을 높인 것도 결코 무시할 수 없는 이유가 될 것이다.

반전을 통한 지혜

〈아가〉는 분명히 〈구약성경〉의 신학적 전통에 벗어나 있다. 그럼에도 이 책이 〈정경〉 속에 포함되어 수천 년을 거룩한 책으로 읽혀 왔다. 지금까지의 성경학자들은 아가서가 가지는 특성과 이 책이 포함하고 있는 〈정경〉이라는 배경이 주는 모순 때문에 수많은 논의들을 제기해 왔다.

그 수많은 논의들 가운데 "〈아가〉가 본래 종교와 무관한 세속적 사랑 노래 모음집으로 저작된 것이 아니라 분명한 신학적 목적으로 다분히 종교적 목적으로 기록된 작품"으로 "〈아가〉의 저자의 목적은 기존의 신학적 전통에 대한 반전 반전을 통해서 드러난다"[72]고 보는 학자도 있다.

구체적으로 〈아가〉의 시인이 강조하고 있는 점을 몇 가지로 살펴보자.

---

72) 이유미(2014). **앞의 책**. 185.

(1) 사랑

먼저 〈아가〉에서 '사랑'은 전적으로 육체적이고 에로스적 사랑을 의미한다. 에로스 사랑적 사랑에 대해 말하기 꺼려하는 전통에 대해 〈아가〉는 육체적 사랑도 역시 사랑이라는 점을 강조한다. 전통적인 종교의 개념에 가려져 있던 성性에 다시금 생명을 불어 넣어 준다.

(2) 육체

에로스적 사랑의 해방은 곧 인간 육체에 대한 표현에도 자유를 선사하였다. 〈아가〉의 특징 중에 하나는 인간의 육체를 표현하는 데에 거리낌이 없다는 것이다. 〈아가〉의 시인은 인간의 육체를 도덕적이고 윤리적인 개념으로 이해하는 전통을 넘어선다. 육체는 수치스럽고 드러내기 부끄러운 것이 아니라 인간의 본질을 보여주는 것이다.

(3) 성性

〈아가〉가 더욱 〈구약성경〉의 다른 책과 차별화 되는 것은 노골적인 성과 육체에 대한 이야기의 주도권을 남성이 아닌 여성이 가지고 있다는 점이다.

〈아가〉의 처음과 시작은 여성의 노래로 마무리되고 있음은 물론이거니와 여성이 전체 〈아가〉의 사랑 노래를 주도하고 있다. 입맞춤을 요구하는 것도, 집과 침실로 초대하는 것도 모두 여성이다. 이러한 요구와 초대에 여성을 적극적이고 능동적인 행동을 취한다.

분명한 것은 〈구약성경〉의 지배적인 성개념과는 다른 사고방식을 〈아가〉는 주장한다.

그러나 그렇다고 해서 〈아가〉의 시인은 전통적인 성역할의 완전한 반전을 통해서 여성 상위를 말하고자 하는 것은 아니다. 또한 여성의 시각이나 여성의 입장을 대변하기 위한 것도 아니다. 〈아가〉 속의 남성과 여성 사이에는 어떠한 권위도 작용하고 있지 않으며, 오로지 사랑의 감정으로 서로를 열렬히 열망하고 있다.

인간 사랑에 존재할 수 있는 서열 관계에 대한 의도적 부정은 〈아가〉의 또 다른 특징 중의 하나이다.

(4) 권위

〈아가〉의 시인은 의도적으로 인간 사이의 서열 관계를 부정한다. 이는 가부장 사회에서 우위를 점하고 있는 존재가 〈아가〉에서 철저하게 부정되고 있다는 점에서 가장 잘 드러난다.

왜 '하나님'은 침묵하고 있는가?

유대교 율법학자들이 〈아가〉의 정통성을 문제시한 가장 큰 이유 중 하나는 이 문헌에 '하나님'이란 말이 한 번도 나오지 않고 있다는 것이었다. 이와 같이 **코헬렛**의 경우도 그 작품 〈전도서〉 속에 **이스라엘** 하나님 **야웨**의 이름이 한 번도 사용되지 않았다는 것이 문제가 되었다.

그래도 〈전도서〉에는 '하나님' 일반을 표현하는 **'엘로힘'**이 몇 번인가 나온다고 하는 것으로 인정되었던 것이다. 그런데 〈아가〉에서는 **야웨**는 물론, 일반명사 **'엘로힘'**조차 한번도 나오지 않는다는 것이다. 〈구약성경〉의 무대에 참가한 그 다른 모든 작품에는 얼굴을 내놓고 있는데, '하나님'은 왜 이 〈아가〉에서는 등장하지 않을까?

일반 히브리인이 〈아가〉의 저자와 처녀의 사랑을 —복잡한 신학적인 해설 등을 추가하지 않고서— 그것이 있는 그대로의 형태로 맛보면 즐기면서 한층 그 노래와 그들이 믿고 있던 이스라엘 하나님과의 관계를 생각하고 있었다면 그것은 무엇이었을까?

만일 〈아가〉 속에 등장하는 남자가 하나님이 아니라고 한다면, 이 세속의 노래와 하나님과의 관계는 어디에 있는 것일까? 이스라엘의 하나님과 〈아가〉는 어디에서 관계를 갖게 될 것인가?

〈구약성경〉이라고 하는 무대에서 〈아가〉가 상연되고 있을 때, 야웨의 모습은 어디에서 보일 것인가? 밝은 무대 위로부터 젊은이와 처녀가 함께 춤추는 소리가 들려온다.

> 예루살렘의 아가씨들아,
> 노루와 들사슴을 두고서 부탁한다.
> 우리가 마음껏 사랑하기까지는,
> 흔들지도 말고 깨우지도 말아 다오.(아가서 2:7; 3:5; 8:4).

젊은 연인들이 사랑의 말을 서로 부르고 있을 때, 주위의 젊은이들은 그들을 그대로 방해하지 않고 그대로 그들만 남겨두는 수밖에 없다.

사람의 아들이 자기들의 만남의 '불가사의不可思議'에 놀라, 서로 사랑하는 것의 환희에 빠져 있을 때, 이스라엘 하나님은 몸을 빼서 그들을 방해하지 않는다. 실은 그 때, 하나님은 '관객석' 쪽으로 무대 위의 젊은 남자와 처녀가 노래하는 노래를 듣고 있는 것이다. 하나님은 침묵하고 있다. 하나님의 아들이 노래하는 아름다운 사랑의 곡조에 조용히 귀를 기우리고 있기 때문이다.

지혜문학의 장르에 속하는 〈아가〉

〈아가〉는 앞서 살펴본 바와 같이 전적으로 〈구약성경〉의 신학적 전통에서 벗어나 있다. 그럼에도 이 책은 〈정경〉 속에 포함되어 수천 년을 거룩한 책으로 읽혀 왔다.

〈아가〉의 시인의 목적은 기존의 신학적 전통에 대한 반전을 통해서 드러난다. 그렇다면, 이러한 반전을 통해 신학적 메시지를 전달하는 이 책은 어떤 장르로 구분할 수 있을까? 비종교적 언어로, 신학적 메시지를 전달하는 대표적인 장르는 지혜문학이다.

바로 〈아가〉가 큰 범주의 지혜전승에 속한다.

일반적으로 〈성경〉 안에서 지혜문학은 〈욥기〉, 〈잠언〉, 〈전도서〉 세 권으로 규정해 왔다. 이 세 권의 책을 지혜문학으로 분류하는 것은 몇 가지 내용상의 특성 때문이다.[73]

첫째, 지혜문학에서 가르치고 있는 주요 내용과 주된 관심이 지혜에 대한 것이다.

둘째, 지혜문학에는 오경, 예언서, 묵시문학 등 소위 비지혜문

---

73) 천사무엘(2009). **지혜전승과 지혜문학-지혜문학의 눈으로 다시 본 성경**. 서울: 동연, 15-16.

학에서 공통적으로 나오는 내용이나 주제가 나오지 않는다.

셋째, 지혜문학에서는 인간의 이성, 경험, 사색 등을 통하여 얻어진 우주의 질서와 원리를 찾는 데 관심이 있다.

그러나 1960년 대 이후 많은 학자들은 다음과 같은 몇 가지 점을 강조하면서 〈아가〉를 다른 장르보다는 지혜문학으로 이해하려고 한다.[74)]

첫째, 〈아가〉에 덧붙여진 표제에서 〈아가〉를 솔로몬과 연관 짓는다는 것은 〈아가〉가 히브리 지혜전승에 그 뿌리를 두고 있다.

둘째, 〈아가〉에서 사용되는 어휘는 〈외경〉 지혜문학 중 하나인 집회서의 것과 매우 유사하다.

셋째, 〈잠언〉 5장과 유사한 이미지들을 〈아가〉가 많이 사용하고 있다.

넷째, 지혜문학이 다른 〈구약성경〉 본문에서 중요하게 여기는 주제들, 예컨대 구원사, 계약에 관련된 것, 역사를 통한 신앙고백 등과 같은 것을 다루고 있지 않으며, 우주 질서와 원리에 관심을 가진다.

다섯째, 이야기를 이끌어 가는 방식, 즉 논쟁적인 방식을 취하고 있다.

〈아가〉는 사랑이라는 주제를 도구삼아 인간에 대한 깊은 신학적 성찰을 담고 있다.

---

74) 이유미(2014). **앞의 책**. 178-180.

Chapter 8
예언자들은 무엇을 외치는가?

무화과나무에 과일이 없고 포도나무에 열매가 없을지라도,
올리브 나무에서 딸 것이 없고 밭에서 거두어들일 것이 없을지라도,
우리에 양이 없고 외양간에 소가 없을지라도,
나는 주님 안에서 즐거워하련다.
나를 구원하신 하나님 안에서 기뻐하련다.(하바국서 3:17–18)

1

예언자는 누구인가?

이스라엘 민족에게 있어서 가장 특징적인 존재라 할 수 있는 예언자들은 자신의 종교적 통찰력이나 지식의 풍부함이나 총명서, 도덕, 인격 등 개인적인 능력에 의한 것이 아니라 하나님으로부터 특별한 사명을 받아 부르심을 받은 사람들이다. 때문에 예언자는 이스라엘의 역사에서 매우 중요한 위치를 차지하고 있다.

이들이 왕들이나 백성들에 미친 영향은 실로 컸다. 이스라엘 백성들이 외침에 의해 어려웠던 시절에도 이들의 외침으로 질책을 당했으며 또 한편으로는 위로를 받고 이스라엘 백성이 선민選民으로서의 정체성을 유지, 확립하는 데 실로 중요한 도움을 얻었다.

예언자는 역사적으로는 복잡한 존재이어서 율법과의 관계에서 어느 시기에 급하게 나타난 것이 아니라 아마도 율법보다도 먼 시대에서부터 존재하고 있었다. 이것은 이스라엘뿐 아니라 동방지방에서는 흔히 볼 수 있는 현상으로 초기에는 '신탁神託을 고하는 자'란 의미에서 많은 종교에 있는 엑스타시상태가 되어 말씀을 고하는 사람이었다.

고대의 동방에서는 주권자의 주변에는 반드시 이러한 사람들

이 있었다.[75]

예언자나비נביא와 선견자로에ראה

옛적에 이스라엘에서 사람들이 하나님께 물으려고 할 때에는, 선견자로에에게 가자고 말하였다. 오늘날 우리가 예언자나비라고 하는 이들은 옛적에는 '선견자'라고 불렀다.

또 예언자가 대변인의 의미로 사용된 경우도 있다. 그러면 이스라엘 백성을 지도, 가르친 사람으로서 예언자은 과연 어떠한 존재이었을까? 그들이 선견자, 선지자에서 발전했다는 것은 그 역사적 근거는 명확하고, 후의 예언자에서 선견자적, 대리인적 성격을 포함하고 있는 것은 사실이지만 그것이 '이스라엘의 예언자의 특질'을 나타낸다고는 볼 수 없다.

그러면 그 특질은 무엇인가? 이런 경우, 후대가 예언자의 대명사와 같이 쓰이는 한 사람을 들면 매우 적절한 방법이 될 것이다. 그 사람이 엘리야다. 이것은 이스라엘이 이미 분열한 남북왕국시대의 북 이스라엘의 이야기다.

> 그 뒤에 이런 일이 있었다.
> 이스르엘 사람 나봇이 이스르엘 땅에 포도원을 하나 가지고 있었는데, 그 포도원은 사마리아의 왕 아합의 궁 근처에 있었다." ……
> 아합이 나봇에게 말하였다.

---

75) 노세영 · 박종수(2003). **고대근동의 역사와 종교**. 서울: 대한기독교서회, 69–70.

"그대의 포도원이 나의 궁 가까이에 있으니, 나에게 넘기도록 하시오.
나는 그것을 정원으로 만들려고 하오. 내가 그것 대신에 더 좋은 포도원을 하나 주겠소.
그대가 원하면, 그 값을 돈으로 계산하여 주겠소."(열왕기상 21:1-2).

이 아합 왕의 제안은 현대의 기준에서 보아도 왕으로서 극히 양심적이고 상식적이라고 볼 수 있다. 그런데 나봇은 뜻밖에도 아합에게 이렇게 말하였다.

"제가 조상의 유산을 임금님께 드리는 일은, 주님께서 금하시는 불경한 일입니다."
그는 율법을 지켜 조상으로 물러 받은 것을 손익과 관계없이 팔지 않는다고 하였다.
그러자 아합은 이스르엘 사람 나봇이 그 포도원을 조상의 유산이라는 이유로 양도하기를 거절하였으므로, 마음이 상하였다.
화를 내며 궁으로 돌아와서, 침대에 누워 얼굴을 돌리고, 음식도 먹지 않았다.

문화충격에 빠진 이세벨

앞서 언급한 바와 같이 이스라엘은 절대군주제가 아니다. 왕이라고 하더라도 율법 즉, 하나님과의 계약에 위반하는 것은 할 수 없었고, 그것을 위반하면 왕이 아닌 것이다.

그러나 그의 처 이세벨은 시돈 왕의 공주 즉, 페니키아인으로 '현인신現人神'의 국가였다. 거기에서 아합의 태도에 놀라고 사정을 듣고는 또 한 번 놀랐다.

당신은 현재 이스라엘을 다스리는 임금님이 아니십니까?
일어나셔서 음식을 드시고, 마음을 좋게 가지십시오.
내가 이스르엘 사람 나봇의 포도원을 임금님의 것으로 만들어 드리겠습니다.(열왕기상 21:7).

이세벨은 악녀의 대표처럼 말하지만, 이것은 오히려 문화충격이란 면에서도 볼 수 있다. 그녀에 있어서는 신하이든 누구이든 왕의 양심적인 제안을 일축한다는 것은 반역일 뿐만 아니라 왕권에의 모욕을 느꼈다고 해도 과언이 아닐 것이다.

그녀의 속마음으로는 "당신은 지금 이스라엘을 통치하고 있는 것입니까?"하는 말이 아니었을까?

이세벨은 모략을 짜서 나봇을 죽이고 만다. 나봇이 돌에 맞아 죽었다는 소식을 들은 아합은 소유주가 없는 포도원을 취하려고 이스라엘로 내려간다. 거기에 엘리야가 출현한다.

주님께서 디셉 사람 엘리야에게 말씀하셨다. "일어나 사마리아에 있는 이스라엘 왕 아합을 만나러 내려가거라. 그가 나봇의 포도원을 차지하려고 그 곳으로 내려갔다. 너는 그에게 다음과 같이 전하여라.
'나 주가 말한다. 네가 살인을 하고, 또 재산을 빼앗기까지 하였느냐?
나 주가 말한다. 개들이 나봇의 피를 핥은 바로 그곳에서, 그 개들이 네 피도 핥을 것이다."(열왕기상 21:17:19).

엘리야는 하나님이 명하신 그대로 아합을 규탄한다.
그러면 "아합은 이 말을 듣고는, 자기 옷을 찢고 맨몸에 굵은 베 옷을 걸치고 금식하였으며, 누울 때에도 굵은 베옷을 입은 채로 눕고, 또 일어나서 거닐 때에도 슬픈 표정으로 힘없이 걸었다.(21:27).

여기에서 매우 흥미로운 것은 아합 왕의 태도다. 그는 때로는 계약절대의 이스라엘의 왕처럼 쥐고 흔들고, 때로는 이세벨의 말을 듣고 절대군주로 행동하고, 엘리야에게 율법위반을 규탄 받았을 때는 본래 대로 되돌아가버린다.

이런 점에서 엘리야를 본다면, 그것은 하나님의 명령을 받아 왕이 과연 하나님과의 계약 즉, 율법을 지키고 있는가 아닌가를 항상 감시하고 있는 '감사역監査役'과 같은 위치에 있다고 할 수 있다.

분명히 이스라엘에서는 왕제王制는 백성의 희망에 의해서 만든 일종의 필요악과 같이 여겨지고 있었다.

> 주 당신들의 하나님이 주시는 그 땅에 들어가서 그 땅을 차지하고 살 때에, 주위의 다른 모든 민족같이 당신들도 왕을 세우고 싶다는 생각이 들거든, 당신들은 반드시 주 당신들의 하나님의 택하신 사람을 당신들 위에 왕으로 세워야 합니다.
> 당신들은 겨레 가운데서 한 사람을 왕으로 세우고, 같은 겨레가 아닌 외국 사람을 당신들의 왕으로 세워서는 안 됩니다.(신명기 17:14).

이 때문에 백성들이 "왕을 세우자"고 하지 않는 한, 왕이 아니다. 나아가서 **"왕위에 오른 사람은 레위 사람 제사장 앞에 보관되어 있는 이 율법책을 두루마리에 옮겨 적어, 평생 자기 옆에 두고 읽으면서, 자기를 택하신 주 하나님 경외하기를 배우며, 이 율법의 모든 말씀과 규례를 성심껏 어김없이 지켜야 합니다."**는 식으로 왕을 규정했기 때문에 이스라엘 왕제는 일종의 '율법적 헌정律法的 憲政'이란 모습으로 나타났다.

여기에 예언자는 그 헌법 위반을 추구하고, 그리고 규탄하는 자세로 되어 간다. 이런 의미에서는 예언자는 '헌법수호운동憲法守護運動' 및 '율법律法수호운동'의 지도자와 같은 위치에 있었다 할 수 있으며, 다양한 타입의 예언자가 있었다고 하지만, 이 기본에는 변화를 보이지 않았다.

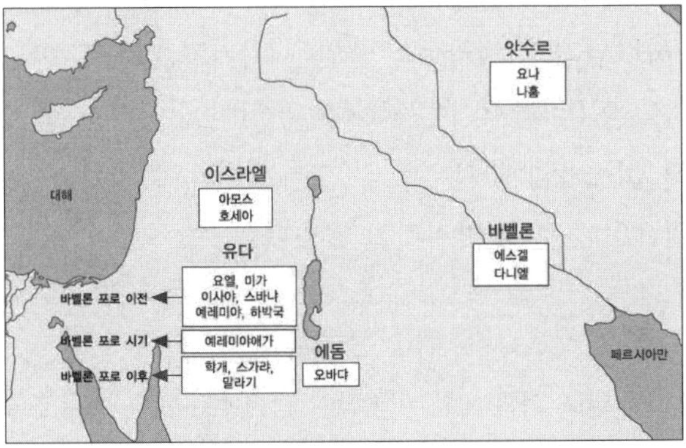

예언자들이 활동한 지역

2

예언자의 역할과 소명의식

예언자의 존재가치

예언자의 역할은 그 기원을 모세의 직책에 두고 있다.

> 주 당신들의 하나님은 당신들의 동족 가운데서 나와 같은 예언자 한 사람을 일으켜 세워 주실 것이니, 당신들은 그의 말을 들어야 합니다.(신명기 18:15).

> 그 뒤에 이스라엘에는 모세와 같은 예언자가 다시는 나지 않았다. 주님께서는 얼굴과 얼굴을 마주 대고 모세와 말씀하셨다.(신명기 34:10).

> 주님께서는 예언자 한 사람을 시키셔서 이스라엘을 이집트에서 이끌어 내시고, 예언자 한 사람을 시키셔서 그들을 지켜 주셨다.(호세아서 12:13).

모세는 하나님께서 얼굴을 맞대고, 같이 이야기하신 탁월한 예언자로 생각되었다. 대체로 예언자의 활동은 율법을 가르치고, 그

의미를 당시 상황에 제시하는 일과 결합되어 있었다.

> 너희 소돔의 통치자들아! 주님의 말씀을 들어라. 너희 고모라의 백성아! 우리 하나님의 법에 귀를 기울여라.(이사야서 1:10).

> 나는 이 증언 문서를 밀봉하고, 이 가르침을 봉인해서, 나의 제자들이 읽지 못하게 하겠다.(이사야서 8:16).

> 사람들은 마음이 차돌처럼 굳어져서, 만군의 주님께서, 이전 예언자들에게 당신의 영을 부어 전하게 하신 율법과 말씀을 듣지 않았다. 그래서 만군의 주님께서 크게 노하셨다.(스가랴서 6:12).

선지자 **엘리야**의 활동은 **모세**로의 복귀로 묘사되었다. 그가 여호와의 산, 호렙에 돌아왔을 때, 그는 선교의 참 의미를 알게 되었다.

예언자들은 악한 정치에 대한 비판자였다. 이들은 **엘리야**가 **아합** 왕 앞에서 행한 것처럼 두려움 없이 왕 앞에 서서 그들의 법도가 잘못이라고 선언하였다.

그러나 **이사야**가 **히스기야** 왕과 함께 행한 바와 같이 예언자들은 백성을 하나님의 법도대로 인도하려 애쓰는 왕을 강하게 해 주는 현명한 정부의 우정어린 동반자이기도 했다.

불의를 비판

예언자들은 그 백성의 사회적 행위에 나타나는 불의를 비판하였다. 그들은 **예루살렘**과 성전 때문에 **이스라엘**이 결코 원수들의 노예가 되지 않을 것이라는 거짓된 희망을 완강하게 부인하였다.

예언자들의 메시지는 하나님의 율법에서 벗어난 민족에 대한 심판과 파멸의 메시지였다. 심판과 파멸의 메시지 자체는 율법의 그것과 결합되어 있었다.

그러나 예언자들의 메시지는 궁극적 파멸의 메시지는 아니었다. 왜냐하면 계약의 사랑 속에 계시는 하나님께서는 그의 계약의 백성을 영원히 버리시지 않겠기 때문이다.

> 내가 그들의 반역하는 병을 고쳐주고, 기꺼이 그들을 사랑하겠다.
> 그들에게 품었던 나의 분노가 이제는 다 풀렸다.
> 내가 이스라엘 위에 이슬처럼 내릴 것이니, 이스라엘이 나라꽃처럼 피고, 레바논의 백향목처럼 뿌리를 내릴 것이다.
> 그 나무에서 가질들이 새로 뻗고, 올리브 나무처럼 아름다워지고, 레바논의 백향목처럼 향기롭게 될 것이다.
> 그들이 다시 내 그늘 밑에 살면서, 농사를 지어서 곡식을 거둘 것이다.
> 포도나무처럼 꽃이 피고, 레바논의 포도주처럼 유명해질 것이다.(호세아서 14:4-7).

회개와 희망의 메시지

궁극적으로 하나님께서는 그들을 구원시킬 방도를 제시하실 것이다. 새로운 구속의 행동 속에서 이스라엘은 그의 주 하나님께로 돌아갈 것이다. 결국 예언자 메시지의 중요한 측면은 주께로의 복귀 즉 회개의 메시지였다.

"지금이라도 너희는 진심으로 회개하여라. 나 주가 말한다. 금식하고 통곡하고 슬퍼하면서, 나에게로 돌아오너라. 옷을 찢지 말고, 마음을 찢어라."

주 너희의 하나님께로 돌아오너라. 주님께서는 자비로우시며, 오래 참으시며, 한결같은 사랑을 늘 베푸시고, 불쌍히 여기는 마음이 많으셔서, 뜻을 돌이켜 재앙을 거두기도 하신다.
행여 주님께서 마음과 뜻을 돌이키시고 오히려 복까지 베푸셔서, 너희가 주 하나님께 곡식제물과 부어 드리는 제물을 바칠 수 있게까지 하실는지 누가 아느냐?(요엘서 2:12-14).

회개의 메시지는 그 자체가 희망의 메시지였다. 예언자의 메시지는 모세 율법과 그 당시 역사 상황에 대한 영감어린 해석을 포함하고 있었다. 구약성경 시대 동안에는 백성들로 하여금 역사적 유산에 진실하도록 만든 자는 바로 이 예언자들이었다.

3

예언자에게 주신 하나님의 계시

이사야, 예레미야, 에스겔은 하나님의 말씀을 적개심에 가득 한 청중들에게 선포하는 그 어려운 직분을 맡도록 소명을 받았다.

그러한 사정 아래에서는 각 사람이 어떠한 반대와 역경에 부딪히더라도 전혀 상관없이 하나님에게 끝까지 충성하는 자신의 결심을 강화시켜 줄 어떤 시동적인 체험이나 환상을 하나님으로부터 받는 것이 결정적으로 중요했다.

예언자들의 소명체험

그들 각자의 경우에서 그 특별한 소명이 완벽하게 기록되어 있다.

예언자는 하나님의 영과 말씀이 그들 위에 임하므로 일상 감각적인 세계 밖에서부터 오는 것을 시각과 청각 등으로 인지하므로 소명을 받게 된다.

하나님의 부르심은 전형적이고 평범한 한 인간의 존재 양식을 뒤흔들어 새로운 존재양식을 취하게 하여 지금까지 자신이 가지고 있던 것을 완전히 내려놓고, 새로운 상황을 만들어 준다. 이를 통해 예언자로서 직무를 위임받게 된다.

문서 이전의 예언자들, 즉 예언자로서의 사명을 받은 것에 대한 언급이 없는 예언자들과 기록을 하고 있는 문서 예언자들의 부르심에 대한 기사는 차이가 발생한다.

문서 이전의 예언자들은 그들이 어떻게 소명을 받았는지 알 수 없다. 다만 그들이 소명을 받았다는 것을 성경 기록자의 보도를 통해서 알 수 있다.

하지만 문서 예언들의 부르심에 대한 기사는 더욱 분명하게 언급되고 있다. 문서 이전 예언자들과 문서 이전 예언자들의 부르심에 대한 기사 간에는 차이가 발생하고 있는 것은 그들의 사역의 차이에서도 알 수 있다.

문서 이전 예언자들은 성소나 왕궁 또는 예언자 그룹에 소속된 직업적 예언자들과 하나님과의 특별한 체험을 통하여 소명을 받아 예언자가 되기도 했다.[76)]

남유다의 나단은 궁중 예언자로 다윗 왕에게 하나님의 말씀을 선포하는 일을 감당했다. 북이스라엘의 예언자들은 카리스마적 지도자로 왕을 세우거나 쫓아내는데 결정적인 역할을 감당하기도 했다.

또한 그들의 사역은 기사와 이적을 동반하기도 한다.

엘리야는 가뭄의 선포, 죽은 사람을 살림, 갈멜산 제단의 불, 가

---

76) 허혁 옮김(2007). **구약성서신학: 이스라엘의 역사적 전승의 신학**.(Gerhard Von Rad 지음). 서울: 분도출판사, 121.

뭄 해결, 호렙산에서 하나님 경험, 승천 등이 동반하고 있다. 엘리사는 여리고의 물 해결, 아람과의 전쟁 시 전술 지시, 선지생도 아내의 경제문제 해결을 위한 기름, 나아만 피부병 해결, 도끼가 떠오르는 사건 등 기사와 이적이 그들 사역의 중심에 있다.

그러나 문서 예언자들은 기사와 이적보다는 이스라엘 백성들을 설득해야한 한다. 문서 예언자들은 예언을 선포할 때, "아마르 키 아도나이אמר כה יהוה"를 사용하는데, 예언자가 하나님의 대언자로 "이것이 야웨의 말씀"이라고 선포하고 있다.

이를 통해 예언자들은 자신들이 선포하고 있는 말에 신적인 권위를 부여했다.

이런 신적인 권위를 분명하게 하기 위해서 그들이 어떻게 부르심을 받았는지 상세하게 기술해야 할 필요성 때문에 부르심에 대한 기사를 자세하게 드러내고 있다.

예언자들은 야웨가 말씀하시면 어느 누구도 예언하지 않을 수 없었다.(아모스 3:8; 예레미야 1:9).

하나님의 말씀을 맡은 자는 그것을 담고 있거나 참을 수 없고 주어진 말씀 그대로 선포해야만 한다. 선포된 말씀으로 인해 고난을 당한다 하더라도 사명을 감당할 수밖에 없다.

때문에 예언자들이 소명을 받을 때 주님께 이의제기하는 경우도 있다.[77]

예언자는 하나님과 특별한 체험을 통해 예언의 직무를 위임받

---

77) 서인석(1974). **예언자들의 소명체험**. 서울: 대한기독교서회. 182-191.

았다. 이러한 체험이 없이 예언활동을 하는 사람들을 거짓 예언자로 판명된다.

예언자들은 예언 선포로 인해 거짓 예언자들과 정치, 사회적인 갈등과 대립하며 충돌한다. 예언자들이 야웨께 받은 예언을 선포하므로 시드기야와 같은 거짓 예언자들과 대립하게 된다. 두 예언자가 예언 신탁을 선포하게 될 때 그것에 참과 거짓의 여부를 분별해 내기 어렵다.

오히려 궁중 예언자들로부터 거짓 예언자로 불리게 되고 핍박을 받게 된다. 뿐만 아니라 백성들들에게조차도 환영을 받지 못한다. 이러한 상황 속에서 자신들이 당하고 있는 고난을 죄로 여기지 않고 사명을 감당하기 위한 것으로 받아들인다. 예레미야가 그 대표적인 예언자다.

행위로 말씀을 대언하는 예언자들

예언자들의 예언 선포 방법은 말씀을 대언하는 것과 예언자들의 행동과 삶으로 선포해야 한다. 예언자들은 일반 백성들이 이해하기 힘든 비정상적인 행동과 삶을 살아간다.

이사야는 3년 동안 벌거벗은 몸으로 지내고, 에스겔을 머리칼과 수염을 자르고, 예레미야는 질그릇을 깨뜨리고, 호세아는 음란한 여인과 결혼생활이다. 이러한 행동과 삶은 하나님의 메시지를 상

징적으로 전달하게 된다.[78)]

환상을 통해서 소명을 깨닫는 예언자들

이사야의 소명은 그의 예언의 1장, 서두에서 환상이 나타나고, 또, 6장에서도 환상을 보게 되는데, 많은 해석자들은 이것이 최초의 소명이 아니라 이사야의 예언활동 중에서 어느 정도 후기에 이르러서 주어진 환상이라는 결론을 내리고 있다.

여기서 이사야는 어떻게 자기가 성전의 보좌에 계신 주님을 보았으며, 그 후 즉시 그는 자기의 죄와 무가치함을 실감한 나머지 고통으로 가득하게 되었는가를 말하고 있다.

> 그 때에 나는 주님께서 말씀하시는 음성을 들었다.
> "내가 누구를 보낼까?
> 누가 우리를 대신하여 갈 것인가?"
> 내가 아뢰었다. "제가 여기에 있습니다. 저를 보내 주십시오."(이사야서 6:8).

이사야의 전반적인 활동사항을 그 때에 하달되었다. 그 내용은 가슴을 찢어 놓는 체험이었을 것이 틀림없다. 왜냐하면 그가 선포한 말씀을 멸망과 형벌의 내용이며, 비교적 아무런 반응도 얻지 못할 것이기 때문이다.

그 중에는 소수의 남은 자들만이 끈기있게 하나님을 위하여 견

---

78) 왕대일(1993). **신앙공동체를 위한 구약성서의 이해**. 서울: 성서연구사. 142-147.

딜 것이라는 간단한 암시만이 포함되어 있었다.

이 체험은 그로 하여금 **아하스**의 완고한 반대 앞에서도 두려움 없이 견딜 수 있도록 준비시켜 주었다. 그 내용은 7-8장에 연속적으로 기록되어 있다.

주께서 **예레미야**에게 선포하신 내용을 보면, 그가 태어나기도 전에 하나님께서는 그를 성별하여 **"만민들의 예언자"**가 되도록 지정하여 놓으셨으며(예레미야서 1:5), 하나님께서 그를 요새화된 도성과 같이 만드셔서 그에게 대항하여 싸울 온 나라와 대결하도록 하실 것이고, 결국 그 나라가 이기지 못하도록 하시겠다고 알려주셨다.

> 그러므로 내가 오늘 너를, 튼튼하게 방비된 성읍과 쇠기둥과 놋성벽으로 만들어서, 이 나라의 모든 사람, 곧 유다의 왕들과 관리들에게 맞서고, 제사장들에게 맞서고, 이 땅의 백성에게 맞서게 하겠다.
> 그들이 너에게 맞서서 덤벼들겠지만, 너를 이기지 못할 것이다.
> 내가 너를 보호하려고 너와 함께 있기 때문이다.
> 나 주의 말이다.(예레미야서 1:18-19).

에스겔은 이미 마음이 완악해진 백성들 중에서 살고 있었다. 그들은 하나님께서 이미 자기들을 버리신 것으로 생각을 하였으며, 그러한 하나님으로부터 선포되는 말씀에 경청할 생각을 하지 않았었다.

에스겔은 하나님의 권능과 위엄을 자기의 마음에 확신시켜 줄 수 있는 생생한 체험을 하게 되었다.(에스겔서 1-3장). 그러한 체험은 위에서 열거한 세 예언자들 모두의 결심을 강화시켜 그들이 어떠한 역경에서라도 하나님에게 여전히 충실한 자세를 유지할 수 있도록 도와주는 데에 필수적인 것이었다.

아모스의 진술에 따르면, 그가 양떼를 따를 때에 하나님께서 그를 불러 이스라엘에게 예언을 하도록 하셨다고 한다.

> 아모스가 아마사에게 대답하였다.
> "나는 예언자도 아니고, 예언자의 제자도 아니오. 나는 집짐승을 먹이며, 돌무화과를 가꾸는 사람이오. 그러나 주님께서 나를 양 떼를 몰던 곳에서 붙잡아 내셔서, 주님의 백성 이스라엘에게로 가서 예언하라고 명하셨소."(아모스서 7:14-15).

특히, 예언자 **아모스**의 심판선포는 1세기 앞의 예언자들의 예언과는 다른 새로운 차원을 추가해 준다. 그는 사회 구조와 정치제도 자체를 날카롭게 비판하였다. 그의 새롭고도 과격한 예언적 저항은 북왕국 **이스라엘**의 붕괴를 초래하게 된 당시의 사회적 원인들과 깊게 관련되어 있다.[79]

위에서 열거한 예언자들 이외에도 구약성경에 포함된 수많은 다른 예언자들 중에서는 예언자의 일을 위하여 부름을 받은 특별한 사명으로 여겨질 수 있었던 것은 거의 기록되어 있지 않다.

그러나 하나님께서 직접 예언자들에게 소명의식을 갖도록 환

---

79) 이희학(2008). 북왕국 멸망의 원인들과 예언자 아모스의 심판선포. **구약논단**. 제14권 2호 통권28집. 한국구약학회, 30.

상을 보여주시거나, 음성을 통하여 예언자에게 돌연히 직접적인 말씀을 받게 하는 경우가 흔히 있었다.

하나님과 예언자들의 다양한 대화

〈구약성경〉에서는 하나님과 예언자의 다양한 대화들을 기록하고 있다.

엘리야가 시내 산에서 하나님에게 실망과 낙담에 빠진 자신의 태도를 표현하려고 작정을 하였을 때에 하나님께서는 그에게 자신의 전능하심을 상기시켜 주셨다. 그리고 모든 민족들에 대한 자신의 통치권을 강조하시면서도 다른 한편으로는 **엘리야**가 이미 하나님으로부터 자신에게 부과된 임무를 거의 완성하였다는 사실을 말씀하셨다.(열왕기상 19:9–18).

하나님께서 **에스겔**에게 어느 특수한 방법으로 말씀을 선포하라는 명령을 내리셨을 때에 **에스겔**은 반대했다. 그러자 하나님께서는 그 예언자가 수행하기에 더욱 편리하도록 지시들을 수정하여 주셨다.(에스겔서 4:7–15).

〈**하바국**서〉의 첫 두 장에는 하나님과 그 예언자의 대화가 포함되어 있다. 거기서 **하바국**은 자기가 직면한 문제들을 진술하고, 주께서는 그 문제들의 답변들을 제공하여 주셨다.

예언자는 모든 것을 다 아는 사람도 아니었고, 또한 그는 자동적인 기계장치도 아니었다.

사무엘은 실제로 하나님의 음성을 들었을 때에 그는 엘리 대제사장이 자기를 부른 것으로 생각하였다.(사무엘상 3:3-9). 이것은 그 주변에 있는 사람은 누구나 이해할 수 있었을 들을 수 있는 음성이었다는 것을 강하게 시사한다.

어떤 경우에는 예언자가 하나님으로부터 돌연히 직접적인 말씀을 받았었으나, 그 예언자의 곁에 있는 사람들은 하나님의 음성을 전혀 육성으로 들을 수가 없었다.

예를 들면 〈열왕기상〉 13장에서는 어떤 예언자가 제단의 곁에 서 있다가 돌연히 자기의 동료에게 "하나님께서 이와 같이 말씀하신다"라고 외친 다음에 그를 책망하는 장면이 묘사되어 있다(18-22).

그러나 여기에는 그 예언자 이외에 다른 어느 사람이 하나님의 음성을 들었었다는 흔적이 하나도 없다.

하나님의 예언자에 대한 세 번째 방법은 보통 사람의 눈에는 보이지 않는 실재들을 볼 수 있도록 하나님께서 능력을 주시는 것이었다. 예를 들면, 하나님의 천사가 발람의 나귀에서 압력을 가하여 길에서 옆으로 비켜서도록 하였을 때에 주께서 발람의 두 눈을 열어 주셔서 전에는 그에게 보이지 않았던 것을 볼 수 있도록 하셨다.

그 이전에는 나귀에게 보이던 것이 발람에게는 보이지 않았다.(민수기 22:31).

또 하나 다른 경우에서 보면, 엘리사의 종이 수리아의 군대에게 포위된 광경을 보고 두려워하였을 때에 예언자 엘리사는 하나님에게 그 종의 두 눈을 열어 주시도록 기도를 드렸다. 하나님께서는 그의 기도를 들어 주셔서 그 예언자를 보호하도록 불말과 불병거들로 가득히 둘러싸인 언덕들을 볼 수 있도록 그 종의 눈을 열어 주셨다.(열왕기하 6:15-17).

〈에스겔서〉 37장은 어떤 환상을 묘사하고 있다. 거기서 예언자 에스겔은 마른 뼈들이 접골되고 힘살과 가죽으로 덮이는 것을 보았다. 이때까지도 생명은 없는 것들의 모습이었다. 그 때에 그에게 예언을 하도록 말씀하시며, 시체들에게 생명을 주도록 생기(바람)에게 명령을 내리셨다.

그 환상에서 에스겔은 거기에 받은 명령에 따라 행동했다.

> 그래서 내가 명을 받은 대로 대언하였더니, 생기가 그들 속으로 들어갔고, 그래서 그들이 곧 살아나 제 발로 일어나서 서는데 큰 군대였다.(에스겔 37:10).

이러한 환상들은 그림과 같은 장면을 통하여 에스겔에게 특별한 계시들을 주었으며, 에스겔은 그러한 계시의 장면들을 자기의 청중들에게 전달할 수가 있었다.

〈미가서〉 4:1-4절은 미래의 장면을 묘사하고 있다. 거기서는 만국의 백성들이 하나님의 집을 향하여 파도처럼 밀려오며, 야곱의 하나님께서 먼 곳의 강한 백성들을 책망하시고, 그 백성은 각자의 포도나무와 무화과나무 아래에 완전히 안전하게 앉아 있을 것이라는 내용이다.

그날이 오면 주님의 성전이 서 있는 주님의 산이 산들 가운데서 가장 높이 솟아서,
모든 언덕을 아래로 내려다보며, 우뚝 설 것이다.
민족들이 구름처럼 그리로 몰려올 것이다.
민족마다 오면서 이르기를 "자, 가자. 우리 모두 주님의 산으로 올라가자.
야곱의 하나님이 계신 성전으로 어서 올라가자.
주님께서 우리에게 주님의 길을 가르치실 것이니, 주님께서 가르치시는 길을 따르자" 할 것이다.

율법이 시온에서 나오며, 주님의 말씀이 예루살렘에서 나온다.

주님께서 민족들 사이의 분쟁을 판결하시고, 원근 각처에 있는 열강 사이의
갈등을 해결하실 것이니, 나라마다 칼을 쳐서 보습을 만들 것이며,
나라와 나라가 칼을 들고 서로를 치지 않을 것이며,
다시는 군사훈련도 하지 않을 것이다.
사람마다 자기 포도나무와 무화과나무 아래 앉아서, 평화롭게 살 것이다.
사람마다 아무런 위협을 받지 않으면서 살 것이다.
이것은 만군의 주님께서 약속하신 것이다.(미가서 4:1-4).

하나님께서는 이처럼 여러 가지 방법을 통하여 자신을 예언자들에게 계시하셨다. 하나님은 그들이 자기의 말씀을 이해할 수 있도록 준비를 시키는 방법으로서 그들 각자의 관찰과 체험들을 사용하셨다.

그러나 예언자들이 자기들의 말씀을 하나님으로부터 받았다는 것은 〈구약성경〉의 명백하고도 결정적인 가르침이다. 그러므로 그들이 전하는 말씀은 하나님의 것이지, 그들 자신의 것이 아니다.

4
예언의 주요한 목적

책망과 회개의 촉구

회개를 촉구하는 이사야

우선, 역사서들에 포함된 예언자의 선언들과 대예언자들과 소예언자들의 비교적 긴 선포의 말씀들을 검토해 보면, 거기서 선포된 내용의 반절 이상이 범죄에 대한 책망과 회개하라는 촉구의 주제 하에서 나타난다는 것을 즉각 알 수 있다.

죄악의 규탄과 회개의 촉구는 예언자의 다른 어떤 활동보다도 훨씬 예언자의 힘과 노력을 기울였던 내용이다. 성경연구가들 중에는 이러한 부분들을 빨리 지나가 버리려는 경향이 있지만 그렇게 함으로써 예언자들이 선포한 말씀의 대부분이 간과되어 버린다.

하나님께서는 모든 세기를 걸쳐서 자기의 백성들이 죄악에 대하여 그와 같이 엄격한 경고들을 자기들의 마음과 생활 속에 적용시키는 것을 원하셨기 때문에 그와 같이 긴 책망의 말씀들을 기록하고 보존하도록 하였다고 볼 수 있다.

격려와 위로

격려는 책망보다는 지면을 훨씬 적게 차지하고 있지만 그것은 여전히 예언활동의 아주 중요한 부분이며, 오늘날 가장 주목을 끄는 부분들이다.

많은 경우에서 격려의 말씀들은 책망의 말씀에 직접 이어서 나타난다. 특별히 **이사야**, **예레미야**, **미가** 또는 **스바냐**에게서 나타나며, 그것들은 거의 전적으로 책망을 하는 긴 부분들이지만, 그 다음에는 돌연히 하나님의 백성에게 오고 있는 축복과 격려의 선포가 이어지고 있다.

예컨대, **예레미야**와 **나훔**과 **하바국**과 같은 시대에 활동한 스바냐와 같은 예언자는 그 책이 3장밖에 되지 않는 매우 짧은 문헌이지만, 2장에서는 격렬한 하나님의 심판에 대한 예언으로 가득 차 있지만, 3장에 가면 이방에 대한 축복뿐 아니라 **유다**를 위한 축복으로 가득 차 있다.

> 그 날이 오면,
> 사람들이 예루살렘에게 말할 것이다.
> "시온아, 두려워하지 말아라.
> 힘없이
> 팔을 늘어뜨리고 있지 말아라.

주 너의 하나님이
너와 함께 계신다.
구원을 베풀실
전능하신 하나님이시다.
너를 보고서 기뻐하고 반기시고,
너를 사랑으로 새롭게 해주시고
너를 보고서
노래하며 기뻐하실 것이다.
축제 때에 즐거워하듯 하실 것이다."

"내가 너에게서
두려움과 슬픔을 없애고,
네가
다시는 모욕을 받지 않겠다.(스바냐서 3:14-18).

황폐한 조국에 새로운 희망을 선포하는 예언자들

예언자 **하바국**은 하나님과의 대면을 통해서 타국의 침략으로 성전이 불타고 온 나라가 황폐해진 현실 속에서도 새로운 희망을 보게 된 것을 기뻐한다.(하바국서 3:17−18).

마지막 때에, 주님의 성전이 서 있는 산이 모든 산 가운데서 으뜸가는 산이 될 것이며, 모든 언덕보다 높이 솟을 것이다. 모든 민족이 물밀듯 그리고 모여들 것이다.
백성들이 오면서 이르기를 "자, 가자, 우리 모두 주님의 산으로 올라가자.
야곱의 하나님이 계신 성전으로 어서 올라가자. 주님께서 우리에게 주님의 길을 가르치실 것이니 주님께서 가르치시는 길을 따르자"할 것이다.

율법이 시온에서 나오며, 주님의 말씀이 예루살렘에서 나온다.
주님께서 민족들 사이의 분쟁을 판결하시고, 뭇 백성 사이의 갈등을 해결하실 것이니, 그들이 칼을 쳐서 보습을 만들고 창을 쳐서 낫을 만들 것이며, 나라와 나라가 칼을 들고 서로를 치지 않을 것이며, 다시는 군사훈련도 하지 않을 것이다.

오너라, 야곱 족속아! 주님의 빛 가운데서 걸어가자!(이사야서 2:2-5).

야곱아! 내가 반드시 너희를 다 모으겠다.
남아 있는 이스라엘 백성을 다 모으겠다.
내가 너희를 우리로 돌아오는 양 떼처럼 모으겠다.
양 떼로 가득 한 초장과도 같이, 너희의 땅이 다시 백성으로 가득 찰 것이다.

길을 여는 자가 그들 앞서 올라가고 그들은 성문들을 부수고, 바깥으로 나갈 것이다.
그들의 왕이 앞장서서 걸어가며 나 주가 선두에 서서 그들을 인도할 것이다.(미가서 2:12-13).

'없고…없을지라도' 기뻐하며 춤추는 예언자 하바국

예언자 하바국은 백성들의 절망적인 상황에 대하여 하나님과 더불어 대화를 나누고 있다. 대부분 구약의 선지자들은 하나님의 심판을 선포했지만 하바국은 하나님의 심판을 간구한다.

그는 하나님과의 면담에서 더 진전하여 1장에서 그 대화가 시작되고 선지자의 불평은 2장에서 "이 묵시를 기록하라"는 하나님의 명령을 접하게 된다. 하나님의 묵시는 사악한 바벨론에 대해 다섯 차례에 걸쳐 재앙을 선포하는 애가로 구성되어 있다.

3장은 장엄한 찬송시로 절정을 이룬다. "왜?"라는 끊임없는 질문은 영원한 존재(하나님)에 의해 충분한 대답을 받게 된다. 선지자의 불평과 두려움은 신뢰와 믿음 안에서 극복된다. 그래서 하바국의 메시지의 중심은 "의인은 그 믿음으로 말미암아 살리라"는 것이다.(하바국 2:4).

하바국의 장엄한 찬송시를 들어보자.

무화과나무에 과일이 없고
포도나무에 열매가 없을지라도,
올리브 나무에서 딸 것이 없고
밭에서 거두어들일 것이 없을지라도,
우리에 양이 없고
외양간에 소가 없을지라도,
나는 주님 안에서 즐거워하련다.
나를 구원하신 하나님 안에서 기뻐하련다.(하바국서 3:17-18).

이 전환점은 마치 예언자가 그 백성 전체에게 하나님의 진노를 그들의 죄악과 실패를 이유로 선포하였다가 그 다음에는 갑자기 소수의 경건한 자들은 이스라엘 민족의 구성원들이었으며, 그들 자신이 그 민족의 죄악에 연루된 것으로 인식하였다. 그들도 백성의 태도로 인하여 괴로워하였으며 자기들도 범죄를 한 자들인 줄 알고 있었다.

그럼에도 불구하고 그들은 하나님을 향하여 돌이켰으며, 자기의 민족 전체가 회개하기를 소원하였다. 이러한 백성과 경건한 자들에게는 하나님께서 역사를 통하여 언제든지 자신을 나타내셨고 범죄에는 틀림없이 형벌이 따르지만 하나님께서는 자기의 백성을 궁극적으로 축복을 준비하여 두셨다는 사실을 보장하여 주셨다.

하바국은 임박한 멸망의 전야와 불확실과 공포의 시기에 있음에도 장래에 대한 믿음으로 춤 출 수 있었던 것이었다.

5

다양한 예언자들의 모습

하나님의 사랑을 몸으로 전한 호세아

엘리야의 예언운동은 언론활동만으로 멈추어 있었다. 그러나 그 후 그의 제자 엘리사가 되면서 쿠데타와 같은 실력행사로 발전되었다. 오므리 왕조를 무너뜨리고, 예후를 왕위에 세우는 형식이 된다. 즉, 사상이 거꾸로 정권을 좌우하는 식으로 된 것이다.

이것은 어떤 의미에서는 단순히 정권쟁탈이 아니라, 어떤 사상을 절대화하고, 그 사상을 실시하는 것에 정권을 부여하려고 하는 점에서는 혁명적 요소를 갖고 있다.

그러나 이것은 정치적으로는 실패로 그 후의 북왕국은 여로보암 2세(793-753) 때에 균형을 회복하지만 결국 쿠데타의 연속으로 멸망의 길을 걷게 된다.

그 최후의 단계에서 나타난 예언자가 호세아다. 호세아는 고대 사상가 가운데서도 가장 불가사한 존재로 구약성경 가운데 실로 독특한 사상을 전개한 예언자다. 학자에 따라서는 그의 사상이 가장 예수에게 가깝고 그 원형이라고도 한다.

그는 하나님과 이스라엘과의 관계를 결혼에 비유하고 있다. 남편인 하나님이 도망간 음란한 아내인 이스라엘을 추적하여 다시 돈을 주고 사들이는 형식을 취한다.

그 서두는 다음과 같은 기묘한 말로 시작한다.

> 주님께서 처음으로 호세아를 시켜 이스라엘 사람들에게 말씀하실 때에, 주님께서는 호세아에게 다음과 같이 말씀하셨다.
> "너는 가서 음란한 여인과 결혼하여, 음란한 자식들을 낳아라! 이 나라가 주를 버리고 떠나서, 음란하게 살고 있기 때문이다.(호세아서 1:2).

호세아는 말씀대로 한다. 이것을 호세아는 단순히 픽션으로서 말하고 있는 것인지, 아니면 정말 이 말씀대로 실행했는지에 대해서는 학자들에 따라 견해를 달리하고 있으나, 당시 상징적인 행위가 그것을 사회에 실현한다고 하는 발상이 있었기 때문에 실행했다고 생각해도 별로 이상하지도 않다. 그리하여 상징적인 행위가 현실화한다는 발상은 오늘날에도 있다.

그녀는 평소의 생활로 되돌아간다. 거기에서 하나님은 다시 호세아에게 말씀하신다.

> 주님께서 나에게 또 말씀하셨다.
> "너는 다시 가서, 다른 남자의 사랑을 받고 음녀가 된 그 여인을 사랑하여라.
> 이스라엘 자손이 다른 신들에게로 돌아가서 건포도를 넣은 빵을 좋아하더라도, 나 주가 그들을 사랑하는 것처럼 너도 그 여인을 사랑하여라.
> 그래서 나는 은 열 다섯 세겔과 보리 한 호멜 반을 가지고 가서, 그 여인을 데리고 왔다.(호세아서 3:1, 2).

이에 대하여 마치 간부가 남편을 배반하듯이 항상 주 하나님을 배반을 계속한 **이스라엘**에 대한 규탄이 일어나는데, 그 속에는 정말 이해할 수 없는 다음과 같은 말이 있다.

> 야곱이 모태에 있을 때에는 형과 싸웠으며, 다 큰 다음에는 하나님과 대결하여 싸웠다. 야곱은 천사와 싸워서 이기자, 울면서 은총을 간구하였다.(호세아서 12:4).

인간과의 싸움에서 지는 하나님

사람과 하나님이 싸워 사람이 이긴다고 하는 말은 통상적인 상식으로부터 본다면 하나님을 절대화하는 성경에서는 있을 수 없는 말로, 이것은 다음에 진술하기로 하고, 이 긴 시는 다음과 같은 하나님 사랑의 용서로 끝맺고 있다.

> 내가 그들의 반역하는 병을 고쳐 주고, 기꺼이 그들을 사랑하겠다.
> 그들에게 품었던 나의 분노가 이제는 다 풀렸다.
> 내가 이스라엘 위에 이슬처럼 내릴 것이다.
> 이스라엘이 나리꽃처럼 피고, 레바논의 백향목처럼 뿌리를 내릴 것이다.(호세아서 14:4-5).

배반하고 또 배반해도 음란한 아내를 사랑하는 남편이라는 모습에서 절대적인 하나님의 사랑이 여기에 표현되어 있다.

이처럼 〈호세아서〉에는 하나님과 인간이 싸워 인간이 이긴다고 하는 기묘한 말이 등장한다.

〈창세기〉에 아브라함의 손자, 야곱이 하나님과 다투어 그를 '이스라엘'로 부르게 된 사연이 기록되어 있다.(32:24이하). 호세아는 이것을 인용하고 있는데, 야곱은 하나님과 다투어 이겼지만, 왜 사람이 하나님과 싸워 이기는가를 다루고 있는 것이 〈호세아서〉다.

하나님과 싸워 인간이 이긴다고 하는 것은 호세아에게 있어서 관념적인 말이 아니라, 실감이었던 것이다. 인간이 하나님과 싸우면, 반드시 인간이 이긴다. 그러나 이기지만 거꾸로 인간의 쪽은 긍휼을 구하는 것이 된다. 야곱의 경우도 그러했다.

이와 같은 생각은 그대로 신약성경의 사상에 이어지고 있다. 즉, 하나님의 아들 예수가 십자가에 달려 돌아가신다고 하는 사람과 하나님이 싸워, 사람이 이기는 것이 된다.

그러나 인간은 예수를 십자가에 단 후에 거꾸로 하나님께 긍휼을 구한다. 이 사상의 기원은 〈호세아서〉에 있다고 해도 과언이 아니다.

〈구약성경〉은 하나님을 전능이란 개념으로 다루고 있다. 전능이라고 하면 우리들은 무한으로 강력한 존재, 절대로 지지 않는 강대한 권력자와 같은 존재를 상상하기가 쉽다. 때문에 전능의 하나님이 인간에게 진다고하는 발상에는 매우 낯설 따름이다.

어떤 성서학자들은 일반 사람들이 생각하는 전능이라는 것은 "하나님이 전능하시다면 이렇게 해 주실 수 있을 것"으로 생각한 발상으로, "인간이 전능한 심부름꾼을 가지고 있는 것 같은 의식"이라

본다.[80)]

'전능한 하나님'이란 '알라딘의 이상한 등잔을 가진 사람'이란 의미가 아니다. 이를 이해할 수가 없으면 하나님은 전능하신 분이 아니시라고 보는 불평이 되어버린다.

하나님께서 전능하신 주제에 이러한 것도 해 주시지 않는다고 하는 인간이 불평을 말하는 것은 하나님을 자기의 위해서는 무엇이라도 해 주실 수 있는 전능한 심부름꾼으로 보고 있다는 것이다.

이러한 생각을 가능하지 않게 만들어 버리는 것이 호세아다. 전능자란 "지는 것이 가능하지 않다"는 것이 아니라 인간이 하나님과 싸워 이겼을 때, 동시에 인간은 지고 있는 것 같은 대상이라는 것을 의미일 것이다.

수용소의 유대인은 하나님을 두려워하지 않는 히틀러가 차츰차츰 승리의 길을 걸어가는 것을 보았다. 하지만 그들은 사람이 하나님과 싸워 이기더라도 최종적으로는 긍휼을 추구해야 하는 것을 알고 있었던 것이다.

'나'의식의 외침, 예언자 예레미야

〈구약성경〉에 등장하는 예언자의 최고봉은 예레미야와 이사야로 볼 수 있는데, 예레미야의 큰 특징을 이루고 있는 것은 '개인'이

80) 안병무(1985). **사회학적 성서해석**. 서울: 한국신학연구소, 89.

눈물의 선지지 예레미야

란 의식을 분명하게 제시하여 '하나님 : 우리'라는 생각을 명확하게 하고 있다는 점이다.

이런 점에서 예레미야는 매우 현대적인 사람으로, 그 때까지의 예언자들은 자기가 말하고 있는 것은 하나님께서 자기의 입을 통하여 말하고 있는 것이라는 의식은 있었지만, '자신', '자기ego'란 의식은 없었다고 할 수 있다.

그러나 예레미야는 "하나님은 하나님, 나는 나"라고 하는 의식이 있었으며, 거기에 "하나님에게 속았다"는 말까지 한다. 이 말은 일반인들이 생각하는 '믿음'이란 생각에서 볼 때 실로 놀라운 말이라 하지 않을 수 없다.

이와 같은 말을 입에 담는 사람을 신앙인 또는 종교적 인간이라고는 하지 않을 것이다. 다음에 인용하는 예레미야의 말들을 들어보면,

> 주님, 주님께서 나를 속이셨으므로, 내가 주님께 속았습니다.
> 주님께서는 나보다 더 강하셔서 나를 이기셨으므로, 내가 조롱거리가 되니, 사람들이 날마다 나를 조롱합니다.
> 내가 입을 열어 말을 할 때마다 '폭력'을 고발하고 '파멸'을 외치니, 주님의 말씀 때문에, 나는 날마다 치욕과 모욕거리라 됩니다.
> '이제는 주님을 말하지 않겠다.
> 다시는 주님의 이름으로 외치지 않겠다' 하고 결심하여 보지만, 그 때마다, 주님의 말씀이 나의 심장 속에서 불처럼 타올라 뼛속에까지 타들어 가니, 나는 견디지 못해 그만 항복하고 맙니다.(예레미야서 20:7-8).

이와 같이 예레미야는 명확하게 '자기'라는 의식을 가지고 하나님은 자기를 통해서 말하고 있지만, 자신에게는 그것은 견디기 힘들고, 그러나 그렇다고 해서 가만히 있는 것도 참을 수 없다는 면이 있었다. 이것은 예레미야 이전의 예언자에게는 찾아 볼 수 없다.

이처럼 여기에서 '개인'이란 의식이 실로 분명하게 나온다. 예컨대, 부모의 인과가 자식에게로 넘어간다는 선조의 죄에 대해 자손이 벌을 받는 발상은 어느 민족에게서나 찾아 볼 수 있다.

연좌법緣坐法은 동서를 막론하고 고대형법의 공통적 특질의 하나이다.

연좌법은 중국에서는 진나라 문공이 20년에 처음으로 후위에서는 남의 집에 입양한 자도 포함한 일이 있고, 모반, 대역의 경우에 부모, 자녀, 처, 첩 및 출가한 자매에게까지 미쳤다.

우리나라의 경우에도 부여에서는 범죄로 사형에 처해진 자나 살인자의 가족을 노비로 만들고, 고구려에서도 중죄로 사형에 처해진 자나 모반자의 처자를 노비로 만들었으며, 고국천왕 13년에는 귀천을 막론하고 재상에게 복종하지 않는 자의 일족을 극형에 처한다는 법을 시행했다.

길고 가혹한 역사를 지닌 우리나라의 연좌법은 성문법적으로 갑오개혁 때인 1894년 연좌제도를 폐지함으로써 종지부를 찍고, 이후 형벌은 개인처형주의(형사책임개별화원칙)로 되었다.

예레미야는 연좌제를 단호히 부정한다.

그 때가 오면, 사람들이 더 이상 '아버지가 신포도를 먹었기 때문에, 자식들의 이가 시게 되었다'는 말을 하지 않을 것이다.
오직 각자가 자기의 죄악 때문에 죽을 것이다. 신포도를 먹는 그 사람의 이만 실 것이다.(예레미야서 31:29-30).

부모자식의 행위는 관계가 없다. 아버지의 행위는 아버지의 행위리고 자식의 행위는 자식의 행위일 따름이다. 양자 간에는 일체의 관계가 없다. 사람은 각자 하나님 앞에 서서, 자기의 죄로 죽은 것이지 부모의 죄로 죽는 것 같은 일도 없을 뿐만 아니라, 부모가 자식의 죄로 죽는 일도 없다.

예레미야의 후, 에스겔이 되면 한층 확실하게 이러한 생각이 나타난다. 이 두 사람, 예레미야와 에스겔의 예언에서 인간에게 있어서 개체 사상, 즉, '개인' 대 '하나님'의 발상이 등장한다.

연좌제의 발상은 절대로 있어서는 안 된다고 말한 예레미야는 아마도 인류의 최초일 것이다. 인류에 있어서 '개인', '자기'의 의식은 여기에서 시작되어 일종의 종교성을 갖기 시작하면서 그리스도교 세계에서는 앞서 언급한 옛 시절의 연좌제는 더 이상 설자리가 없어지게 되었다.

사람은 각자가 한 사람의 개인으로서 하나님 앞에 서있다. 이 점이 예레미야 이전의 예언자들에서는 찾아 볼 수 없는 독특한 사상이다.

이러한 자기의 의식이 나온 배경에는 남유다왕국의 멸망이란 사태가 관련되어 있다. 즉, 자기의 나라는 멸망하고, 사람들은 바벨론으로 포로가 되어 간다.

예레미야는 격동기에 태어났지만, 이 시기에 나타난 것은 "자신은 아무런 악한 것을 행하지 않는데, 이것은 조상의 죄의 보응이다"라는 의식이었다. 아니다. 그것은 너희들 한 사람 한 사람의 죄라는 것을 예레미야나 에스겔은 말하고 있다.

국가, 그 외의 권위, 버팀목이 되어 있던 일체가 상실되어 가고 있다. 성전도 불태워지고, 아무 것도 남지 않게 될 때에 남은 것은 하나님과 자기라는 의식뿐이었을 것이다.

바벨론으로 잡혀 포로로 끌려가는 백성을 보내는 예레미야의 말도 매우 흥미롭다. 어느 성읍에 가든지 그 땅에 가게 되면 그 곳을 차지하고 거기에서 가옥을 짓고 밭을 경작하고, 거기에 정착하여 여유있게 살아가기를 바란다.

예레미야는 그것을 당당하게 말하고 있다.

> 너희는 그 곳에 집을 짓고 정착하여라. 과수원도 만들고 그 열매도 따 먹어라.
> 너희는 장가를 들어서 아들딸도 낳고, 너희 아들들도 장가를 보내고 너희 딸들도 시집을 보내어, 그들도 아들딸을 낳도록 하여라.
> 너희가 그 곳에서 번성하여, 줄어들지 않게 하여라.
> 또 너희는, 내가 사로잡혀 가게 한 그 성읍이 평안을 누리도록 노력하고, 그 성읍이 번영하도록 나 주에게 기도하여라.
> 그 성읍이 평안해야, 너희도 평안할 것이기 때문이다.

나 주, 이스라엘의 하나님이 분명히 말한다.
너희는 지금 너희 가운데 있는 예언자들에게 속지 말고, 점쟁이들에게도 속지 말고, 꿈쟁이들의 꿈 이야기도 곧이듣지 말아라.
그들은 단지 나의 이름을 팔아서 너희에게 거짓 예언을 하고 있을 뿐이다. 그들은 내가 보낸 자들이 아니다. 나 주의 말이다.(예레미야서 29:5-9).

여기에서도 역시 모든 것은 사라졌어도 남은 것은 자기만이 남는다. 자기와 하나님과의 관계가 남는다는 의식이 강렬하게 예레미야에게 있었다. 그것은 동시에 죄에 대한 하나님의 징벌이기 때문에 이에 보답하면 반드시 구원을 받을 것이라는 신앙이 자리잡고 있었다.

그리하여 역사적 미래는 자기의 말이 올바름을 증명한다고 하는 신념이 예레미야에게는 충만해 있었다. 예레미야의 최후의 연설은 이것을 내용으로 하고 있다.(예레미야서 44:).

그는 당시의 유대왕국내의 과격파로부터 일종의 매국노처럼 여겨졌다. 또는 친바벨론파로서 박해를 받았다. 그는 과격파가 이집트로 도망할 때에 끌려갔는데 아마도 그 곳에서 죽임을 당했을 것으로 추측된다.

예레미야로부터 에스겔에 이르는 BC 7세기부터 6세기에 걸쳐서 격동기는 왕 또는 예언자의 최후의 시대로, 〈신약성경〉의 사상에 매우 큰 영향을 미친 것이 바로 이 시대다.

이에 대해 〈구약성경〉의 〈모세오경〉이 정경화되고 유대교의 성립에 최대의 영향을 미친 것은 앞에서도 언급한 바와 같이 포로기와 보다 후년의 에스라 이후의 시대다.

예레미야의 독신

〈구약성경〉에 등장하는 인물 가운데 평생을 독신으로 보낸 사람은 아마도 예언자 예레미야 한 사람뿐이 아닌가 생각된다.

예레미야는 이미 젊었을 때에 하나님으로부터 부름을 받고 예언자가 되었지만 그는 평생 혼자 살기를 하나님께서 명령하셨다.

> 주님께서 나에게 말씀하셨다.
> "너는 이 곳에서 아내를 맞거나, 아들이나 딸을 낳거나, 하지 말아라.
> 나 주가, 이 곳에서 태어날 아들딸과, 이 땅에서 아들딸을 임신할 어머니들과,
> 아들딸을 낳을 아버지들이, 어떻게 될 것인지를 말하여 주겠다.
> 사람들이 혹독한 질병으로 죽을지라도, 울어 줄 사람도 없고, 묻어 줄 사람도
> 없어서, 죽은 사람들은 땅 위에 딩구는 거름덩이처럼 될 것이다."(예레미야서 16:1-2).

성인이 되면 아내를 맞이하고 아이를 출산하는 것이 당연시되던 시대에 처를 거느리는 것을 금지한다고 하는 것은 그것도 하나님이 금하려고 명령을 한다는 것은 정말 이상한 일이 아닐 수 없다. 왜 하나님은 그와 같은 명령을 예레미야에게 명했을까?

누구보다도 감수성이 강하고, 보통 사람들에게서는 도저히 이해할 수 없을 정도로 섬세한 마음을 가진 예레미야가 공중 앞에서 하나님의 말씀을 외친다고 하는 것은 대단한 일이었다. 그러나 위정자들이나 대중은 즐거워 할 말은 한마디도 하지 않고, 오히려 그들이 범하고 있는 악이나 불의를 정면에서 비판하는 예언자의 과

업을 수행하는 것은 예레미야에게 있어서 정말 무거운 짐이었다.

그것은 지나친 짐이었다.

예레미야는 보통 사람들이 결혼해서 한 사람, 성인이 되었다고 말하는 남자 동료들에게 들어가지도 못하고 항상 외톨로 앉아 있었다. 예레미야는 때때로 그것을 하나님께 호소하여 예언자의 업무로부터 자신을 내려놓으려고 시도했다.

만군의 주 하나님,
저는 주님의 이름으로 불리는 사람입니다.
주님께서 저에게 말씀을 주셨을 때에,
저는 그 말씀을 받아먹었습니다.
저는 웃으며 떠들어대는 사람들과 함께 어울려
주님의 말씀은
저에게 기쁨이 되었고,
제 마음에 즐거움이 되었습니다.
저는, 웃으며 떠들어대는 사람들과
함께 어울려
즐거워하지도 않습니다.
주님께서 채우신
분노를 가득 안은 채로,
주님의 손에 붙들려 외롭게 앉아 있습니다.
어찌하여 저의 고통은
그치지 않습니까?
어찌하여 저의 상처는
낫지 않습니까?
주님께서는,
흐르다가도 마르고

마르다가도 흐르는
여름철의 시냇물처럼,
도무지
믿을 수 없는 분이 되셨습니다.(예레미야서 15:16-17).

만일 이 **예레미야**가 다른 예언자들처럼 결혼하고 가정을 꾸미고 있었더라면 어떻게 되었을까? 그는 선천적인 강한 감수성과 섬세한 신경을 가지고, 젊은 아내를 거느리면서 태어나는 아이들에게 사랑을 했을 것이다.

그러나 **예레미야**는 마치 그 가정으로의 강한 사랑과 책임감과 엄한 예언자의 업무 사이에 끼어서 아마도 깊은 고뇌에 빠졌을 것이다.

자기분열의 압력에 눌리는 데까지 몰렸을지도 모른다. 그러나 남왕국 **유다**는 자멸의 길을 서두르고 있었고, **이스라엘** 민족에 있어서 최대의 위기가 절박하게 몰려오는 때에 동포로부터의 차가운 눈이나 공격에 시달리면서 사람들에게는 아예 역사의 엄한 현실을 말하고, **이스라엘** 민족이 다음 시대에도 살아가는 길을 알려주는 일이 가능한 자는 당시 이 **예레미야**를 제외해서는 생각할 수 없었다.

세상의 상식을 무너뜨리고 **히브리**인 사회의 관습을 일부러 파괴하고 **예레미야**에게 결혼을 금한 것은 **예레미야**라고 하는 한 인간의 성격을 충분히 파악하고 있는 하나님의 배려가 아니었던가? 그것은 민족을 위해서 어떻게 해서든지 예언자로서 세우지 않으면 안 되는 **예레미야**가 후진後陣의 염려없이 '가정'에 발을 빠지지 않고, 최선을 다한 활동이 가능하도록 하나님의 배려에서 출발한 것이 아니었던가?

또 예레미야 자신, 예언자의 생활과 가정생활의 두 개는 그의 성격에서 볼 때 양립될 수 없었음을 처음부터 충분히 알고 있었는지도 모른다.

여기에서 〈전도서〉에서 세상사 허무를 주장하는 코헬렛의 사고방식에서 이 예레미야의 독신에 대해서 생각해 보자. 코헬렛은 자기와는 달리 이 세상에서는 이상적인 여인을 만나는 일, 자기 상식으로는 도저히생각할 수 없는 양처를 손에 넣는 사람이 있는 것을 보았다.

그와 같은 사람들에게 코헬렛은 모처럼 손에 넣은 것을 귀중하게 여기도록 권한다.

> 너의 헛된 모든 날,
> 하나님이 세상에서 너에게 주신
> 덧없는 모든 날에
> 너는 너의 사랑하는 아내와 더불어
> 즐거움을 누려라.
> 그것은 네가 사는 동안에,
> 이 세상에서 애쓴 수고로 받는 몫이다.(전도서 9:9).

포로된 땅에서의 예언자: 에스겔과 이사야

포로로 끌려 간 땅에서도 예언자들이 있었다. 에스겔과 제2이사야였다. 여기에서는 구약성경 최대의 사상가로 부르는 이사야를 거론하려고 한다. 왜 제2이사야라고 부르는지 그 사연을 알아본다.

이사야, 에스겔 시대의 나라들

앞서 이 책의 서두에서도 말한 바와 같이 구약성경의 서명은 결코 저자이름 아니다. 〈사무엘기〉도 그러하고, 〈예레미야서〉도 그의 제자 바룩이 기록한 것처럼 예레미야 저작이라고 반드시 말할 수 없다. 〈이사야서〉도 그 전편을 이사야라는 예언자가 썼다는 것은 아니다.

이사야는 히스기야 왕의 시대의 사람으로, 〈이사야서〉 40장 이후는 무명의 예언자 —그것도 한 명이 아닌— 의 저작이다. 그리고 시대도 훨씬 이후의 바벨론 포로기가 마칠 무렵에 1부는 아마도 그 이후에 기록된 것이다. 거기에서 학자들은 무명의 예언자를 제2의 이사야, 제3의 이사야라고 부른다.

이 제2의 이사야가 그때까지의 예언자들과는 크게 다른 점은 규탄, 고발이 아니라 오히려 위로와 희망을 노래하고 있다는 것이다. 노래한다고 썼는데, 예언은 거의 대개가 시로 기술되었고, 특히 제2이사야는 전편이 아름다운 시로 이루어져 있다.

> "너희는 위로하라! 나의 백성을 위로하여라!
> 너희의 하나님께서 말씀하신다. 예루살렘 주민을 격려하고, 그들에게 일러주어라.
> 이제 복역 기간이 끝나고, 죄에 대한 형벌도 다 받고, 지은 죄에 비하여 갑절의 벌을 주님에게서 받았다고 외쳐라."(이사야서 40:1-2).

고난의 종

여기에 앞서 언급한 **'하나님의 형벌'**이 나타나 있는데, 그리스도교에서 가장 큰 영향을 준 것은 **'고난의 종'**이라 부르는 53장의 장편의 시다.

누가 믿었느냐? 주님의 능력이 누구에게 나타났느냐?
그는 주님 앞에서 마치 연한 순과 같이, 마른 땅에서 나온 싹과 같이 자라서, 그에게는 고운 모양도 없고, 훌륭한 풍채도 없으니, 우리가 보기에 흠모할 만한 아름다운 모습이 없다.
그는 사람들에게 멸시를 받고, 버림을 받고, 고통을 많이 겪었다.
그는 언제나 병을 앓고 있었다.
사람들이 그에게서 얼굴을 돌렸고, 그가 멸시를 받으니, 우리도 덩달아 그를 귀하게 여기지 않았다.
그는 실로 우리가 받아야 할 고통을 대신 받고, 우리가 겪어야 할 슬픔을 대신 겪었다.
그러나 우리는, 징벌을 받아서 하나님에게 맞으며, 고난을 받는다고 생각하였다.
그러나 그가 찔린 것은 우리의 허물 때문이고, 그가 상처를 받은 것은 우리의 악함 때문이다.
그가 징계를 받음으로써 우리가 평화를 누리고, 그가 매을 맞음으로써 우리의 병이 나았다.
우리는 모두 양처럼 길을 잃고, 각기 제 갈 길로 흩어졌으나, 주님께서 우리 모두의 죄악을 그에게 지우셨다.
그는 굴욕을 당하고 고문을 당하였으나, 아무 말도 하지 않았다.
마치 도살장으로 끌려가는 어린 암양처럼, 끌려가기만 할 뿐, 아무 말도 하지 않았다.
그가 체포되어 유죄판결을 받았지만 그 세대 사람들 가운데서 어느 누가, 그가 사람 사는 땅에서 격리된 것을 보고서, 그것이 바로 형벌을 받아야 할 내 백성의 허물이라고 생각하였느냐?
그는 폭력을 휘두르지도 않았고, 거짓말도 하지 않았지만, 사람들은 그에게 악한 사람과 함께 묻힐 무덤을 주었고, 죽어서 부자와 함께 들어가게 하였다.
주님께서 그를 상하게 하고자 하셨다.
주님께서 그를 병들게 하셨다.
그가 그의 영혼을 속건제물로 여기면, 그는 자손을 볼 것이며, 오래 오래 살 것이다.
주님께서 세우신 뜻을 그가 이루어 드릴 것이다.
"고난을 당하고 나 뒤에, 그는 생명의 빛을 보고 만족할 것이다.
나의 의로운 종이 자기의 지식으로 많은 사람을 의롭게 할 것이다.
그는 다른 사람들이 받아야 할 형벌을 자기가 짊어질 것이다.
그러므로 나는 그가 존귀한 자들과 함께 자기 몫을 차지하게 하며, 강한 자들과 함께 전리품을 나누게 하겠다.
그는 죽는 데까지 자기의 영혼을 서슴없이 내맡기고, 남들이 죄인처럼 여기는 것도 마다하지 않았다.
그는 많은 사람의 죄를 대신 짊어졌고, 죄 지은 사람들을 살리려고 중재에 나선 것이다."

이 시는 누구를 가리키고 있는지 명확하지 않다. 다만 내용을 보면 그것이 누구인지 분명하지는 않다고 해도 타인의 병을 지고, 타인의 슬픔을 품는, 타인의 죄 때문에 하나님께 맞으며, 고통을 당하고, 상처를 받으며, 타인의 불의 때문에 부서지고, 징벌을 받으며, 포악한 재판에서 죽임을 당하고, 사람들의 죄를 담당함으로써 사람들에게 평안을 가져다 준 사람을 노래하고 있는 것은 분명하다.

중요한 것은 초대 그리스도교 신자들은 이것을 예수 그리스도를 예언한 시로 생각하여 예수 속에 구약성경의 '고난의 종'을 보고 있었다는 것이다.

그러한 해석이 가능한 것은 〈마가복음서〉에 기록되어 있지만, 명확한 것은 〈사도행전〉에 기록되어 있는 다음과 같은 진술일 것이다.

이 시의 의미에서 이해할 수 없었던 에디오피아 사람이 빌립에게 물었다. 그 때의 일을 바울의 동료였던 누가는 이렇게 기록하고 있다.

> 예언자가 여기서 말한 것은 누구를 두고 한 말입니까, 아니면 다른 사람을 두고 한 말입니까?"고 묻는다. 거기서 "빌립은 입을 열어서, 이 성경 말씀에서 시작하여, 예수에 관한 기쁜 소식을 전했다.(사도행전 8:34-35).

오늘날에도 이를 '예수 그리스도 출현의 예언'이라 한다. 어찌되었든 이 시가 '예수 그리스도의 이미지'가 된 것은 부정할 수가 없고, 그것을 통해 그리스도교에 결정적인 영향을 준 것만은 분명한 사실이다.

왕의 통치의식과는 구별되는 예언자의 소명의식

오므리 왕조는 요람의 치세로 종말을 고한다. 아마도 그 50년 후, 북 이스라엘 왕국은 여로보암 2세(793-753) 아래에서 평화를 회복하고, 번영을 구가하게 된다.

여로보암 2세의 약 40년에 걸친 치세는 예언자로 말하자면 **아모스**, **호세아**의 시대다. 그 **아모스**가 북왕국에 공전의 번영을 가져다 주었던 **여로보암** 2세와 그 시대를 철저하게 규탄한다.

호세아도 또 다른 입장에서 철저한 비판을 전개하고 있다.

> 너희는 망한다!
> 상아 침상에 누우며 안락의자에서 기지개 켜며 양떼에서 골라잡은 어린 양 요리를 먹고,
> 우리에서 송아지를 골라 잡아먹는 자들, 거문고 소리에 맞추어서 헛된 노래를 흥얼대며,
> 다윗이나 된 것처럼 악기들을 만들어 내는 자들, 거문고 소리에 맞추어서 헛된 노래를 흥얼대며,
> 다윗이나 된 것처럼 악기들을 만들어 내는 자들,
> 대접으로 포도주를 퍼마시며, 가장 좋은 향유를 몸에 바르면서도
> 요셉의 집이 망하는 것은 걱정도 하지 않는 자들,
> 이제는 그들이 그 맨 먼저 사로잡혀서 끌려갈 것이다.
> 마음껏 흥정대던 잔치는 끝장나고 말 것이다.(아모스서 6:4-7).

여로보암 2세의 상아 궁전은 유명한데, 근래에까지도 상아의 파편이 발굴되었다. 이 정도로 부귀와 번영을 누린 국가에 가져단 준 그가 예언자 **아모스**보다도 더 격한 규탄을 **호세아**는 하였던 것이다.

또 이보다도 반세기 정도 후에 남쪽의 **유대왕국**에 활약한 **이사야**를 살해한 것으로 추정되는 **므낫세**(696-642) 왕도 정치적, 경제적으로 볼 때는 안정기를 확립하였고, 통지기간도 약 45년으로 아마도 '명군名君'이라 부른다.

이 시기, 유대왕국이 경제적으로 번영한 것은 앗시리아라는 대국의 종속국이 되어 거꾸로 앗시리아 전 지역에 자기들의 시장을 개척했기 때문이었다. 구리, 향료 등을 중간무역을 통해 번영했을 것이다. 그런데 구약성경은 다음과 같이 기록하며, 아모스와 동일하게 규탄한다.

> 그래서 주님께서는 주님의 종, 예언자들을 시켜서 이렇게 말씀하셨다. "유다의 므낫세 왕이 이러한 역겨운 것보다 더 악한 일을 하고, 우상을 만들어, 유다로 하여금 죄를 짓도록 잘못 인도하였으므로, 주 이스라엘의 하나님이 말한다. 내가 예루살렘과 유다에 재앙을 보내겠다."(열왕기하 21:10-12).

왜 그럴까? 왕들의 입장에서 보면, 오직 자국의 발전과 번영에만 몰두할 뿐이지만, 예언자들은 오히려 사회적 정의에 주목한다.

즉, 어떻게 국가가 번영하드라도 아모스가 규탄한 것과 같은 상태, 앞서 인용한 바와 같은 말에서 보이는 빈부의 격차가 심각하게 벌어지고, 동포가 동포에게 압박하는 것 같은 상태는 '의義'가 되는 상태가 아니란 것을 그들을 말하고 있다.

예언자들의 운동과 왕제는 이스라엘 역사에서 항상 평행상태에 있는데, 그 평행상태는 북쪽은 엘리야에서 시작하고 남쪽에서는 예레미야에서 끝난다고 할 수 있다.

이것이 '왕과 예언자의 시대'다. 물론 예언운동은 그 후에도 계속되어 포로시대에 에스겔이나 제2이사야가 있는데, '왕제의 감사역'과 같은 예언자의 사명을 마쳤다고 보아도 좋을 것이다.

선민의식을 깬 예언자 요나

많은 학자들은 〈요나서〉의 기록 시기를 대략 BC 5세기 무렵으로 추정하는데, 그 근거는 다음과 같이 3가지를 든다.[81]

(1) 이스라엘의 선민사상과 대조를 이루는 만민구원사상은 포로 이후에 보편화된 사조이다.
(2) 니느웨 사람들의 회개를 다루는 것으로 보아, 앗시리아에 대해 상당히 긍정적 시각을 보인다.
아시리아는 BC 722년에 북 이스라엘을 멸망시킨 나라로, 니느웨가 수도였다. 이스라엘에 있어서 적국이었던 앗시리아를 긍정적으로 보는 것은 이미 앗시리아가 오래된 국가로 간주되던 시기에 기록되었음을 암시한다.
(3) 미드라쉬 문학 스타일은 포로 이후에 유행된 문제다.

이상의 근거들을 볼 때, 〈요나서〉는 포로 이후에 일어난 민족주의적 개혁과 배타성을 비판하는 작품이라고 볼 수 있다. 이스라엘 사람들이 그토록 적대심을 가지고 있는 앗시리아 사람들까지도 구원의 대상이 될 수 있음을 주장하는 내용이 이를 뒷받침한다.

예언자 요나를 등장시킨 시대적 상황

이스라엘 백성에게 바벨론으로의 포로는, 사회 · 정치적 측면에

81) 김혜윤(2012), **예언서**. 서울: 생활성서사, 212-213.

서뿐 아니라 신학적인 측면에서도 그들의 유일한 주님이신 하나님과의 관계 단절을 가져 온 재앙이었다. 그러나 그들은 자신들의 죄를 깨닫고 회개하면서 하나님께서 구원해 주실 것이라는 믿음과 희망을 간직했다.

그리고 그들이 희망했던 대로 이스라엘은 포로에서 해방되어 고국에 돌아와 무너진 성전과 성벽을 재건하고, 토라를 중심으로 새로운 신앙과 삶을 다짐했다.

이러한 상황들 안에서 내외적으로 여러 가지 어려움과 갈등이 드러났다. 이스라엘 민족과 사마리아인 사이의 고조되는 긴장 속에서 사마리아는 BC 4세기 중엽에 그리심산에 사마리아 성전을 세워 이스라엘과 팽팽하게 맞섰다.

또한 〈에스라기〉와 〈느헤미야서〉에서 보듯이, 이스라엘 자체 내에도 민족의 생존과 부흥을 위한 과정 안에서 생겨난 기장이 있었다. 포로 이후의 이스라엘 안에서는 성전과 토라를 중심으로 한 민족주의적인 색채를 띠게 되었다.

포로 이후에도 여전히 페르시아에게 정치적으로 예속된 삶을 살았던 이스라엘에게는 현실에 대한 반향으로 나온 당연한 결과라 할 수 있다.

그러나 이스라엘 내외에는, 이러한 주류적인 흐름과는 다른 사상적 조류 등이 있었다. 이는 〈말라기서〉, 〈요나서〉 등에서 나타나듯이, 인간이 이루는 공동체가 아닌 '하나님이 통치하실 보편적인 세계 공통체'에 대한 것이었다.

이는 배타적인 민족주의가 이스라엘 사회를 지배하던 때에, 오히려 보편적이고 세계적인 사상적 분위기 속에서 삶의 의미를 성찰하고자 했다.

하나님으로부터 부름을 받은 구약의 예언자들 가운데 하나님의 손에서 벗어나 도망가려고 했던 유일한 예언자가 요나다. 이 〈요나서〉는 4장밖에 되지 않아서 단번에 쭉 읽을 수 있는 책이다. 하나님께서 성경의 주인공으로서 인간에게 무엇을 전하려고 하시는지를 명확하게 가르쳐준다.

요나의 사명은 앗시리아의 성읍인 니느웨로 가서 하나님의 임박한 심판이 그 성에 내릴 것을 선포하는 것이다. 하나님의 부르심을 피해 도주하다가 큰 물고기에게 삼켜졌고 특별히 예비된 것이라고 믿어지는 이 사건 이후에 요나는 니느웨에 도착한다. 그곳에서 그는 회개하면 하나님께서 그 성에 내리시려던 재앙을 거두실 것이라는 확신에 찬 말을 선포한다.

그러나 사실 하나님의 분노가 그 성에 내리기를 기대했던 요나는 심판의 불꽃이 터지지 않았을 때 크게 실망했다. 하나님께서 진정한 회개가 하나님의 자비를 구할 가치가 있는지를 요나에게 물었다. 그리고 하나님의 사람 요나는 단지 침묵으로 동의했다.

이미 언급된 〈요나서〉의 주제에 덧붙여 중요한 국수주의國粹主義가 있었음을 알 수 있다. 초기 예언자 시대에 야웨 하나님은 단지 이스라엘의 신이었으나, 요나 시대에는 앗시리아가 인정하지는 않았다 하더라도 야웨 하나님이 앗시리아의 신이었음을 짐작할 수 있다.

무너지는 '선민사상選民思想'

요나는 야웨 하나님은 자기 국가의 하나님이지 이방에 이르기까지 전 지구상의 하나님이시라는 것을 모르고 있었다. 사실 이스라엘 사람이라면 누구나가 그와 같은 생각을 하고 있을 것이라 짐작된다. 말하자면 유대인들은 선민의식에 사로잡혀 있었던 것이다.

유대인에게 선민의식을 부수려고 시도한 것이 요나를 예언자로 내세운 하나님의 의도가 아니었을까?

그런데 이 〈요나서〉를 읽어보면, 앞서도 지적한 바와 같이 그 당시 유대인들은 지방신이 아닌 우주의 신이신 하나님의 뜻을 명확하게 이해하고 있었던 것은 아니었다.

하나님은 예언자 요나를 택하여 도망가는 그를 굳이 붙잡아 이방의 나라에 가서 전도하게 한 가장 중요한 목적이 우리들만의 하나님이 아니시라 우주적인 하나님이심을 알리려고 부르신 것이다.

박넝쿨이 죽었다고 하나님께 항의하는 요나

이스라엘이 하나님께 선택받았다는 것은 다른 민족들에 대한 배타성을 전제하지는 않는다. 오히려 선택받은 민족이기 때문에 하나님의 도구가 되어 그 분의 사랑과 자비를 모든 민족들에게 전하고 구원을 받을 수 있도록 이끌어야 한다.

이러한 관점에서 〈요나서〉는 오랜 시간 동안 '선민사상選民思想'이라는 특권 의식에 빠져 있던 이스라엘 민족을 계몽하고자 하는 의도를 지니고 있다고 할 수 있다. 그리고 또 다른 차원에서의 특권 의식과 고정관념에 빠져 있는 우리 각자를 깨우치기 위한 작품이라고 볼 수 있다.[82]

이러한 입장에서 볼 때, 이 〈요나서〉의 가장 핵심적인 사상은 박넝쿨 하나가 강한 햇볕에 죽었다고 원망하는 요나에게 하시는 "하나님의 말씀"에 담겨져 있다고 할 수 있다.

> 하나님이 요나에게 말씀하셨다.
> "박 넝쿨이 죽었다고 네가 이렇게 화를 내는 것이 옳으냐?"
> 요나가 대답하였다.
> "옳다뿐이겠습니까? 저는 화가 나서 죽겠습니다."
> 주님께서 말씀하셨다.
> "네가 수고도 하지도 않았고, 네가 키운 것도 아니며,
> 그저 하룻밤 사이에 자라났다가 하룻밤 사이에 죽어 버린
> 이 식물을 네가 그처럼 아까워하는데,
> 하물며 좌우를 가릴 줄 모르는 사람들이 십이만 명도 더 되고

---

82) 김성기(2014). 구약성경에 나타 난 **"하나님과 신앙인의 소통"에 대한 주석학적 고찰**. 광주가톨릭대학교 대학원, 7-9.

짐승들도 수없이 많은 이 큰 성읍 니느웨를,
어찌 내가 아끼지 않겠느냐?"(요나서 4:10-11).

최후의 예언자, 말라기

말라기는 최후의 히브리 예언자다. 말라기는 '말라기야'의 약칭으로 '나의 사자使者'라는 뜻을 가진 이름이다. 전승에 의하면 그는 레위인으로 대회당Great Synagoue에 속한 유력 인물이었던 것으로 추정된다.

유대인들이 팔레스타인에 돌아온 지 약 100년이 흘렀다. 예루살렘 성벽과 두 번째 성전은 재건되었으나 처음의 뜨거운 믿음은 사라져 버렸다. 느헤미야가 이끈 부흥운동이 지난 후 백성과 제사장들은 안일에 빠져 율법 준수는 타성적인 것이 되어 버렸다.

예배는 이완되어져 십일조를 내는 일은 태만하게 되었는데도 그들은 왜 하나님께서 그들을 기뻐하시지 않았는지를 이해하지 못했다.

말라기는 하나님의 주권主權Sovereignty을 선포하며, 참된 하나님 숭배가 소홀히 된데 대해 백성들을 책망하고 그들에게 회개할 것을 촉구했다.

〈말라기서〉에서는 이스라엘 백성에 대한 하나님의 징벌을 말하고 있지만 역시 다른 예언자들과 마찬가지로 희망을 갖게 하고, 위로의 말을 건넨다. 이와 함께 앞으로 신약성경의 시대가 도래할 것을 선포한다.

주의 나타나심의 징조로 엘리야의 전파가 있게 될 것이며, 일찍이 이사야 예언자가 말했듯이 엘리야는 광야에서 심판과 회개와 소망의 메시지를 가지고 외치는 자의 소리가 될 것을 예고한다.

"나 만군의 주가 말한다.
용광로의 불길같이, 모든 것을 살라 버릴 날이 온다.
모든 교만한 자와 악한 일을 하는 자가 지푸라기같이 타 버릴 것이다.
그 날이 오면, 불이 그들을 살라서, 그 뿌리와 가지를 남김없이 태울 것이다.
그러나 내 이름을 경외하는 너희에게는 의로운 해가 떠올라서 치료하는 광선을 발할 것이니
너희는 외양간에서 풀려 난 송아지처럼 뛰어 다닐 것이다.
주의 크고 두려운 날이 이르기 전에, 내가 너희에게 엘리야 예언자를 보내겠다.
그가 아버지의 마음을 자녀에게도 돌이키고, 자녀의 마음을 아버지에게로 돌이킬 것이다.
돌이키지 아니하면, 내가 가서 이 땅에 저주를 내리겠다.(말라기서 4:4-6).

맺는말

여전히 살아 숨쉬는 인간교육의 교과서 〈구약성경〉

〈구약성경〉은 히브리인들아 쓴 자화상自畵像이다. 히브리인들의 자기이해自己理解가 만들어 낸 작품이다. 이 작품을 교육학적 관점에서 '교육'의 교육과정curiculum 또는 교과서로 보고 그 구성과 배열을 정리하면서, 주인공이 무엇을 우리에게 말하려고 하는가를 생각해 보았다.

흔히 교육학이론에서는 교육과정커리큘럼이라고 하면 반드시 '평가부분'이 일정 영역을 차지하게 마련이다. 그러므로 〈구약성경〉의 내용 가운데 '평가부분'을 마련하고 그 내용을 진술해야 한다. 예컨대, 교육목적과 방법에 대한 평가, 교육에 동원된 교원에 대한 평가, 그리고 교수학습에 참여한 가르침을 받는 자들에 대한 평가 등의 부분을 갖추어야 한다. 그런데 이 부분에 대해서는 진술하지 않았다. 왜냐하면 이 영역은 필자의 영역을 넘어서는 것이기 때문이다.

지금까지 〈성경〉을 단편적으로 접하신 분들은 이 책에서 일종의 의외성과 위화감을 느꼈는지도 모른다. 그것은 당연하다. 그 이유는 〈구약성경〉의 사상思想, 그것이 곧 그대로 그리스도교의 사상이 아닐 수 있기 때문이다. 그리스도교의 기본적인 신조信條인 니케아 신조(the Nicene Creed, 제1차)가 성립한 것은 BC 325년이고, 프로테스탄트 여러 교회가 대체로 채용하고 있는 라틴형 니케아 신조가 완성한 모습으로 성립한 것이 BC 585년 이후이다.

그 과정을 무시할 수 없다. 말하자면 초대교회 이후의 사상형성사가 있는데 그것에 기반을 둔 성경해석이 있기 때문으로 그 가운데에는 〈성경〉에 나오지 않는 개념이 있는 것은 결코 이상한 일이 아니다. 예컨대, '삼위일체'와 같은 말은 〈성경〉에는 없지만 그 의미를 받아들이고 있다.

하지만 〈신약성경〉이 〈구약성경〉을 계승하고, 〈구약성경〉 없이는 〈신약성경〉이 있을 수 없는 것처럼 그리스도교도 또한 〈구약성경〉 없이는 있을 수 없다. 이와 동시에 "〈구약성경〉 → 〈신약성경〉 → 그리스도교가 전적으로 동일한 것"이 아닌 것도 당연한 것이다. 그것은 사상이 태어나서 죽어 사라지는 고문헌이 되어 있지 않다는 증거일 것이다.

일반적으로 평신도들인 일반사람들이 〈성경〉을 대할 때 대부분 비평이전pre-critical단계의 시각에서 〈성경〉을 대하며 〈성경〉을 〈경전canon〉으로 대한다. 그리고 일반인들은 〈성경〉의 다양성보다는 〈성경〉의 일관된 견해에 익숙해 있고 〈성경〉을 단순화시키려는 경향이 있다.

필자 역시 그리스도인으로서 〈성경〉을 〈경전〉으로 대하고 있는 것은 사실이나, 이 책을 기술할 때는 비평(cricical)단계의 시각에 서려고 했다. 그러므로 필자의 견해가 의외로 〈성경〉의 일관된 견해와는 조금 다른 점이 있다고 하더라도 개인의 '열린 해석'쯤으로 양해하시길 바란다.

참고문헌

강대홍 옮김(2012). **고고학과 구약성경.**(Hoerth Alfred J. 지음). 서울: 도서출판 미스바.

강성두(2006). **욥기의 삶과 고난이해.** 서울: 대한기독교서회.

강성열 옮김(1999). **구약지혜문학의 이해.**(Crenshaw James L. 지음). 서울: 한국장로교회출판사.

강성열 옮김(2005). **역사서 개론.**(Victor P. Hamilton 지음). 고양: 크리스챤다이제스트.

강승일 외 옮김(2016). **고대근동 문학선집.**(James B. Pritchard 엮음). 서울: 기독교문서선교회.

강영수(2003). **유태인 오천 년사.** 서울: 도서출판 청년정신.

강용태(2015). **구약성경의 제사와 예배적 교훈에 관한 연구.** 중앙신학대학원대학교. 박사학위논문.

고계영(1983). **유대인의 생활신념.** 기독교교양대선집 Ⅲ. 서울: 맥밀란.

권혁봉 옮김(1991). **성경해석학.**(Ramm Bernart 지음). 서울: 생명의 말씀사.

기독교문서선교회 옮김(2015). **고대 이스라엘 문화와 구약성경.**(Niditch Susan 지음). 서울: 기독교문서선교회.

기동연(2009). 칼빈의 구약성경 해석 방법. **개혁논총.** 제11권, 개혁신학회, 9-32.

기동연(2015). 구약시대의 공적인 형태의 신앙교육. **성경과 신학.** 제75집, 한국복음주의신학회, 35-67.

김경래(1997). 구약성경 본문 전래과정에 대한 고찰. **성경원문연구.** 제1호, 대한성서공회, 145-155.

김경래(1998). **구약성경 난제: 창세기, 출애굽기, 레위기.** 서울: 대장간.

김구원 옮김(2011). **고대근동역사.**(Mieroop M. D. 지음). 서울: 기독교문서선교회.

김구원 옮김(2013). **이스라엘의 성경적 역사.**(Provan Iain 외 2인). 서울: 대한기독교서회.

김동주(2010). 초기 교부들의 70인역 이해에 대한 역사신학적 연구. **한국교회사학회지**. 제26권, 한국교회사학회, 137–169.

김득렬(1985). **학습과 지도**. 서울: 대한예수교장로회 총회 교육부.

김성규 옮김(1993). **구약예언서연구.**(Newsome James D. 지음). 서울: 기독정문사.

김성기(2014). **구약성경에 나타 난 "하나님과 신앙인의 소통"에 관한 주석학적 고찰**. 광주가톨릭대학교대학원 석사학위논문.

김윤이(2008). 에스라는 누구인가? **구약논단**. 제14권 2호 (통권 28집), 한국구약학회, 88–106.

김윤주(1972). **유다의 예언자들.**(Peter Ellis 지음). 왜관: 분도출판사.

김정우 · 김은호 옮김(2008). **구약총론.**(Archer Gleason L. 지음). 기독교문서선교회.

김정우(2010). **시편주적 Ⅲ**. 서울: 총신대학교출판부.

김진규(2012). 시편의 문맥적 이해의 복음주의적 성경해석의 기여. **성경과 신학**. 62집. 한국복음주의신학회, 187–211.

김진영 옮김(2005). **역사적 구약개요.**(Eugene H. Merrill 지음). 서울: 크리스챤다이제스트.

김찬국 옮김(1996). **이스라엘 역사와 종교.**(Anderson G. W. 지음). 서울: 대한기독교서회.

김한성 옮김(2005). **유대인의 역사.**(폴 존슨 지음). 서울: 살림.

김혜원(2010). **시서와 지혜서**. 서울: 생활성서사.

김혜원(2010). **예언서**. 서울: 생활성서사.

김회권(2008). 구약성경의 율법들–계약법전, 성결법전, 그리고 신명기법전의 원천: 십계명. **법학논총**. 제19집, 숭실대학교 법학연구소, 29–63.

노세영 · 박종수(2003). **고대근동의 역사와 종교**. 서울: 대한기독교서회.

문정희 옮김(1999). **유대교 입문.**(브라이언 렝커스터 지음). 서울: 김영사.

문희석(1978). **구약성서 해석학**. 서울: 대한기독교서회.

박아청(1984). **아이덴티티의 탐색**. 서울: 정민사.

박요한 영식(2002). **고통은 왜: 욥기 해설**. 서울: 성바오르.
박창환(1999). **성경의 형성사**. 서울: 대한기독교서회.
박혜령(1992). 사사기의 구조와 신학적 경향. **신학논단**. 제20집, 연세대학교 신과대학 연합신학대학원. 347-364.
배정훈(2011). 전도서에 나타난 잠정적인 지혜. **구약논단**. 제17권 4호 (통권 42집), 한국구약학회, 10-32.
서영준(2015). 개혁주의 관점에서 살펴 본 쉐마교육. **개혁논총**. 제35권, 개혁신학회, 327-364.
서인석(1998). **예언자들의 소명체험**. 서울: 대한기독교서회.
서형룡(2014). 구약 교회 안에서의 구약정경.(Robert Vashoz 지음). **성경과 고고학**. 제79권. 한국성서고고학회.
신득일(2000). 기독교교육의 원형으로서의 구약성경의 언약과 교육. **논문집**, 제25집, 고신대학교, 69-80.
신득일(2011). **구약정경론**. 서울: 생명의 양식.
신재철(2006). **(인물로 본)구약 역사**. 서울: 쿰란출판사.
안병무(1985). **사회학적 성서해석**. 서울: 한국신학연구소.
오택현(1999). 제2이사야와 신명기 역사에 반영된 바벨론 제국의 상황. **구약논단**. 26집, 한국구약학회, 401-419.
오택현 옮김(2010). **현대성서주석-사사**기.(McCann J. Alberto 지음). 서울: 한국장로교회 출판사.
왕대일(1993). **신앙공동체를 위한 구약성서의 이해**. 서울: 성서연구사.
원용순 · 김선애 옮김(1980). **탈무드**.(Abrham Cohen 지음). 서울: 한국기독교문학연구소 출판부.
유화자(1998). 이스라엘의 교육 방법에 관한 고찰. **성경과 신학**. 제25권, 개혁신학회, 329-365.
윤창열 옮김(1984). **구약성경고고학**. 서울: 한국기독교교육연구원.
윤화석(2007). **기독교교육 역사 및 철학**. 서울: 혜본.
은준관(1994). **교육신학**. 서울: 대한기독교서회.
이석렬(2013). **(이스라엘 역사와 함께 하는) 구약성경**. 서울: 목양.
이성혜(2016). 역사 속에 행하시는 하나님과 이스라엘의 반응. **성경과 신학**. 제

79집, 한국복음주의신학회, 1-25.
이양구 옮김(1983). **구약시대의 생활 풍속**.(Roland De Vaus 지음). 서울: 대한기독교출판사.
이유미(2014). 구약성서 연구와 해석; 아가의 반전의 신학. **구약논단**. 제20권 2호, 한국구약학회, 156-185.
이유미(2014). 아가의 반전(反轉)의 신학. **구약논단**. 제20권 2호 통권52집, 한국구약학회, 156-185.
이은선(2011). 은혜의 수단인 기도로서의 시편찬송에 대한 칼빈의 이해. **개혁논총**. 제18권, 개혁신학회, 149-180.
이은주(2014). **고고학적인 관점에서 보는 구약성경해석에 관한 연구**. 중앙신학대학 대학원. 박사학위논문.
이찬일 옮김(1990). **성경탈무드**.(마빈 토케이어 지음). 서울: 선영사.
이희성(2013). 언약의 영속성 관점에서 본 구약의 자녀 교육. **개혁논총**. 28집, 43-50.
이희학(2008). 북왕국 멸망의 원인들과 예언자 아모스의 심판선포. **구약논단**. 제14권 2호 통권28집. 한국구약학회, 29-48.
장일선(2000). **삶을 위한 지혜: 히브리 지혜문학 연구**. 서울: 대한기독교출판사.
장화선(2001). 복음주의 기독교 교육의 특성과 과제. **성경과 신학**. 제29집, 개혁신학회, 194-215.
정길호(2000). **고고학을 통해 밝혀 진 구약성경 이야기**. 서울: 작은행복.
정득실 옮김(2000). **문화와 성경해석**.(William J. Larkin, 지음) 서울: 생명의 말씀사.
정중호(2000). 사이버 시대의 새로운 성서 해석에 관한 연구. **구약논단**. 제9집. 한국구약학회, 337-357.
정중호(2004). **구약성경해설: 시가서**. 한국장로교출판사.
정중호(2016). **구약이해와 연구동향**. 서울: 코헨.
정태시 옮김(1982). **죽음의 수용소: 인간의 의미탐구**.(Viktor Fankle 지음). 서울: 제일출판사.
조호진 옮김(2011). **WBC 주석-사사기**.(Butler Trant C. 지음). 서울: 도서출판

솔로몬.
조휘(2006). 구약성경의 형성과 전승. **성경과 고고학**. 제49집, 한국성서고고학, 61–75.
채승희(2007). 초대교부들의 구약성경 이해. **구약논단**. 제13권 2호 통권24집, 한국구약학회, 52–71.
천사무엘(2009). **지혜전승과 지혜문학–지혜문학의 눈으로 다시 본 성경**. 서울: 동연, 156–183.
최창모(1994). **이스라엘사**. 서울: 대한교과서주식회사.
하경택(2011). 아브라함의 소명과 이스라엘의 사명: 창세기 11:27–12:20에 대한 주석적 연구. **장신논단**. 제41집, 장로회신학대학교 출판부. 35–62.
한국구약학회 엮음(2012). **한국구약학회 성서 연구 시리즈 창세기에 길을 묻다**. 서울: 물가에 심은 나무, 129–131.
한승기(2003). 현대신학의 관점에서 본 구약성경 이해. **신학지평**. 제16집, 안양대학교 신학연구소, 196–217.
허혁 옮김(2007). **구약성서신학: 이스라엘의 역사적 전승의 신학**.(Gerhard Von Rad 지음). 서울: 분도출판사.
현용수(2010). 구약의 지상명령과 그의 구속사적 위치. **인성과 쉐마**. 제1권 제1호. 쉐마교육학회. 13–47.
홍익희(2013). **유대인 이야기**. 서울: (주)행성B.
홍익희(2013). **유대인 창의성의 비밀**. 서울: (주)행성B잎새.
홍창균(1994). **성경 고고학**. 서울: 개혁주의신행협회.
히브리어–한글직역 대조 구약성경(2011). 서울: 말씀의집.
池田 裕(1982). **舊約聖書の世界**. 東京: 三省堂.
Berclay, W.(1997). *Educational Ideals in the Ancient World*. Grand Rapids: Baker Book House.
Crenshaw James, L.(2006). Education in Ancient Israel. *Journal of Biblical Literature* 104 Epigraphic Evidence. BASOR 344. 47–74.
Garbini, G.(1988). *History and Ideology in Ancient Isreal*. New York: Crossroan.

그 외 인터넷 글 참조.

찾아보기

인명

주제

ㅌ

ㅍ

ㅎ

번호

| 저자 소개 |

박아청

계명대학교 사범대 교육학과 BA
연세대학교 대학원 교육학과 MA
(일본)국립오사카대학교 대학원 Ph.D
계명대학교 사범대학 학장, 교육대학원장
계명대학교 학생생활연구소장, 평생교육원장

한국교육학회 대구경북학회장
한국교육학회 감사/한국인간발달학회 전문위원
한국아동교육학회장/한국교육심리학회장
(현재)계명대학교 명예교수

저서

〈자기의식세계의 탐색〉, 〈나, 자기 그리고 교육〉, 〈정체감연구의 과제와 전망〉, 〈성격심리학: 성격과 인간이해〉, 〈내가 나답게〉, 〈아이덴티티의 탐색〉, 〈청소년과 아이덴티티〉, 〈인간과 교육〉, 〈아이덴티티의 탐색 Ⅱ〉, 〈자기의 탐색〉, 〈정체감과 교육〉, 〈성격심리학의 이해〉, 〈사춘기의 이해〉, 〈에릭슨의 인간이해〉, 〈자아실현의 심리〉, 〈교육심리학의 이해〉, 〈교육심리학의 접근방법〉, 〈아이덴티티론〉, 〈학습의 진단과 치료〉, 〈성격심리의 세계〉, 〈청년과 아이덴티티〉, 〈아이덴티티의 세계〉

교육학의 원조元祖 구약성경

2017년 1월 20일 1판 1쇄 인쇄
2017년 1월 25일 1판 1쇄 발행

저　자 : 박 아 청
발행인 : 한 정 주
발행처 : 교육과학사

경기도 파주시 광인사길 71
전화: (031) 955-6956~8 팩스: (031) 955-6037
Home-page: www.kyoyookbook.co.kr / E-mail: kyoyook@chol.com
등록: 1970년 5월 18일 제2-73호

정가 15,000원

ISBN 978-89-254-1128-6

Printed in Korea.